Précis
de
grammaire française

GREVISSE

Précis de grammaire française

DUCULOT

30e édition

Toutes reproductions ou adaptations d'un extrait quelconque de ce livre par quelque procédé que ce soit et notamment par photocopie ou microfilm, réservées pour tous pays.

© Éditions Duculot, Louvain-la-Neuve (1995)
(Imprimé en Belgique)

D. 1995.0035.9

ISBN 2-8011-0918-5

Avant-propos

Le *Précis de grammaire française* fut publié par Maurice Grevisse en 1939, et remanié par lui à de nombreuses reprises. Le succès de ce manuel, dans le monde entier, auprès de plusieurs générations d'élèves comme d'innombrables adultes soucieux de vérifier leur bon usage de la langue, est dû à la clarté de son exposé, à la présentation systématique des différentes parties du discours, à l'exposé exhaustif des règles régissant l'organisation des phrases simples et des propositions subordonnées. La somme des exemples illustrant chaque cas présenté explique également ce succès.

Avec le recul du temps, on aurait pu craindre que ce travail de description des règles de fonctionnement de la langue apparût dépassé. Il n'en est rien. Malgré l'évolution, lente et progressive, de la langue française, malgré le développement de nouvelles théories grammaticales, malgré les propositions, en France, au Québec, en Suisse ou en Belgique, de modifications de certaines règles orthographiques ou morphologiques, le *Précis* reste un ouvrage de référence partout reconnu et apprécié.

Néanmoins, comme tous les grands monuments de notre patrimoine, il requiert de temps à autre quelques travaux d'aménagement pour conserver l'éclat de sa jeunesse. Maurice Grevisse lui-même, de son vivant, a sans cesse revu les nouvelles éditions qui paraissaient, les a adaptées à l'évolution de l'usage, a rajeuni ses exemples. C'est à un semblable travail qu'a été soumise la présente édition, en écho aux vers du poète haïtien René Depestre :

> *De temps à autre il est bon et juste*
> *de conduire à la rivière*
> *la langue française*
> *et de lui frotter le corps*
> *avec des herbes parfumées qui poussent en amont*
> *de mes vertiges d'ancien nègre marron*
>
> *Ce beau travail me fait avancer à cheval*
> *sur la grammaire de notre Maurice Grevisse*
> *la poésie y reprend du poil de la bête (...).*

La logique de l'ensemble du volume, ainsi que la terminologie retenue par M. Grevisse, ont été scrupuleusement préservées. Le découpage des parties reste donc identique aux éditions précédentes, à tel point que la numérotation en paragraphes, qui facilite la consultation de l'index, a été intégralement respectée [1]. Les modifications de présentation sont essentiellement d'ordre visuel, afin d'assurer un meilleur confort de lecture et une subdivision mieux articulée des différentes parties de chapitres.

---

1. À la seule exception de la partie finale consacrée à la ponctuation, où les paragraphes 494 à 508 sont reculés d'un rang, de 495 à 509.

Par contre, les exemples sont très souvent renouvelés. Ceux retenus par M. Grevisse reflétaient les idées de son temps et étaient souvent choisis parmi les auteurs de son époque. Les modes de vie ont évolué, de nouveaux auteurs sont apparus, la francophonie s'est ouverte à de plus larges horizons. Il était donc opportun de tenir compte de cette évolution pour montrer combien des règles ancestrales continuent à régir la langue la plus actuelle.

De la même manière, nous avons voulu refléter d'autres évolutions récentes, dans le domaine linguistique. L'alphabet phonétique international a été introduit pour faire apparaître plus clairement les remarques liées à la prononciation. Dans les appendices, aux règles de ponctuation sont adjoints les grands principes liés à la coupe des mots en fin de ligne. Enfin, les rectifications orthographiques publiées par le *Journal officiel de la République française* du 6 décembre 1990, ainsi que les règles de féminisation des noms édictées par diverses instances législatives, sont reproduites en annexes, et parfois signalées en notes de bas de page. Comme leur usage ne s'est pas encore répandu de manière généralisée, nous ne les avons pas intégrées en tant que telles dans le corps des règles.

Maurice Grevisse, dans l'avertissement qui ouvrait son *Précis*, avançait comme premier objectif, celui de s'efforcer « de présenter clairement la matière ». Nous pensons, dans cette édition revue, être resté fidèle à ce souhait, en ayant amélioré la lisibilité graphique de l'ouvrage et modernisé le choix des exemples, dans le droit fil de l'observation et de la description du « bon usage » d'aujourd'hui.

Marc LITS
(1995)

Le Précis de Grammaire française *tel que le voici a été mis en harmonie avec la terminologie grammaticale adoptée aujourd'hui dans les classes.*

D'une manière générale, on s'est efforcé de présenter clairement la matière. Ceux qui enseignent la grammaire française l'ont souvent constaté : certaines notions — celle de l'apposition, par exemple, ou celle de l'attribut du sujet ou de l'objet — n'entrent que malaisément dans les jeunes esprits. C'est pourquoi il a paru utile de figurer, dans la présente édition du Précis de Grammaire française, *chaque fois que l'occasion a semblé bonne, ces notions abstraites par des représentations concrètes.*

En outre, on a pensé que les jeunes élèves saisiraient plus facilement les rapports syntaxiques des mots et comprendraient mieux leurs fonctions si on leur présentait schématiquement certains exemples, de telle sorte que l'agencement des diverses pièces de la phrase en devînt plus clair et plus parlant.

Pour ces schémas, on s'est inspiré des idées de M. Henri Bonnard, qui a bien voulu (on lui en sait beaucoup de gré) ne pas trouver mauvais qu'on imitât ici sa méthode.

Maurice GREVISSE
Avertissement à la 28ᵉ édition (1969)

Notions préliminaires

1 L'homme exprime généralement ses idées, ses sentiments, ses volontés et ses sensations par la parole, et c'est le **langage parlé**, ou par l'écriture, et c'est le **langage écrit**.

C'est par phrases que nous pensons et que nous parlons ; la **phrase** est un assemblage organisé logiquement et grammaticalement pour exprimer un sens complet ; elle est la véritable unité linguistique.

La phrase est constituée par des **mots**, c'est-à-dire par des **sons** ou assemblages de sons exprimant un sens.

Le langage écrit représente les sons au moyen d'un système de signes ou caractères appelés **lettres**.

2 La **grammaire** (ou **linguistique**) est l'étude systématique des éléments constitutifs d'une langue. Elle comprend :

1° la **phonétique** ou science des sons du langage ;
2° la **lexicologie** ou science des mots ;
3° la **morphologie** ou science des diverses formes dont certains mots sont susceptibles ;
4° la **syntaxe** ou ensemble des règles qui concernent le rôle et les relations des mots dans la phrase [1].

Remarque

À ces secteurs de base peuvent s'ajouter :
a) la **prononciation** ou manière d'articuler les mots ;
b) l'**orthographe** ou ensemble des règles permettant d'écrire correctement les mots ;
c) l'**étymologie**, qui étudie l'origine des mots ;
d) la **sémantique**, qui est la science des significations des mots.

---

[1]. Dans le présent ouvrage, on a cru pouvoir se libérer de la tradition en étudiant conjointement la *morphologie* et la *syntaxe* des parties du discours. D'autre part, il a paru bon de placer l'étude de la *phrase* et de la *proposition* avant celle des diverses espèces de mots : la connaissance de certaines variations morphologiques des mots suppose, en effet, celle de leurs relations dans la proposition.

Les éléments de la langue

A. LES SONS

1. Sons et syllabes

3 Les **sons** du langage ou **phonèmes** sont des émissions d'air produites par l'appareil phonateur (ou vocal).

Les principaux organes de la *phonation* (ou émission vocale) sont : les *poumons ;* le *larynx,* sorte d'entonnoir cartilagineux, au travers duquel se tendent, bordant une fente appelée *glotte,* les deux paires de *cordes vocales ;* le *pharynx* (arrière-bouche) ; le *voile du palais* (le petit appendice charnu qui pend au milieu, à l'entrée du gosier, est la *luette*) ; la *langue ;* les *lèvres.*

L'ensemble des mouvements qui règlent la disposition des organes vocaux sur le passage du souffle expiratoire s'appelle *articulation.* La *base d'articulation* est la position des organes vocaux à l'état d'indifférence (donc pendant le silence avec respiration normale).

4 Une **syllabe** est un son ou un groupe de sons que l'on prononce par une seule émission de voix : *Eau, mi-di, é-lé-phant.*

5 Les sons se divisent en voyelles et consonnes.

L'Association phonétique internationale a établi un système de transcription dans lequel chaque phonème est retranscrit par un seul et même signe. La langue française compte ainsi seize voyelles, dix-sept consonnes (plus une, si l'on y intègre le [ŋ] emprunté à l'anglais) et trois semi-voyelles. Ce tableau est reproduit en appendice (§ 494).

2. Les voyelles

6 On appelle **voyelles** des sons produits par les vibrations des cordes vocales et s'échappant sans avoir été arrêtés nulle part dans le canal vocal.

7 Les voyelles sont buccales ou nasales.

Elles sont dites **buccales** quand le souffle qui les produit s'échappe uniquement par la bouche : [a], [ɑ], [e], [ɛ], [ə], [i], [o], [ɔ], [ø], [œ], [u], [y].

Elles sont dites **nasales** quand le souffle s'échappe par le nez et par la bouche à la fois :[ã], [ẽ], [ɔ̃], [œ̃].

Remarques

1. Dans l'articulation des voyelles, l'ouverture buccale est plus ou moins grande : les voyelles sont :
   — **ouvertes** quand elles s'articulent avec une ouverture buccale plus grande que pour l'articulation d'autres voyelles : *Mère, note, car, lin, plan.*
   — **fermées** quand elles s'articulent avec une ouverture buccale plus petite que pour l'articulation d'autres voyelles : *Cri, dé, feu, mur, sou, rose.*

2. D'après leur durée, les voyelles sont :
   — **longues** : *Corps, mur, tige, rage* ;
   — **brèves** : *Morte, lu, prix, bac.*

3. D'après le point d'articulation (c'est-à-dire la zone du palais en face de laquelle la langue se masse), les voyelles sont :
   — **antérieures**, lorsque la langue se masse en avant dans la bouche : *Date, mère, pré, cri, lin, brun* ;
   — **postérieures**, lorsque la langue se masse en arrière dans la bouche : *Sou, rose, note, pâte, bon, plan.*

   N.B. L'**a** qui n'est ni ouvert ni fermé, pour l'articulation duquel la langue est étendue, est une voyelle **mixte** : *Parisien.*

4. Pour l'articulation correcte des voyelles (comme aussi pour l'articulation des consonnes), les muscles de l'appareil vocal doivent être tendus avec un effort suffisant pendant toute la durée de l'articulation ; ainsi articulées, les voyelles sont dites **tendues** ; quand la tension n'est pas suffisante, les voyelles sont **relâchées**.

5. L'**e** sourd, demi-ouvert, demi-fermé (sans accent dans l'écriture) s'appelle **e muet** ou **caduc** parce que, en certains cas, il tombe dans la prononciation : *Gredin, rapp(e)ler, un(e) fenêtr(e).*

6. Selon sa place dans la syllabe, une voyelle est :
   — **libre**, quand elle termine la syllabe (la syllabe est dite alors *ouverte*) : *Dé-fi-nir ;*
   — **entravée**, quand elle ne termine pas la syllabe (la syllabe est dite alors *fermée*) : *Per-tur-ba-tion.*

7. Le **timbre** d'une voyelle est le caractère propre et distinctif dû à la combinaison de la note fondamentale avec des sons accessoires appelés *harmoniques*. Tout changement dans la disposition des cavités pulmonaires et bucco-nasales modifie le timbre de la voyelle. En particulier, le timbre varie avec le degré d'ouverture de la bouche : *Rose* [o] fermé, *note* [ɔ] ouvert.

8. D'après leur **hauteur**, c'est-à-dire d'après le degré d'élévation de la voix, les voyelles sont plus ou moins *graves* ou plus ou moins *aiguës*.

Tableau des voyelles

		ANTÉRIEURES		POSTÉRIEURES	
		Fermées	Ouvertes	Fermées	Ouvertes
Buccales	[i] *cri* [e] *dé* [ø] *feu* [y] *mur* [ə] *gredin*		[ɛ] *mère* [a] *date* [œ] *leur*	[u] *sou* [o] *rose*	[ɔ] *note* [ɑ] *pâte*
Nasales			[ɛ̃] *brin* [œ̃] *brun*		[ɔ̃] *bon* [ɑ̃] *plan*

3. Les consonnes

Les **consonnes** sont des bruits de frottement ou d'explosion produits par le souffle qui, portant ou non les vibrations des cordes vocales, rencontre dans la bouche divers obstacles résultant de la fermeture ou du resserrement des organes.

Remarques

1. D'après la voie d'échappement du souffle, on distingue :
   — les consonnes **buccales** : [b], [p], [d], [t], [g], [k], [v], [f], [z], [s], [ʒ], [ʃ], [l], [ʀ] ;
   — les consonnes **nasales** : [m], [n], [ɲ] ; (et [ŋ], dans des mots étrangers) ;
   — l'**h** « **aspiré** ». Cette appellation est doublement impropre : 1° parce que, quand l'*h* dit aspiré est vraiment un son, il comporte non une *aspiration*, mais une intensité particulière du souffle *expiré* ; 2° parce que l'*h* aspiré n'existe plus comme son en français moderne : c'est un simple signe graphique, qui a pour effet d'empêcher l'élision et la liaison.

   Toutefois il se fait parfois entendre réellement dans certaines interjections comme *ha ! hé ! holà !* ou encore quand la syllabe initiale d'un mot commençant par un *h* « aspiré » est frappée d'un accent d'insistance : *C'est une **h**onte !*

2. D'après le degré d'ouverture ou de fermeture des organes, on distingue :
   — les consonnes **occlusives** (ou **explosives**), qui s'articulent de telle manière que le souffle, d'abord arrêté par la fermeture complète des organes buccaux s'échappe brusquement : [b], [p], [d], [t], [g], [k] ;
   — les consonnes **fricatives**, dans l'articulation desquelles il y a resserrement des organes buccaux, sans fermeture complète : [v], [f], [z], [s], [ʒ], [ʃ]. Les consonnes [s], [z], sont souvent appelées **sifflantes** ; les consonnes [ʃ], [ʒ], sont souvent appelées **chuintantes** ;
   — la consonne **liquide** [l], dont l'émission comporte comme un « écoulement » du souffle sur les côtés de la langue ;
   — la consonne vibrante [ʀ], dont l'articulation (du moins pour l'*r* parisien) comporte une vibration du dos de la langue sur le voile du palais. (Dans l'articulation de l'*r* roulé, c'est la luette qui vibre.)

3. D'après l'endroit où les organes buccaux se touchent, on distingue :
   — les consonnes **labiales** (lèvres) : [b], [p], [m], et **labio-dentales** (lèvres et dents) : [v], [f] ;
   — les consonnes **dentales** (langue et dents) : [d], [t], [z], [s], [l], [n] ;
   — les consonnes **palatales** (langue et palais) : [ʒ], [ʃ], [ɲ] ;
   — les consonnes **vélaires** (langue et voile du palais) : [g], [k], [ʀ], [ŋ].

4. Les consonnes sont **sonores** quand le souffle qui les produit est pourvu des vibrations des cordes vocales ; elles sont **sourdes** quand le souffle qui les produit n'est pas pourvu des vibrations des cordes vocales.

5. Dans la prononciation, une consonne est **simple** quand elle est produite par une seule émission vocale ; elle est **double** quand elle fait l'impression d'être émise deux fois de suite ; ainsi [m] se prononce simple dans *sommet*, mais il se prononce double dans *sommité*.

6. Il y a trois **semi-voyelles** ou **semi-consonnes** :

[y] qu'on nomme *ué*), comme dans *lui* ;
[w] (qu'on nomme *oué*), comme dans *oui* ;
[j] (qu'on nomme *yod*), comme dans *pied*.

7. Une **diphtongue** résulte de l'émission rapide d'une voyelle et d'une semi-voyelle : *Œil* [œj], *yeux* [jø].

Il y a **synérèse** lorsque deux voyelles contiguës se fondent, dans la prononciation, en une seule émission : la première voyelle fait alors fonction de semi-voyelle : *diamant* [djamã]. Les poètes ont souvent recouru à cet usage, pour des raisons de métrique.

C'est le duel effrayant de deux spectres d'airain. (Hugo)

Il y a **diérèse** lorsque les éléments d'une diphtongue se trouvent dissociés et deviennent deux voyelles autonomes :

J'ai su tout ce détail d'un anci-en valet. (Corneille)

8. Lorsque deux consonnes se trouvent en contact phonétique, elles tendent à s'**assimiler** l'une à l'autre :

L'assimilation est *progressive* quand la première consonne impose son caractère à la seconde, quant à la sonorité : *subsister* (prononcé [sybziste]) ; la consonne sonore [b] fait devenir sonore, en la changeant en [z], la consonne [s], sourde par nature.

L'assimilation est *régressive* dans le cas contraire : *absent* (prononcé [apsã]) ; la consonne sourde [s] fait devenir sourde, en la changeant en [p], la consonne [b], sonore par nature.

Il y a **dissimilation** lorsque deux consonnes identiques, se trouvant dans le voisinage l'une de l'autre, se différencient ; ainsi quand le mot latin *peregrinum* est devenu en français *pèlerin*, il y a eu *dissimilation* du premier [R] par le second.

Tableau des consonnes

				Labiales	Dentales	Palatales	Vélaires
Buccales	Occlusives	{	sonores	[b] *bal*	[d] *dur*		[g] *gare*
			sourdes	[p] *pot*	[t] *tir*		[k] *col*
	Fricatives	{	sonores	[v] *vol*	[z] *zut*	[ʒ] *jour*	
			sourdes	[f] *fer*	[s] *sol*	[ʃ] *char*	
	Liquides				[l] *lac*		[R] *rat*
	Semi-voyelles	{	postérieures	[w] *oui*			
			antérieures	[y] *nui*		[j] *yeux*	
Nasales				[m] *mer*	[n] *non*	[ɲ] *digne*	[n] *smoking*

B. LES SIGNES

1. L'alphabet

9 La langue écrite note les sons du français au moyen de vingt-six lettres, dont l'ensemble constitue l'*alphabet*.

Ces lettres sont **majuscules** (ou **capitales**) : A, B, C, D, E, F, G, H, I, J, K, L, M, N, O, P, Q, R, S, T, U, V, W, X, Y, Z ;

ou **minuscules** : a, b, c, d, e, f, g, h, i, j, k, l, m, n, o, p, q, r, s, t, u, v, w, x, y, z.

10 Il y a six lettres-voyelles : *a, e, i, o, u, y ;* les autres lettres sont les lettres-consonnes.

Remarque

Parce que notre alphabet ne possède pas autant de lettres qu'il y a de phonèmes à représenter, et aussi parce que notre orthographe n'a pas évolué en même temps que la prononciation et qu'en outre, cette orthographe s'est souvent conformée à l'étymologie, il se fait :

1° qu'il faut, pour représenter certains sons, combiner deux lettres : *eu* pour [ø], *ou* pour [u], *on* pour [ɔ̃], *ch* pour [ʃ], *gn* pour [ɲ] ;

2° qu'une même graphie peut représenter des phonèmes différents : *Cage*, [kaʒ], *cire* [siʀ] ; *gare, gène ; nation, partie ; tache, orchestre ; ville, béquille ;*

3° qu'un même phonème est, selon les mots, représenté par différentes graphies : [o] dans *trône, beau, Saône ;* [a] dans *cage, femme ;* [ɛ] dans *lin, étain, simple, symbole, syntaxe, Reims ;* [f] dans *faner, phare ;* [ʒ] dans *joli, geôle.*

D'autre part, il arrive souvent qu'une ou plusieurs lettres, disparues dans la prononciation depuis le moyen âge, sont pourtant toujours exigées par l'orthographe : *Doigt, tort, vert, lourd.*

2. Les signes orthographiques

11 Les **signes orthographiques** sont : les accents, le tréma, la cédille, l'apostrophe et le trait d'union.

12 **a. Les accents**

On distingue trois sortes d'accents : l'accent *aigu* (´), l'accent *grave* (`) et l'accent *circonflexe* (ˆ).

— L'accent **aigu** se met, en général, sur le *e* représentant le son [e] non suivi d'un *d,* d'un *f* ou d'un *z* finals :

Vérité, coupés. (Sans accent aigu : *pied, clef, chanter, nez,* etc.)

— L'accent **grave** se met :

1° Sur le *e* représentant le son [ɛ], à la fin d'une syllabe ou devant *s* final :

Père, procès.

2° Sur *a* dans *deçà, déjà, delà, voilà, holà* (mais non dans *cela*).

3° Sur *a, u, e,* dans certains mots, qui peuvent, par ce moyen, être distingués d'autres mots, homonymes :

à, a ; là, la ; çà, ça ; où, ou ; dès, des.

— L'accent **circonflexe** se met sur *a, e, i, o, u,* et indique soit la chute d'une voyelle ou d'un *s* de l'ancienne orthographe :

Bâtir (autref. *bastir*), *tête* (autref. *teste*), *âge* (autref. *eage*) ;

soit la prononciation longue de certaines voyelles [1] :

Cône, infâme, extrême.

Parfois l'accent circonflexe sert à distinguer des homonymes :

dû (participe passé de *devoir*), *du* (article contracté) ;
crû (participe passé de *croître*), *cru* (participe passé de *croire*) ;
mûr (adjectif), *mur* (nom).

13 **b.** Le **tréma** (¨) se met sur les voyelles *e, i, u,* le plus souvent pour indiquer que, dans la prononciation, elles se séparent de la voyelle qui les précède ou qui les suit :

Haïr, aiguë, contiguïté.

14 **c.** La **cédille** (,) se place sous le *c* devant *a, o, u,* pour indiquer que ce *c* doit être prononcé [s] :

Avança, leçon, reçu.

15 **d.** L'**apostrophe** (') se place en haut et à droite d'une consonne pour marquer l'élision de *a, e, i* :

L'arme, d'abord, s'il pleut.

16 **e.** Le **trait d'union** (-) sert à lier plusieurs mots :

Arc-en-ciel, dit-il, toi-même.

On emploie le trait d'union :

1° Dans certains mots composés [2] : *Arc-en-ciel, vis-à-vis, après-midi,* etc.
2° Entre le verbe et le pronom personnel (ou *ce, on*) placé après lui : *Dis-je, voit-on, est-ce vrai ?*
3° Entre le verbe à l'impératif et les pronoms personnels compléments formant avec lui un seul groupe phonétique, sans la moindre pause possible : *Crois-moi, prends-le, dites-le-moi, faites-le-moi savoir.* (Mais sans trait d'union : *Veuille me suivre, viens me le raconter.*)
4° Avant et après le *t,* consonne euphonique : *Répliqua-t-il, chante-t-elle, convainc-t-on ?*

---

1. Les rectifications de l'orthographe française publiées dans le *Journal officiel de la République française* du 6 décembre 1990 proposent de nouvelles règles pour l'emploi de l'accent circonflexe, dont la suppression de cet accent, sauf pour certaines exceptions, sur les lettres *i* et *u.* L'usage du tréma est également modifié. Ces règles sont détaillées dans l'annexe A (§ 511).
2. Les rectifications de l'orthographe française (Annexe A, § 511) portent également sur les mots composés et sur l'écriture des noms de nombre.

5° Dans les noms de nombre composés, entre les parties qui sont l'une et l'autre moindres que cent [1] : *Quatre-vingt-dix-huit, cinq cent vingt-cinq.*

6° Devant *ci* et *là* joints aux diverses formes du pronom *celui* ou à un nom précédé d'un adjectif démonstratif : *Celui-ci, ceux-là, cette personne-ci, ces choses-là* ; et dans les expressions composées où entrent *ci* et *là* : *Ci-contre, ci-joint, là-haut, jusque-là, par-ci, par-là,* etc.

7° Entre le pronom personnel et l'adjectif *même* : *Moi-même, nous-mêmes,* etc.

---

1. Les rectifications de l'orthographe française (Annexe A, § 511) étendent cette règle à toutes les parties des noms de nombre composés.

C. LA PRONONCIATION

1. L'accent d'intensité

17 L'**accent d'intensité** (on dit aussi **accent tonique**) consiste dans un appui particulier de la voix sur une des syllabes d'un mot ou d'un groupe de mots.

Les syllabes frappées de l'accent d'intensité sont **toniques** ; les autres sont **atones.**

Une syllabe est dite *protonique* quand elle précède immédiatement la syllabe tonique ; elle est dite *posttonique* quand elle suit immédiatement la syllabe tonique.

18 **Accent de mot.** Dans les mots français considérés isolément, l'accent d'intensité frappe la dernière syllabe articulée (donc l'avant-dernière syllabe écrite — la pénultième — quand la finale est en -*e* muet) :

> *Vérité, sentiment, indifférenc(e), [les] montagn(es),*
> *[ils] désespèr(ent).*

Accent de groupe. Dans la phrase, l'accent d'intensité frappe la dernière syllabe articulée, non pas de chaque mot, mais de chaque groupe de mots unis par le sens et prononcés sans aucun repos de la voix (chaque groupe est un seul *groupe rythmique*) :

> *Prenez votre livr(e).*
> *Comme vous le savez, / je pars demain.*
> *Un grand bruit d'homm(es) / et de chevaux / avait succédé / au silenc(e).*

Remarques

1. Les articles, les adjectifs démonstratifs ou possessifs, certains pronoms, les prépositions, les conjonctions, n'ont pas d'accent d'intensité.
2. Il faut se garder de confondre l'accent d'intensité avec les *accents,* signes orthographiques (§ 12).
3. L'accent d'intensité doit encore être distingué de l'**accent d'insistance**, qui affecte telle ou telle syllabe prononcée avec une énergie particulière (on l'appelle encore tantôt *affectif* ou *expressif* quand il exprime une émotion un un sentiment subjectif, tantôt *intellectuel* quand il met en relief le contenu intellectuel de l'énoncé ou souligne un mot jugé essentiel) ; cet accent d'insistance ne supprime pas l'accent d'intensité :

   > *C'est détestable !*
   > *C'est un spectacle épouvantable !*
   > *N'oubliez pas l'importance du surmoi chez Freud !*

4. **Ton.** Le *ton* est proprement le degré de hauteur musicale d'un son : tel son est plus ou moins aigu, plus ou moins grave.
   Dans un sens large, le ton est la manière particulière de parler relativement aux mouvements de la pensée ou des sentiments : une phrase peut être dite sur un ton impérieux, doctoral, badin, doucereux, etc.
5. **Intonation.** Il n'arrive guère que les sons, associés pour former des mots ou des phrases, se prononcent d'une manière *uniforme* : l'intensité, la

hauteur musicale, la durée des syllabes donnent au débit une *intonation particulière.*
À ce propos, il faut observer que d'ordinaire la phrase française comporte deux parties : dans la première, qui est *ascendante,* le ton s'élève progressivement jusqu'à une note qui est la plus haute de la phrase ; dans la seconde, qui est *descendante,* le ton s'abaisse par degrés jusqu'à une note qui est la plus basse de toutes. Les phrases interrogatives n'ont pas de partie descendante : elles se terminent généralement sur la note la plus haute. Les phrases exclamatives ont le plus souvent une intonation descendante.

2. La liaison

19 Une consonne finale, muette devant un mot isolé, se prononce, dans certains cas, devant la **voyelle** ou l'**h muet** initial du mot suivant, et s'appuie même si intimement sur ce mot que, pour l'oreille, elle fait corps avec lui plutôt qu'avec le mot auquel elle appartient : c'est ce qui s'appelle faire une **liaison** :

> *Sans ordre, un petit homme.*

Remarques

1. Certaines consonnes changent de prononciation dans les liaisons :
   s et x se prononcent [z] : *pas à pas* [pazapa], *deux hommes* [døzom] ;
   d se prononce [t] : *grand effort* [gʀɑ̃tɛfɔʀ] ;
   g se prononce [k] : *sang et eau* [sɑ̃keo].
2. La liaison n'a lieu qu'entre des mots unis par le sens, et la moindre pause l'empêche toujours. D'ailleurs, beaucoup de liaisons qui se font dans le discours soutenu ou dans la lecture des vers ou même de la prose, ne se font pas dans la conversation ordinaire.

3. L'élision

20 L'**élision** est la suppression, dans la prononciation, d'une des voyelles finales *a, e, i,* devant un mot commençant par une voyelle ou un *h muet.*

Les élisions qui se font dans la prononciation ne sont pas toujours marquées dans l'écriture :

> *Faible escorte, il a presque échoué.*

Quand elles le sont, la voyelle élidée est remplacée par une apostrophe :

> **L'**or, **d'**abord, **l'**heure, **s'**il **t'**aperçoit.

21 a) L'élision de l'**a** est marquée par l'apostrophe dans l'article *la* :

> *L'église, l'heure.*

et dans le pronom atone *la,* devant les pronoms *en, y,* ou devant un verbe :

> *Cette voix, je l'entends. Elle a bien agi : je l'en félicite.*
> *Elle refuse de partir : je l'y contraindrai.*
> (Mais : *Laisse-la entrer, envoie-la ouvrir :* ici *la* est accentué.)

b) L'élision de l'**e** est marquée par l'apostrophe :

1° Dans l'article *le* :

> *L'aveugle*, *l'homme*.

2° Dans les pronoms *je, me, te, se, le* (atone), devant les pronoms *en, y,* ou devant un verbe :

> *J'ai, il **m'**entend, je **t'**invite, il **s'**avance, on **l'**aperçoit, je **m'**en doute, il **s'**y perd.* (Mais : *Fais-**le** asseoir :* ici *le* est accentué)

3° Dans *de, ne, que, jusque, lorsque, puisque, quoique,* et dans les locutions conjonctives composées avec *que* :

> *Fables **d'**Ésope, il **n'**a pas, ce **qu'**on a, **qu'**on est bien !, je veux **qu'**il parte, **jusqu'**ici, **lorsqu'**il dit.*
> ***Lorsqu'**à des propositions...* (Littré) ***Lorsqu'**en 1637...* (Acad.)
> ***Puisqu'**on veut.* ***Quoiqu'**un homme soit mortel.*
> *Avant **qu'**il vienne.*

4° Dans le pronom *ce* devant *en* et devant l'*e* ou l'*a* initial d'une forme simple ou composée du verbe être :

> ***C'**est, **ç'**a été, **c'**eût été, **c'**en est fait.*

5° Dans *presqu'île, quelqu'un(e)*. (Mais non dans *presque entier, presque achevé, quelque autre,* etc.)

6° Dans *entre,* élément des cinq verbes *s'**entr'**aimer, **entr'**apercevoir, s'**entr'**appeler, s'**entr'**avertir, s'**entr'**égorger.*

Mais sans apostrophe : *entre eux, entre amis, entre autres,* etc.

Remarque

L'Académie a abandonné, dans les mots suivants, l'apostrophe qui marquait l'élision de l'*e* final de *entre,* et a soudé les éléments composants : *s'entraccorder, s'entraccuser, entracte, s'entradmirer, entraide, s'entraider, entrouverture, entrouvrir.*

c) L'élision de l'**i** est marquée par l'apostrophe dans la conjonction *si* devant *il(s)* :

> ***S'**il vient, **s'**ils viennent.*
> *Dis-moi **s'**il part.*

22 L'élision n'a pas lieu devant le nom *un* (chiffre ou numéro), ni devant *oui, huit, huitain, huitaine, huitième, onze, onzième, uhlan, yacht, yak, yatagan, yole, yucca,* ni devant certains noms propres tels que : *Yougoslavie, Yémen, Yucatan,* etc. :

> *Il suffit **de** oui, de non.* (Hugo)
> *La bonne sœur fit signe **que** oui.* (M. Barrès)

Toutefois on peut dire :

> *Je crois **qu'**oui. Je lui fis signe **qu'**oui.* (A. France)
> *Je pense **qu'**oui.* (La Bruyère) *Il dit **qu'**oui.* (Sévigné)
> *Par un beau soleil **d'**onze heures.* (Sainte-Beuve)
> *Le bouillon **d'**onze heures.*

Pour *ouate,* l'usage hésite ; cependant on dit plus souvent *l'ouate* que *la ouate*.

D. LES MOTS

1. Les parties du discours

23 Les mots du français peuvent être rangés en neuf catégories ou **parties du discours**.

a) *Les mots variables*

Cinq espèces de mots sont **variables** :

1° Le **nom** ou **substantif**, qui sert à désigner, à « nommer » les êtres ou les choses.

2° L'**article**, qui sert à marquer un sens complètement ou incomplètement déterminé du nom qu'il précède.

3° L'**adjectif**, qui se joint au nom pour le qualifier ou pour le déterminer.

4° Le **pronom**, qui, en général, représente un nom, un adjectif, une idée, une proposition.

5° Le **verbe**, qui exprime l'existence, l'action ou l'état.

N.B.

— Le **nom**, l'**article**, l'**adjectif** et le **pronom** varient :

en **genre**, pour indiquer, en général, le sexe des êtres ;
en **nombre**, pour indiquer qu'il s'agit :
soit d'un seul être ou objet,
soit de plusieurs êtres ou objets.

Les adjectifs possessifs, les pronoms possessifs, les pronoms personnels varient, non seulement en *genre* et en *nombre*, mais aussi en *personne*.

— Le **verbe** varie :

en **nombre** ;
en **personne**, pour indiquer qu'il s'agit :
soit de la personne qui parle : 1re personne,
soit de la personne à qui l'on parle : 2e personne,
soit de la personne (ou de la chose) dont on parle : 3e personne ;
en **temps**, pour indiquer à quel moment se situe le fait ;
en **mode**, pour indiquer de quelle manière est connue et présentée l'action (ou l'état, ou l'existence).

Au participe, le verbe varie quelquefois en *genre*.

b) *Les mots invariables*

Quatre espèces de mots sont **invariables** :

1° L'**adverbe**, qui modifie un verbe, un adjectif ou un autre adverbe.

2° La **préposition**, qui marque un rapport entre le mot devant lequel elle est placée et un autre mot.

3° La **conjonction**, qui unit deux mots, deux groupes de mots ou deux propositions.

4° L'**interjection**, qui marque l'irruption d'un sentiment personnel dans le discours.

Remarque

Il faut mentionner à part les deux **présentatifs** *voici* et *voilà*, qui servent à annoncer, à présenter (§ 431).

2. L'origine des mots

24 Les mots de la langue française proviennent :

1° D'un **fonds latin**. Vers le Ve siècle, les idiomes gaulois ont été supplantés par le *latin populaire,* qui s'est peu à peu transformé en *langue romane,* selon des lois dont la principale est celle de la persistance de la syllabe tonique : *bastonem, radicinam, animam,* par exemple, ont abouti à *bâton, racine, âme.*

2° D'un certain nombre de **mots gaulois** ou **germaniques**. Au fonds latin — dans lequel se sont maintenus un petit nombre de mots *gaulois* — l'invasion franque du Ve siècle a mêlé un apport assez considérable de mots *germaniques,* qui nous ont donné, par exemple : *banc, bannière, héron,* etc.

Les différents dialectes romans formèrent de part et d'autre d'une ligne de démarcation qui irait approximativement de La Rochelle à Grenoble, deux grands domaines linguistiques : au nord, celui de la **langue d'oïl**, et au sud, celui de la **langue d'oc**. À partir du XIIe siècle, le *francien* ou dialecte de l'Ile-de-France prit le pas sur les autres dialectes.

3° De différents **emprunts** faits au latin écrit, au grec, aux dialectes et à diverses langues.

1. *Latin*. À partir du XIIe siècle, le vocabulaire roman s'est enrichi, par *formation savante,* de quantité de mots calqués par les lettrés sur des mots du latin écrit. Mais certains de ces mots avaient déjà été transformés en mots romans par le peuple ; ainsi un même terme latin a pu produire un mot populaire et un mot savant, c'est-à-dire des **doublets** : *navigare* a donné *nager* (mot populaire) et *naviguer* (mot savant) ; *potionem* a donné *poison* (mot populaire) et *potion* (mot savant).

2. *Grec*. Le grec a fourni au français, par formation populaire, un certain nombre de mots, qui ont passé par la forme latine : *baume, beurre, trésor,* etc. Il lui a fourni en outre, par formation savante, nombre de mots, transportés dans la langue, soit indirectement, en passant par le latin, soit directement (surtout au XIXe s.) : *amnésie, cryptogame, téléphone,* etc.

3. *Dialectes*. Le français a emprunté aux différents dialectes, surtout au provençal et au gascon, un certain nombre de mots : *auberge, badaud, fadaise, goujat,* etc.

4. **Langues romanes**. L'**italien** et l'**espagnol** ont fait entrer dans le français un assez grand nombre de mots : *balcon, bambin, carnaval,* etc. ; *abricot, adjudant, hâbler,* etc. Le **portugais** n'a fourni qu'un petit contingent de termes : *acajou, autodafé,* etc.

5. **Langues du Nord**. L'**allemand** a fait passer dans le lexique français d'assez nombreux mots relatifs surtout aux choses militaires : *sabre, choucroute, trinquer,* etc. L'**anglais** nous a fourni un notable apport qui s'est accru, à partir du XIXe siècle, de nombreux termes concernant le sport, la marine, le commerce, la politique, la mode : *handicap, steamer, chèque, budget, blue-jean,* etc. Une centaine de mots nous viennent du **néerlandais** : *cambuse, kermesse, matelot,* etc. Quelques termes de marine nous ont été fournis par les **langues scandinaves** : *cingler, vague,* etc.

6. **Apports divers**. Le français a admis aussi un certain nombre de mots venus de l'**arabe** : *alcool, algèbre,* etc. ; de l'**hébreu** : *chérubin, géhenne,* etc. ; des **langues africaines** : *baobab, chimpanzé,* etc. ; du **turc** : *bey, tulipe,* etc. ; des **langues de l'Inde** ou de l'**Extrême-Orient** : *avatar, jungle, bonze, thé,* etc. ; des **langues américaines** : *ananas, caoutchouc,* etc. ; de l'**argot** : *cambrioleur, maquiller,* etc.

3. La formation des mots

25 La langue française, organisme vivant, est en perpétuel devenir : des mots meurent, d'autres naissent. Elle forme des mots par *dérivation,* par *composition,* et, dans une moindre mesure, par *onomatopées* et par *abréviation.*

Certains mots du vocabulaire français sont des **emprunts** faits à d'autres langues : *redingote* (de l'anglais *riding-coat*), *kimono* (du japonais). Il y a de **faux emprunts**, mots artificiellement fabriqués sur le modèle de mots étrangers : *footing,* sport pédestre (tiré de l'anglais *foot,* pied, sur le modèle de *rowing,* sport nautique, etc.).

Certains mots sont **calqués** par transposition des éléments dont ils sont formés dans la langue d'origine : *gratte-ciel,* par exemple, est un calque de l'anglo-américain *sky-scraper.*

Les mots sont venus par *formation populaire* ou par *formation savante.* Dans la formation populaire, ils proviennent de l'usage naturel et spontané qu'en fait la masse des gens qui les emploient ; dans la formation savante, ils résultent de l'action délibérée de lettrés.

Remarques

1. On appelle **archaïsme** un mot tombé en désuétude, un tour de phrase ou une construction hors d'usage :

   Occire (tuer), *idoine* (propre à), *moult* (beaucoup, très).

2. On appelle **néologisme** un mot nouvellement créé ou un mot déjà en usage, mais employé dans un sens nouveau ; il y a donc des *néologismes de mots* et des *néologismes de sens :*

> *Informaticien, vidéothèque, motoriste, mot-valise.*
> *La déferlante* (de investissements japonais), *une puce* (en informatique), *une cassette* (audio ou vidéo), *une mère porteuse.*

a) *La dérivation*

26 La **dérivation impropre,** sans rien changer de la figure des mots, les fait passer d'une catégorie grammaticale dans une autre.

a) Peuvent devenir **noms** :

1° des adjectifs :

> Un **malade**, le **beau** ;

2° des infinitifs :

> Le **repentir**, le **savoir** ;

3° des participes présents ou passés :

> Un **trafiquant**, un **raccourci**, une **issue**.

Remarque

En les faisant précéder de l'article, on peut donner à des pronoms, à des impératifs, à des mots invariables, le caractère de noms :

> Le **moi**, un **rendez-vous**, le **bien**, les **devants**, de **grands hélas**.

b) Peuvent devenir **adjectifs** :

1° des noms :

> Un ruban **rose** ;

2° des participes :

> Un spectacle **charmant**, un livre **illustré** ;

3° des adverbes :

> Des gens très **bien**.

c) Peuvent devenir **adverbes** des noms, des adjectifs :

> **Pas** grand, voir **clair**.

d) Peuvent devenir **prépositions** des adjectifs, des participes :

> **Plein** ses poches, **durant** dix ans, **excepté** les enfants.

e) Peuvent devenir **conjonctions** certains adverbes :

> **Aussi** j'y tiens. **Ainsi** (= par conséquent) je conclus que...

f) Peuvent devenir **interjections** des noms, des adjectifs, des formes verbales :

> **Attention ! Bon ! Suffit !**

27 La **dérivation propre** crée des mots nouveaux en ajoutant à des mots simples certaines terminaisons appelées **suffixes**.

Ces suffixes servent à former des *substantifs,* des *adjectifs,* des *verbes* ou des *adverbes.*

Le *radical* est, dans un mot, l'élément essentiel, celui qui exprime fondamentalement le sens de ce mot ; on peut le reconnaître en dégageant, dans les divers mots de la famille à laquelle appartient le mot considéré, l'élément commun à tous ces mots : dans *détourner,* le radical est *tour* (*contour, pourtour, détour, entourer, entourage,* etc.). On dit parfois aussi *racine,* mais strictement parlant, *radical* et *racine* ne sont pas synonymes : tandis que le radical est ordinairement un mot complet, la racine n'est qu'un fragment de mot, un monosyllabe irréductible auquel on aboutit en éliminant, dans un mot, tous les éléments de formation secondaire : par exemple : *struct* dans *instruction.*

Remarque

La dérivation est dite *régressive* quand elle procède par suppression d'une syllabe finale : *galop* est formé sur *galoper ; démocrate,* sur *démocratie.*

Principaux suffixes formateurs de substantifs

SUFFIXES	SENS	EXEMPLES
-ade	*collection, action*	colonnade, glissade.
-age	*collection, action, produit, état*	feuillage, déminage, cirage, servage.
-aie, -eraie	*plantation*	chênaie, hêtraie, châtaigneraie.
-ail	*instrument*	épouvantail.
-aille	*collection, action, péjoratif*	pierraille, trouvaille, ferraille.
-ain, -aine	*habitant de, collection*	châtelain, trentain, douzaine.
-aire	*objet se rapportant à*	moustiquaire.
-aison	*action ou son résultat*	crevaison, pendaison.
-an	*habitant de*	Persan.
-ance, -ence	*action ou son résultat*	alliance, puissance, présidence.
-ard	*se rapportant à, péjoratif*	montagnard, brassard, criard.
-as, -asse	*collection, péjoratif*	plâtras, paperasse.
-at	*état, institution*	professorat, pensionnat.
-ateur	*objet, profession*	accumulateur, administrateur.
-atoire	*lieu*	observatoire.
-ature, -ure	*action ou son résultat, état, fonction, lieu, collection*	coupure, magistrature, verdure, filature, chevelure.
-eau, -elle ⎫ -ceau, -ereau ⎬ *diminutifs* -eteau, -isseau ⎭	*diminutifs*	drapeau, ruelle, lionceau, lapereau, louveteau, arbrisseau.
-ée	*contenu, ayant rapport à*	cuillerée, matinée.
-(e)ment	*action ou son résultat*	logement, recueillement, bâtiment.
-er, -ier, -ière	*agent, réceptacle, arbre*	chapelier, herbier, archer, poirier, théière.

Principaux suffixes formateurs de substantifs (suite)

SUFFIXES	SENS	EXEMPLES
-erie, -ie	qualité, action, lieu	fourberie, causerie, brasserie, folie.
-esse	qualité	finesse.
-et, -ette, -elet(te)	diminutifs	livret, fourchette, osselet, tartelette.
-eur	qualité	grandeur.
-eur, -euse	agent, instrument	chercheur, torpilleur, mitrailleuse.
-ien, éen	profession, nationalité	historien, lycéen, Parisien.
-il	lieu	chenil.
-ille	diminutif	brindille, faucille.
-in	diminutif	tambourin.
-ine	produit	caféine.
-is	lieu, résultat d'une action	logis, fouillis.
-ise	qualité	sottise.
-isme	disposition, croyances, métier	chauvinisme, royalisme, journalisme.
-ison	action ou son résultat	guérison.
-iste	profession, qui s'occupe de	archiviste, gréviste.
-ite	produit, maladie	anthracite, bronchite.
-itude	qualité	platitude.
-oir, -oire	instrument, lieu	arrosoir, baignoire.
-on, -eron -eton, -illon	diminutifs	veston, aileron, caneton, oisillon.
-ose	maladie, produit	tuberculose, cellulose.
-ot, -otte	diminutifs	Pierrot, menotte.
-té	qualité	fierté.

Principaux suffixes formateurs d'adjectifs

SUFFIXES	SENS	EXEMPLES
-able, -ible	possibilité active ou passive	blâmable, éligible.
-aire	qui a rapport à	légendaire.
-ais, -ois	qui habite	marseillais, namurois.
-al, -el	qui a le caractère de	royal, mortel.
-an	qui habite, disciple de	persan, mahométan.
-ard	caractère, péjoratif	montagnard, vantard.
-âtre	approximatif, péjoratif	noirâtre, bellâtre.
-é	qui a le caractère de	azuré, imagé.
-esque	qui a rapport à	livresque.
-et, -elet	diminutifs	propret, aigrelet.
-eur, eux	caractère	rageur, courageux.
-er, -ier	caractère	mensonger, saisonnier.
-ien	qui habite, qui s'occupe de	parisien, historien.
-if	caractère	tardif, craintif.
-in	caractère, diminutif	enfantin, blondin.
-ique	caractère, origine	volcanique, ibérique.
-issime	superlatif	richissime.
-iste	caractère, relatif à un parti	égoïste, socialiste.
-ot	diminutif	pâlot.
-u	qualité	barbu, feuillu.
-ueux	qualité	luxueux, majestueux.

Suffixes formateurs de verbes

La grande majorité des verbes nouveaux est formée au moyen du suffixe **-er** ; quelques-uns sont en **-ir** : *rougir, maigrir,* etc.

Certains verbes en **-er** sont formés au moyen d'un suffixe complexe, qui leur fait exprimer une nuance diminutive, péjorative ou fréquentative :

-ailler :	*criailler*	**-iller :**	*mordiller*
-asser :	*rêvasser*	**-iner :**	*trottiner*
-ayer :	*bégayer*	**-iser :**	*pasteuriser*
-eler :	*bosseler*	**-ocher :**	*effilocher*
-eter :	*voleter*	**-onner :**	*chantonner*
-eyer :	*grasseyer*	**-oter :**	*vivoter*
-(i)fier :	*momifier*	**-oyer :**	*foudroyer*

Pour le suffixe *-ment,* formateur d'adverbes, voir § 407.

b) *La composition*

28 Par la **composition**, on forme des mots nouveaux :

1° En combinant entre eux deux ou plusieurs mots français :

> *Chou-fleur, sourd-muet, portemanteau, pomme de terre.*

Comme on le voit, tantôt les éléments composants sont soudés, tantôt ils sont reliés entre eux par le trait d'union, tantôt encore ils restent graphiquement indépendants.

2° En faisant précéder un mot simple d'un **préfixe**, c'est-à-dire d'une particule sans existence indépendante :

> **In**actif, **mé**content.

Remarques

1. Certains préfixes existent cependant comme mots indépendants : *entre, sur, sous, contre,* etc.
2. L'orthographe du préfixe peut être modifiée : ainsi *in-* devient *il-, ir-,* par assimilation régressive (§ 8, Rem. 8), dans **il**lettré, **ir**réflexion ; dans **im**poli, **im**buvable, etc., il y a simple accommodation graphique.

3° En combinant entre eux des racines ou des radicaux grecs ou latins :

> *Agri/cole, herbi/vore, bio/graphie, baro/mètre.*

N.B.

Certains mots sont venus par **formation parasynthétique** : à un mot simple s'ajoutent simultanément un préfixe et un suffixe :

> **É**borgn**er**, **en**colu**re**, **at**terr**ir**.

D'origine latine

ad- [a, ac, af, ag, al, an, ap, ar, as, at] (tendance, direction) : abattre, annoter, apporter.

anté-, anti-, (avant) : antédiluvien, antidater.

bien- : bienfaisant.

b- [bis, bé] (deux) : bipède, bissection, bévue.

circon-, circum- (autour) : circonférence, circumnavigation.

cis- (en deçà) : Cisjordanie, cisalpin.

con- [co, col, com, cor] (avec) : concitoyen, coassocié, collatéral, compatriote, corrélation.

contre- (opposition, à côté de) : contrecoup, contresigner.

dé- [des, dis, di] (séparation, etc.) : décharger, dissemblable.

en-, em- (éloignement) : enlever, emmener.

en-, em- (dans) : enfermer, emmagasiner.

entr(e)-, inter- (au milieu, à demi, réciproquement) : s'entraider, entrelacer, entrevoir, interstellaire.

ex- [é, ef, es] (hors de) : exproprier, écrémer, effeuiller, essouffler.

extra- (hors de, superlatif) : extravagant, extra-fort.

for- [four, fau, hor] (hors de) : forban, fourvoyer, faubourg, hormis.

in- [il, im, ir] (négation) : inactif, illettré, imbuvable, irresponsable.

mal- [mau, malé] (mal) : maladroit, maudire, malédiction.

mé-, més- (mal, négation) : médire, mésaventure.

mi- (moitié) : milieu, mi-carême.

non- (négation) : non-sens.

outre-, ultra- (au-delà de) : outrepasser, ultra-royaliste.

par-, per- (à travers, complètement) : parsemer, parachever, perforer.

pén(é)- (presque) : pénombre.

post- (après) : postdater.

pour-, pro- (devant, à la place de) : pourvoir, pourchasser, projeter.

pré- (devant, avant) : préavis, présupposer.

re- [ra, ré, res, r] (répétition, contre, intensité) : revoir, rafraîchir, réagir, ressortir, remplir.

semi- (demi) : semi-voyelle.

sou(s)- [sub] (dessous) : soulever, subvenir.

sur-, super- (au-dessus) : surcharge, superstar.

trans- [tres, tré, tra] (au-delà, déplacement) : transpercer, tressaillir, trépasser, traduire.

vice, vi- (à la place de) : vice-roi, vicomte.

D'origine grecque

a-, an- (privation) : amoral, anaérobie.

amphi- (autour, double) : amphibie.

ana- (renversement) : anagramme.

anti-, anté- (opposition) : antialcoolique, antéchrist.

apo- (éloignement) : apostasie.

arch(i)- (au-dessus de) : archiduc.

cata- (changement) : catastrophe.

di(s)- (double) : diptère, dissyllabe.

dys- (difficulté) : dyspepsie.

épi- (sur) : épiderme.

eu- (bien) : euphonie, eucharistie.

hémi- (demi) : hémicycle.

hyper- (au-dessus) : hypertrophie, hyperespace, hypercritique.

hypo- (au-dessous) : hypogée.

méta- (changement) : métaphore.

para- (à côté) : paradoxe.

péri- (autour) : périphrase.

syn- [sym, syl, sy] (avec) : synthèse, symbole, syllabe, symétrie.

30 **Mots ou radicaux latins et grecs.** Nombre de termes savants sont formés à l'aide de mots ou radicaux latins et grecs.

Éléments latins

agri- (champ) : agricole.

-cide (qui tue) : parricide, suicide.

-cole (ayant rapport à la culture) : viticole, horticole.

-culture (act. de cultiver) : apiculture, ostréiculture.

-fère (qui porte) : crucifère.

-fique (qui produit) : frigorifique.

-fuge (qui met en fuite, qui fuit) : fébrifuge, centrifuge.

-grade (pas, degré) : plantigrade, centigrade.

omni- (tout) : omniscient, omnivore.

-pare (qui produit) : ovipare.

-pède (pied) : quadrupède.

-vore (qui mange) : granivore.

Éléments grecs

aéro- (air) : aérolithe.

-algie (douleur) : névralgie.

anthropo- (homme) : anthropométrie.

archéo- (ancien) : archéologie.

auto- (soi-même) : autobiographie.

biblio- (livre) : bibliographie.

bio- (vie) : biographie.

céphale (tête) : céphalopode, microcéphale.

chromo-, -chrome (couleur) : chromolithographie, monochrome.

chrono-, chrone (temps) : chronomètre, isochrone.

cosmo-, -cosme (monde) : cosmographie, cosmonaute, microcosme.

-cratie, -crate (pouvoir) : démocratie, aristocrate.

dactylo-, -dactyle (doigt) : dactylographie, ptérodactyle.

dynamo- (force) : dynamomètre.

gast(é)r(o)- (ventre) : gastéropode, gastralgie.

-gène (engendrant) : hydrogène.

géo- (terre) : géologie.

-gramme (écrit, poids) : télégramme, décagramme.

grapho-, -graphie, -graphe (écrit, étude) : graphologie, biographie, sismographe.

hydr(o)-, -hydre (eau) : hydrographie, anhydre.

logo-, -logie, -logue (discours) : logopédie, biologie, dialogue.

-mane, -manie, (folie) : cocaïnomane, mégalomanie.

méga(lo)- (grand) : mégalithique.

mono- (seul) : monothéisme.

morpho-, -morphe (forme) : morphologie, anthropomorphe.

nécro- (mort) : nécrophage.

neuro-, névr(o)- (nerf) : neurologie, névropathe, névralgie.

-nome, -nomie (règle) : métronome, gastronomie.

ortho- (droit) : orthopédie.

paléo- (ancien) : paléographie.

patho-, -pathe, -pathie (maladie) : pathogène, psychopathe, télépathie.

phago-, -phagie, -phage (manger) : phagocyte, aérophagie, anthropophage.

phil(o)-, -phile (ami) : philatélie, philotechnique, bibliophile.

-phobe, -phobie (haine) : anglophobe, agoraphobie.

phono-, -phone, -phonie (voix, son) : phonographe, microphone, téléphonie.

photo- (lumière) : photographie.

ptéro-, -ptère (aile) : ptérodactyle, hélicoptère.

-scope, -scopie (regard) : spectroscope, endoscopie.

-technie (science) : pyrotechnie.

télé- (loin) : téléphone, télévision.

-thérapie (guérison) : hydrothérapie.

thermo-, -therme (chaleur) : thermomètre, isotherme.

-tomie (coupe) : laparotomie.

c) *Autres formations*

31 Les **onomatopées** sont des mots imitatifs qui reproduisent approximativement certains sons ou certains bruits :

> *Cocorico, cricri, tic-tac, frou-frou.*

N.B.
Les onomatopées sont souvent formées par réduplication d'une même syllabe. On notera qu'elles ne reproduisent jamais exactement les bruits ou les cris dont elles voudraient donner une représentation phonique. Le cri du canard, par exemple, évoqué en France par *couin-couin,* l'est en Italie par *qua-qua,* en Allemagne par *gack-gack (gick-gack, pack-pack, quack-quack),* en Angleterre par *quack,* au Danemark par *rap-rap,* en Hongrie par *hap-hap.*

32 La langue parlée résiste naturellement aux mots trop longs, et souvent, elle les abrège. Tantôt elle réduit certaines expressions à leurs seules lettres initiales : Sida (syndrome d'immunodéficience acquise), OTAN (Organisation du Traité de l'Atlantique Nord) ; tantôt elle ôte à certains mots leurs syllabes finales (ou initiales) : *Auto*[mobile], *ciné(ma)*[tographe], *micro*[phone], *métro*[politain], [auto]*bus.*

33 Parmi les actions qui s'exercent dans le domaine de la formation des mots, il y a lieu de signaler encore : l'analogie, la contamination, l'étymologie populaire et la tautologie.

L'**analogie** est une influence assimilatrice qu'un mot exerce sur un autre au point de vue de la forme ou du sens ; ainsi *bijou-t-ier* a un *t* d'après les dérivés comme *pot-ier, cabaret-ier ; amerr-ir* a deux *r* devant le suffixe d'après *atterr-ir.*

La **contamination** est une sorte de croisement de deux mots ou expressions d'ou résulte un mot ou une expression où se retrouve un aspect de chacun des éléments associés : ainsi le tour *je me souviens* est issu de la contamination de *je me rappelle* et *il me souvient.*

L'**étymologie populaire** est un procédé suivant lequel un mot se trouve rattaché, dans la conscience du sujet, à tel mot ou à telle expression qui paraissent en fournir l'explication : ainsi *choucroute* — venu en réalité de l'alsacien *sûrkrût,* proprement « herbe (krût) aigre (sûr) » — est rattaché par l'étymologie populaire aux mots français *chou* et *croûte.*

La **tautologie** est une expression pléonastique (voir § 70) qui revient à dire deux fois la même chose, généralement par répétition littérale : *au jour d'aujourd'hui.*

N.B.
1. Un **gallicisme** est une construction propre et particulière à la langue française : *il ne voit goutte ; je me porte bien.*
2. Un **barbarisme** est une incorrection d'ordre lexicologique ou morphologique ; il consiste à donner à un mot une forme ou un sens que n'autorisent pas le dictionnaire ou la grammaire, par exemple : *ils s'asseyèrent* [pour *ils s'**assirent**], c'est l'acceptation ordinaire de ce mot* [pour *c'est l'**acception** ordinaire de ce mot*].
3. Un **solécisme** est une incorrection d'ordre syntaxique, par exemple par non-respect des règles de l'accord du verbe ou de l'emploi de tel ou tel mode.

4. Les familles de mots

34 Une **famille de mots** est l'ensemble de tous les mots qui peuvent se grouper autour d'un radical commun d'où ils ont été tirés par la dérivation et par la composition :

> *Arme, armer, armée, armement, armure, armurier, armet, armoire, armoiries, armorier, armoriste, armorial, armateur, armature ; désarmer, désarmement, alarme, alarmer, alarmant, alarmiste, armistice.*

Remarque
Parfois, comme c'est le cas dans la famille du mot *arme*, le radical n'a subi aucune modification, mais le plus souvent le radical des mots d'une même famille se présente sous plusieurs formes : la famille de *peuple,* par exemple, offre les radicaux *peupl, popul, publ :*

> **Peupl**ade, **popul**aire, **publ**ic, etc.

5. Les mots apparentés

35 Les **homonymes** sont des mots de prononciation identique, mais différant par le sens et souvent par l'orthographe :

> *Livre* [d'images], *livre* [de beurre].
> *Chair, cher, chère, chaire.*

36 Les **paronymes** sont des mots proches l'un de l'autre par leur forme extérieure :

> *Précepteur, percepteur.*
> *Événement, avènement.*

37 Les **synonymes** sont des mots qui présentent des analogies générales de sens, mais différant entre eux par des nuances d'acception :

> *Châtier, punir.*
> *Casser, rompre, briser.*

38 Les **antonymes** ou **contraires** sont des mots qui, par le sens, s'opposent directement l'un à l'autre :

> *Riche, pauvre.*
> *Naître, mourir.*

La phrase
La proposition

A. LES TERMES ESSENTIELS

1. La phrase

39 Nous pensons et nous parlons, non pas par mots séparés, mais par assemblages de mots ; chacun de ces assemblages, logiquement et grammaticalement organisés, est une *phrase*.

La phrase est *simple* ou *composée*.

a) *La phrase simple*

40 **Ses éléments**

La phrase simple dit d'un être ou d'un objet :

Ce qu'il fait ou subit :

> *Le chien aboie. L'arbre est abattu par le bûcheron.*

Ce qu'il est, qui il est :

> *L'or est un métal. Notre chef sera Marie.*

Dans quel état il est, quel il est :

> *Mon père est malade. Le ciel est bleu.*

Dans l'ensemble que forme la phrase simple :

a) le **verbe** est l'élément fondamental, auquel se rattachent directement ou indirectement les divers mots constituant l'ensemble ;

b) le **sujet** est l'élément qui désigne l'être ou l'objet dont on dit ce qu'il fait ou subit, ce qu'il est, etc.

c) l'**attribut** est l'élément exprimant la qualité, la nature ou l'état qu'on rapporte, qu'on « attribue » au sujet par l'intermédiaire d'un verbe.

La proposition

La phrase simple comprend *un seul verbe :* elle forme, dans le langage, l'assemblage le plus simple exprimant un sens complet : cet assemblage est appelé *proposition*.

Une *proposition* est donc un assemblage logique de mots se rapportant directement ou indirectement à un *verbe,* base de l'ensemble et au moyen desquels on exprime un fait, un jugement, une volonté, une sensation, un sentiment, etc. :

> *La neige tombe.*
> *L'homme est mortel.*
> *Le ministre a récompensé les gagnants du concours.*
> *Qu'il parle !*
> *J'ai froid.*

Les termes de la proposition

Considerée dans ses éléments essentiels, la proposition comprend :

1° Ou bien deux termes ; un **sujet** et un **verbe intransitif** :

2° Ou bien trois termes :

soit : un **sujet**, un **verbe copule** et un **attribut** :

soit : un **sujet**, un **verbe transitif** et un **complément d'objet direct** :

Remarques

1. Chacun de ces termes peut être accompagné d'un ou de plusieurs compléments :

2. Comme la proposition comporte plusieurs termes, elle comprend, en principe, plusieurs mots. Cependant il arrive qu'on fasse comprendre sa pensée sans exprimer tous les termes essentiels de la proposition (voir § 72) ; celle-ci peut même être réduite à un seul mot :

> *Honneur aux braves !   Silence !   Attention !*
> *[Viens-tu ?] Non !   Pars !*

b) *La phrase composée*

41   Tandis que dans la phrase *simple,* on n'a qu'un *seul verbe,* dans la **phrase composée**, on a *plusieurs verbes* dont chacun est la base d'une proposition distincte. Voici une phrase composée de trois propositions :

2. Le sujet

a) *Définition*

42 Le **sujet** est le mot ou groupe de mots désignant l'être ou la chose dont on exprime l'action ou l'état :

> | **L'élève** | écrit. | | **La neige** | tombe. |

Pour trouver le sujet, on place avant le verbe la question *qui est-ce qui ?* pour les personnes, et *qu'est-ce qui ?* pour les choses. On peut aussi l'identifier en l'encadrant de *c'est ... qui.*

> *L'élève écrit ;* qui est-ce qui écrit ? ***L'elève.***
> *La neige tombe ;* qu'est-ce qui tombe ? ***La neige.***
> *C'est **l'élève** qui écrit. C'est **la neige** qui tombe.*

b) *La nature du sujet*

43 Le sujet peut être :

1° Un nom :

> **Le soleil** *brille.*

2° Un pronom :

> **Nous** *travaillons.* **Tout** *passe.*

3° Un infinitif :

> **Lire** *permet d'accéder au fonds secret de l'autre.* (P. Drevet)

4° Une proposition :

> **Qui a bu** *boira.*

Remarques

1. Peuvent être pris comme noms, et par suite, être sujets :

L'adjectif :

> **Le vrai** *peut quelquefois n'être pas vraisemblable.* (Boileau)

Le participe (présent ou passé) :

> **Les manquants** *sont nombreux.*
> **La blessée** *souffre.*

Les mots invariables :

> **Les si, les car, les pourquoi** *ont engendré bien des querelles.*

2. À l'impératif, le sujet n'est pas exprimé :

> *Venez ici !*

3. L'infinitif et le participe peuvent avoir un sujet (§ 461, 4° et § 382) :

> *Il entend **un enfant** crier.* (La Fontaine)
> **Dieu** *aidant, nous réussirons.*
> **La pierre** *ôtée, on vit le dedans de la tombe.* (Hugo)

c) *Sujet apparent. Sujet réel*

44 Dans les verbes impersonnels exprimant des phénomènes de la nature : *il pleut, il neige, il gèle, il tonne,* etc., le pronom neutre *il*, **sujet apparent**, est un simple signe grammatical annonçant la personne du verbe, mais ne représentant ni un être, ni une chose faisant l'action.

Les verbes impersonnels *il faut, il y a,* et les verbes employés impersonnellement, outre le **sujet apparent** *il*, ont un **sujet réel**, répondant à la question *qu'est-ce qui ?* ou *qui est-ce qui ?* placée avant eux :

> *Il faut **du courage*** (= du courage est nécessaire ; qu'est-ce qui est nécessaire ? *Du courage* = sujet réel).
> *Il manque **un élève*** (qui est-ce qui manque ? *Un élève* = sujet réel).
> *Il convient **de partir*** (qu'est-ce qui convient ? *De partir* = sujet réel).
> *Il importe **qu'on réussisse*** (qu'est-ce qui importe ? *Qu'on réussisse* = sujet réel).

d) *La place du sujet*

45 **Avant le verbe**

Le sujet se place généralement avant le verbe :

> ***Notre défiance** justifie la tromperie d'autrui.* (La Rochefoucauld)

Après le verbe

Le sujet se place parfois après le verbe, notamment :

1° Dans les interrogations directes si la question porte sur le verbe et que le sujet soit un pronom personnel, ou l'un des pronoms, *ce, on :*

> *Comprends-**tu** ?*
> *Est-**ce** possible ?*
> *Part-**on** ?*

2° Dans les interrogations directes commençant par un mot interrogatif attribut ou complément d'objet direct :

> *Quel est **cet enfant** ?*
> *Que dis-**tu** ?*
> *Que dit **cet homme** ?*

Remarques

1. Si l'interrogation ne commence pas par un mot interrogatif et que le sujet ne soit ni un pronom personnel ni l'un des pronoms *ce, on,* ce sujet se place avant le verbe et on le répète après le verbe par un pronom personnel :

> ***Cette femme** dit-**elle** la vérité ?*
> ***Tout** est-**il** prêt ?*

2. Si l'interrogation commence par un mot interrogatif non attribut ni complément d'objet direct et que le sujet ne soit ni un pronom personnel ni *ce* ou *on,* ce sujet se met facultativement en inversion :

*Où conduit **ce chemin** ?   Où **ce chemin** conduit-il ?*
*Comment va **votre mère** ?   Comment **votre mère** va-t-elle ?*

Toutefois, après *pourquoi,* ce sujet ne se met guère en inversion :

*Pourquoi **le café** empêche-t-il de dormir ?*

3. Quand l'interrogation commence par *est-ce que,* l'inversion du sujet n'a jamais lieu :

*Est-ce que **j'écris** mal ?* (Molière)
*Est-ce que **ma cause** est injuste ou douteuse ?* (Id.)

3° Dans certaines propositions au subjonctif marquant le souhait, la supposition, l'opposition, le temps :

*Puissiez-**vous** réussir !   Vive **le roi** !   Soit **le triangle** ABC.*
*Tombe sur moi **le ciel** pourvu que je me venge !* (Corneille)
*Vienne **la nuit** sonne **l'heure**.* (G. Apollinaire)

4° Dans la plupart des propositions incidentes (§ 71, Rem. 3) :

*Mon ami, lui dit **Taor**, garde cet argent, il te sera utile pour ton voyage.* (M. Tournier)

5° Dans les propositions où l'attribut est mis en tête :

*Rude est **la couche** et lente **l'ombre** au soleil cru du sang versé.*
(H. Juin)

Inversion facultative

Le sujet se met *facultativement* après le verbe :

1° Dans les propositions commençant par *à peine, aussi, aussi bien, ainsi, au moins, du moins, en vain, vainement, peut-être, sans doute* :

*À peine est-**il** hors de son lit, à peine **il** est hors du lit.* (Académie)

Remarque

Si le sujet n'est ni un pronom personnel, ni *ce* ou *on,* il se place avant le verbe et se répète facultativement après lui par un pronom personnel :

*À peine **le soleil** était-il levé, à peine **le soleil** était levé.* (Acad.)

2° Dans les propositions relatives, si le sujet est autre chose qu'un pronom personnel ou l'un des pronoms *ce, on* :

*Les peines que **ce travail** vous coûtera, ... que vous coûtera **ce travail**.*

3° Dans les propositions commençant par un complément circonstanciel ou par certains adverbes (temps, lieu, manière), si le sujet est autre qu'un pronom personnel ou que l'un des pronoms *ce, on* :

*Dans la salle, **une clameur** s'éleva,... s'éleva **une clameur**.*
*Ici aimait à travailler **le chercheur** qui entretenait une correspondance suivie avec les sociétés savantes du monde*
*   entier.* (S. Bemba)
*Ici **les vendeurs** parlent anglais.*

4° Dans des propositions infinitives (§ 461, 4°), quand l'infinitif n'a pas de complément d'objet direct et que son sujet est autre chose qu'un pronom personnel ou relatif :

> *J'entends **le chien** aboyer, j'entends aboyer **le chien**.*

Mais quand la proposition infinitive dépend de *faire,* si le sujet de l'infinitif est autre chose qu'un pronom personnel ou relatif, ce sujet se met après l'infinitif :

> *J'ai fait taire **les lois**.* (Racine)

3. Le verbe et ses compléments

a) *Le verbe*

46 Le **verbe** est le mot ou groupe de mots qui exprime l'action, l'existence ou l'état du sujet, ou encore l'union de l'attribut au sujet :

Pour le *verbe copule,* voir § 58, Rem. 1.

b) *Les compléments du verbe*

47 Les compléments du verbe sont :
1° le complément **d'objet** (direct ou indirect) ;
2° le complément **circonstanciel** ;
3° le complément **d'agent** du verbe passif.

1° Le complément d'objet

48 **Le complément d'objet direct**

Le *complément d'objet direct* est le mot ou groupe de mots qui se joint au verbe sans préposition pour en compléter le sens en marquant sur qui ou sur quoi passe l'action ; il désigne la personne ou la chose auxquels aboutit, comme en ligne droite, l'action du sujet :

Remarques

1. Il convient d'interpréter dans un sens large la notion d'*objet* et d'y inclure tout ce qui n'est pas nettement circonstance ou agent. Ainsi, dans les phrases suivantes, on a des compléments d'objet directs :

> *Le chien conduit **l'aveugle**.*
> *J'habite **cette maison**.*

2. L'infinitif complément d'objet direct est parfois introduit par une des prépositions vides **à** ou **de :**

Comparez :

3. Dans *Je bois **du vin, de la bière, de l'eau** ; je mange **des épinards** ; il n'a pas **de pain***, on a des **compléments d'objet partitifs**. On observera que *de* ne garde pas là sa valeur ordinaire de préposition : combiné (ou fondu) avec *le, la, l', les*, il forme les articles partitifs *du, de la, de l', des* ; employé seul, comme dans *Il n'a pas **de** pain, j'ai mangé **de** bonnes noix*, il sert d'article partitif ou indéfini.

49 Pour reconnaître le complément d'objet direct, on place après le verbe la question *qui ?* ou *quoi ?*

> *J'aime ma mère ; j'aime qui ? **ma mère**.*
> *Je récite ma leçon ; je récite quoi ? **ma leçon**.*

On peut observer que le complément d'objet direct est le mot qui devient sujet quand la proposition peut être mise au passif :

> *Le berger garde **les moutons**. (**Les moutons** sont gardés par le berger.)*

50 **Nature du complément d'objet direct**

Le complément d'objet direct peut être :

1° Un nom :

> *J'aime ma **mère**.*

2° Un pronom :

> *Vous **me** connaissez. Prenez **ceci**.*

3° Un mot pris substantivement :

> *Il demande **le pourquoi** et **le comment** de chaque chose. Aimons **le beau**, **le vrai**.*

4° Un infinitif :

> *Je veux **travailler**.*

5° Une proposition :

> *J'affirme **que ce livre m'appartient**.*

51 Le complément d'objet indirect

Le *complément d'objet indirect* est le mot ou groupe de mots qui se joint au verbe par une préposition pour en compléter le sens en marquant, comme par bifurcation, sur qui ou sur quoi passe l'action ; parfois il indique l'être à l'avantage ou au désavantage de qui l'action se fait :

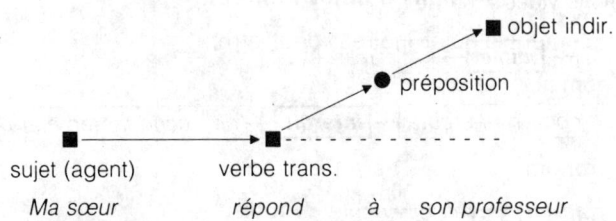

sujet (agent)   verbe trans.
Ma sœur   *répond*   *à*   *son professeur*

N.B.

Des grammairiens distinguent, comme espèce particulière du complément d'objet indirect, le complément *d'attribution,* toujours associé à un complément d'objet direct (parfois sous-entendu) et désignant la personne ou la chose à laquelle est destinée l'action : *Je rapporte le journal **à nos voisins**.* Certains considèrent ce complément comme une variété du complément circonstanciel, tout en admettant que, dans tel ou tel cas, il est à la fois complément d'objet indirect et complément circonstanciel.

Remarque

Les pronoms personnels compléments d'objet indirects *me, te, se,* avant le verbe — *moi, toi,* après un impératif — *nous, vous, lui, leur,* avant ou après le verbe — se présentent sans préposition ; la même observation s'applique au pronom relatif *dont* complément d'objet indirect[1] :

> On **me** nuit : obéis-**moi** ; on **lui** obéit ; obéissez-**lui**.
> (Comparez : *On nuit **à** ton père,* etc.)

---

1. On peut, il est vrai, en recourant à l'étymologie, voir la préposition *de* dans le relatif *dont,* qui vient du latin vulgaire *de unde,* renforcement de *unde,* d'où.

52 Pour reconnaître le complément d'objet indirect, on peut, en consultant le sens, placer après le verbe l'une des questions *à qui ? à quoi ? de qui ? de quoi ? pour qui ? pour quoi ? contre qui ? contre quoi ?*

> *Le tabac nuit à la santé ;* le tabac nuit à quoi ? *à la santé.*
> *Elle hérite d'une maison ;* elle hérite de quoi ? *d'une maison.*

53 **Nature du complément d'objet indirect**

Le complément d'objet indirect peut être :

1° Un nom :

> *Pardonnons* **à nos ennemis.**

2° Un pronom :

> *Je* **lui** *obéirai. Elle doute* **de tout.**

3° Un mot pris substantivement :

> *J'accorderai mon aide* **aux démunis.**

4° Un infinitif :

> *On l'exhorte* **à combattre.**

5° Une proposition :

> *Je doute* **que vous réussissiez.**

54 Un complément d'objet direct ou indirect peut être commun à plusieurs verbes, pourvu que chacun d'eux puisse séparément admettre ce complément.

> *Cet appareil détecte et signale* **tous les faux contacts.**

Mais si les verbes se construisent différemment, le complément s'exprime avec le premier verbe selon la construction requise par celui-ci, et se répète par un pronom avec les autres verbes, selon la construction demandée par chacun d'eux :

> *Il apprécie* **mes amis** *et* **leur** *fait confiance.*

On ne pourrait pas dire : *Il apprécie et fait confiance à mes amis.*

Remarques

1. Le complément d'objet direct ou indirect se place généralement *après* le verbe.

Il précède le verbe :

a) Lorsque c'est un pronom personnel (voir détails § 236) :

> *Je* **vous** *écoute, je* **lui** *obéis.*

b) Dans certaines tournures interrogatives ou exclamatives, ou encore dans certaines locutions figées :

> **Que** *dites-vous ?* **Quel livre** *prenez-vous ?*
> **À quoi** *pensez-vous ?* **Quel courage** *elle montre !*
> **À quels dangers** *il s'expose !*
> **Chemin** *faisant.* **À Dieu** *ne plaise !*

c) Quand on veut, en le mettant en tête, lui donner du relief ; on doit alors le répéter par un pronom personnel :

> **Le bien**, *nous* **le** *faisons*. (La Fontaine)
> **Cette résolution**, *je m'***y** *tiendrai*.

2. Lorsqu'un verbe a plusieurs compléments d'objet directs ou indirects, ceux-ci doivent être, en principe, de même nature grammaticale :

> *J'ai perdu* **ma force** *et* **ma vie**. (Musset)
> *Prenez* **ceci** *et* **cela**.
> *Il sait* **lire** *et* **écrire**.
> *Elle écrit* **à ses parents** *et* **à ses amis**.

À l'époque classique, on en usait, en cela, plus librement qu'on ne fait aujourd'hui ; et même de nos jours, la règle ci-dessus laisse quelque latitude :

> *Ah ! savez-vous* **le crime** *et* **qui vous a trahie** *?* (Racine)
> *Elle savait* **la danse, la géographie, le dessin, faire** *de la tapisserie et* **toucher** *du piano.* (Flaubert)
> *Tu veux* **partir** *et* **que je te suive**. (M. Barrès)

2° Le complément circonstanciel

55   Le **complément circonstanciel** est le mot ou groupe de mots qui complète l'idée du verbe en indiquant quelque précision extérieure à l'action (temps, lieu, cause, but, etc.) :

> **Vers le soir**, *je me revêtis* **de mes armes**, *que je recouvris* **d'une saie**, *et sortant* **secrètement du château**, *j'allai me placer* **sur le rivage**... (Chateaubriand)

Les **principales circonstances** marquées par le complément circonstanciel sont :

La cause : *Agir* **par jalousie**.
Le temps (époque) : *Nous partirons* **dans trois jours**.
Le temps (durée) : *Elle a travaillé* **toute sa vie**. *Il resta là* **trois mois**.
Le lieu (situation) : *Vivre* **dans un désert**.
Le lieu (direction) : *Je vais* **aux champs**.
Le lieu (origine) : *Je viens* **de la ville**.
Le lieu (passage) : *Elle s'est introduite* **par le soupirail**.
La manière : *Il marche* **à pas pressés**.
Le but : *Travailler* **pour la gloire**. *S'entraîner* **pour gagner**.
L'instrument : *Il le perça* **de sa lance**.
La distance : *Se tenir* **à trois pas** *de quelqu'un*.
Le prix : *Ce bijou coûte* **vingt mille francs**.
Le poids : *Ce colis pèse* **cinq kilos**.

La mesure : *Allonger une robe **de deux centimètres.***
La partie : *Saisir un poisson **par les ouïes.***
L'accompagnement : *Il part **avec un guide.***
La matière : *Bâtir **en briques.***
L'opposition : *Je te reconnais **malgré l'obscurité.***
Le point de vue : *Égaler quelqu'un **en courage.***
Le propos : *Parler, discourir, **d'une affaire.***
Le résultat : *Il changea **l'eau en vin.***

Remarque

Le complément circonstanciel est le plus souvent introduit par une préposition.

56 Nature du complément circonstanciel

Le complément circonstanciel peut être :

1° Un nom :

> *Il meurt **de faim.***

2° Un pronom :

> *C'est **pour cela** qu'il a été condamné.*

3° Un mot pris substantivement :

> *Il a oublié de mettre l'accent **sur les « où » et les « là ».***

4° Un infinitif :

> *Elle travaille **pour vivre.***

5° Un adverbe :

> *Nous partirons **bientôt.***

6° Un gérondif (§ 294, Rem.) :

> *Il est tombé **en courant.***

7° Une proposition :

> *Nous commencerons **quand vous voudrez.***

3° Le complément d'agent

57 Le **complément d'agent** du verbe passif désigne l'être ou la chose indiquant l'auteur, l'*agent* de l'action que subit le sujet ; il s'introduit par une des prépositions *par* ou *de :*

> *L'accusé est interrogé **par le juge.***
> *J'étais craint **de mes ennemis.***
> *Nous fûmes agréablement surpris **par une odeur de pain frais et de feu de bois.***

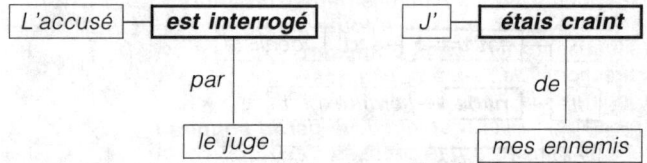

N.B.

Pour reconnaître le complément d'agent, on tourne la phrase par l'actif : si le complément introduit par une des prépositions *par* ou *de* devient sujet du verbe actif, c'est bien un complément d'agent.

4. L'attribut

58 L'**attribut** est le mot ou groupe de mots exprimant la qualité, la nature, l'état, qu'on rapporte, qu'on « attribue » au sujet ou au complément d'objet par l'intermédiaire d'un verbe.

Prenons le sujet *ce livre ;* quand nous attribuons à ce sujet la qualité d'*épais,* c'est comme si nous unissions l'idée d'*épaissseur* à l'idée de *ce livre,* de façon à faire coïncider exactement les deux idées pour les lier en un seul bloc, par une ficelle ; cette ficelle, c'est le verbe copule (*être, sembler, devenir,* etc.) :

Ce livre est épais.

Il y a deux espèces d'attributs :

1° L'attribut **du sujet**

2° L'attribut **du complément d'objet** (direct ou indirect)

Remarque

1. L'appellation de *verbe copule* signifie proprement « verbe lien » ; on peut se représenter concrètement le verbe copule (on dit aussi, plus simplement : la copule) soit par la ficelle dont il a été parlé plus haut, soit par le signe = employé pour unir les deux membres d'une égalité.
2. Le plus souvent l'attribut du sujet ou du complément d'objet se construit sans préposition ; avec certains verbes il est introduit par une des prépositions vides, *de, en, pour, comme :*

59 L'attribut peut être relié au sujet :

a) par le verbe **être** (c'est le cas le plus fréquent) ;

b) par un **verbe d'état** contenant l'idée du verbe *être* à laquelle se trouve implicitement associée :

1° l'idée de devenir : *devenir, se faire, tomber* (par ex. : *tomber malade*) ;

2° l'idée de continuité : *demeurer, rester* ;

3° l'idée d'apparence : *paraître, sembler, se montrer, s'affirmer, s'avérer, avoir l'air, passer pour, être réputé, être pris pour, être considéré comme, être regardé comme, être tenu pour* ;

4° l'idée d'appellation : *s'appeler, se nommer, être appelé, être dit, être traité de* ;

5° l'idée de désignation : *être fait, être élu, être créé, être désigné pour, être choisi pour, être proclamé* ;

6° l'idée d'accident : *se trouver* (par ex. : *Il se trouva ruiné tout d'un coup*) ;

c) par certains **verbes d'action** à l'idée desquels l'esprit associe implicitement l'idée du verbe *être*, par exemple : *Il mourut pauvre = il mourut* [étant] *pauvre.*

Parmi ces verbes on peut signaler :

aller	courir	fuir	partir	sortir
s'en aller	dormir	marcher	passer	tomber
s'arrêter	s'éloigner	mourir	régner	venir
arriver	entrer	naître	se retirer	vivre, etc.

60 Les verbes qui relient l'attribut au complément d'objet sont des **verbes d'action** à l'idée desquels on associe implicitement l'idée du verbe *être*, par exemple : *On la nomma ambassadrice. Je trouve ce livre intéressant.*

Parmi ces verbes on peut signaler :

accepter pour	élire	reconnaître pour
accueillir en	ériger en	regarder comme
admettre comme	estimer	rendre
affirmer	établir	réputer
appeler	exiger	retenir
choisir pour	faire	savoir
consacrer	imaginer	sentir
considérer comme	instituer	souhaiter
créer	juger	supposer
croire	laisser	tenir pour
déclarer	nommer	traiter de
désigner pour	préférer	traiter en
désirer	prendre pour	trouver
dire	présumer	voir
donner	proclamer	vouloir, etc.

61 **Nature de l'attribut**

L'attribut peut être :

1° Un nom :

   La Terre est **une planète.** *Le peuple le fit* **roi.**

2° Un mot pris substantivement :

> *Ceci est **un à côté**.*

3° Un pronom :

> *Vous êtes **celle** que j'ai choisie.*

4° Un adjectif ou une locution adjective :

> *L'homme est **mortel**.*
> *Nous sommes **sains et saufs**.*
> *On la dit **sévère**.*

5° Un adverbe :

> *Ce garçon est très **bien**.*

6° Un infinitif :

> *Chanter n'est pas **crier**.*

7° Un infinitif introduit par *à* :

> *Cette maison est **à vendre**.*

8° Une proposition :

> *Mon avis est **qu'il se trompe**.*

62 **Place de l'attribut**

L'attribut se place le plus souvent après le verbe ; on le place en tête de la phrase quand il est ou contient un mot interrogatif ou encore pour des raisons de style :

> ***Quels*** *sont vos projets ?*
> ***Rude*** *est la couche et **lente** l'ombre au soleil cru du sang versé.*
>
> (H. Juin)

B. DÉTERMINANTS ET COMPLÉMENTS

1. Les déterminants du nom

63 Le nom peut être accompagné d'autres mots qui précisent, déterminent, complètent l'idée qu'il exprime. Au groupe du nom peuvent appartenir :

a) Un **article** :

> **La** porte. **Une** maison. **De** l'eau.

b) Une **épithète**, c'est-à-dire un adjectif qualificatif placé généralement à côté d'un nom et exprimant, sans l'intermédiaire d'un verbe, une qualité de l'être ou de l'objet nommé :

> Voyages, coffrets **magiques** aux promesses **rêveuses**, vous ne livrerez plus vos trésors intacts. (Cl. Lévi-Strauss)

N.B.
La différence qu'il y a entre l'*attribut* et l'*épithète*, c'est que :

a) l'*attribut* suppose un lien qu'on noue entre lui et le sujet (ou le complément d'objet) : il y a une copule (parfois implicite) ; voir la figure : on noue la ficelle :

b) l'*épithète* ne suppose pas ce lien ; il n'y a pas de copule ; voir la figure : pas de ficelle à nouer :

Je prends ce livre épais

Remarque

L'épithète est dite **détachée** quand elle est jointe au nom (ou au pronom) d'une façon si peu serrée qu'elle s'en sépare par une pause, généralement indiquée par une virgule ; elle s'écarte même souvent du nom (ou du pronom) et est fort mobile à l'intérieur de la proposition.

L'épithète détachée a quelque chose de la nature de l'attribut, et l'on peut concevoir qu'elle suppose une copule implicite :

Le paysan, **furieux***, leva la main.* (Maupassant)
Légère *et* **court vêtue***, elle allait à grands pas.* (La Fontaine)
Le soleil descend, **calme** *et* **majestueux***, à l'horizon.*
L'inondation s'étendait toujours, **sournoise***.*

c) Un **adjectif** numéral, possessif, démonstratif, relatif, interrogatif, exclamatif, indéfini :

Deux *amis.* **Ce** *livre.* **Tout** *homme.*
Quels *livres avez-vous dans* **votre** *bibliothèque ?*

d) Un **adverbe** pris adjectivement :

La note **ci-dessous***.*
Dans la **presque** *nuit.* (M. Donnay)
Cela était bon au temps **jadis***.* (Académie)
Nous avons fait le voyage avec des gens très **bien***.*

e) Une **apposition**, c'est-à-dire un nom, un pronom, un infinitif, une proposition, que l'on place à côté du nom [1] pour définir ou qualifier l'être ou la chose que ce nom désigne ; l'apposition est comparable à l'attribut, mais le verbe copule est absent :

L'hirondelle, **messagère du printemps***.*
Elle fit le geste de **découper***.*
Une enfant **prodige***.*
Les chefs **eux-mêmes** *étaient découragés.*
Je désire une seule chose, **réussir***.*
Je désire une seule chose, **que vous soyez heureux***.*

Remarques

1. Le nom apposé désigne toujours le *même* être ou la *même* chose que le nom auquel il est joint.

2. Le nom apposé précède parfois le nom auquel il est joint :

C'est l'heure où, **troupe joyeuse***, les élèves quittent la classe.*

---

1. C'est le plus souvent à un *nom* que l'apposition se joint, mais elle peut aussi se joindre à un *pronom* (§ 64, 4°), à un *adjectif*, à un *infinitif*, à une *proposition* :
   Cet homme grossier, et malhonnête, **qui pis est***, m'exaspère.*
   Consoler, **cet art si délicat***, est parfois difficile.*
   Des vagues énormes accourent, **spectacle impressionnant***.*

3. Dans des expressions comme *le mois de mai, la ville de Montréal, le royaume de Belgique, le fleuve du Tage, le nom de mère, la comédie des Plaideurs,* où les deux noms sont unis par la préposition vide *de* et désignent le même être ou la même chose, c'est le second nom qui est l'apposition [1] :

4. Dans *cet amour de petite fille, un fripon d'enfant* et autres expressions semblables, on peut considérer que le second nom est construit comme une apposition pour mettre en relief le premier nom [2].
5. Il est sans intérêt de chercher à reconnaître, dans des expressions comme le *mont Sinaï,* le *musée Grévin,* le *philosophe Platon,* le *capitaine Renaud, Sa Majesté le Roi, Son Éminence le Cardinal,* — dont les éléments ne sont pas joints par *de* —, quel est l'élément qui est l'apposition ; on peut se contenter de dire qu'on a là des « éléments juxtaposés ».

f) Un **complément déterminatif**, c'est-à-dire un nom, un pronom, un infinitif, un adverbe, une proposition (voir § 485, Rem. 1), se subordonnant au nom pour en limiter le sens :

*Comprenez-vous l'importance **de cela** ?*
*L'ardeur **de vaincre** cède à la peur **de mourir**.* (Corneille)
*Les hommes **d'autrefois**.*
*L'espoir **qu'elle guérira** me soutient.*

Remarques
1. Le complément déterminatif peut avoir des sens très variés [3]. Il peut indiquer notamment :

l'espèce : *un cor **de chasse** ;*
l'instrument : *un coup **de lance** ;*
le lieu : *la bataille **de Waterloo** ;*

---

1. Si l'on admet cette façon de voir, on pourra employer la méthode suivante pour distinguer l'apposition d'avec le complément déterminatif : dans *le mois de mai* ou dans *le titre de roi,* on reconnaîtra que *mai* et *roi* sont des appositions parce qu'on peut dire : « *mai* est un mois », « *roi* est un titre ». Mais dans *la rue du Vallon,* le nom *vallon* est un complément déterminatif, car le vallon n'est pas une rue.
2. D'aucuns, estimant que le second nom exprime l'idée dominante, tiennent que c'est le premier nom qui est l'apposition.
3. On observera que, dans beaucoup de cas, le complément déterminatif sans article joue le rôle d'une *locution adjective* équivalant à un qualificatif : *un coup d'audace = un coup **audacieux** ; un soleil **de printemps** = un soleil **printanier**.*

la matière : *une statue* **de bronze** ;
la mesure : *un trajet* **de dix kilomètres** ;
l'origine : *un jambon* **d'Ardenne** ;
la possession : *la maison* **de mon père** ;
la qualité : *un homme* **de cœur** ;
le temps : *les institutions* **du moyen âge** ;
la totalité : *une partie* **de cette somme** ;
la destination : *une salle* **de sport** ;
le contenu : *une tasse* **de lait**.

2. La préposition qui introduit ce complément est le plus souvent *de*, mais ce peut être aussi *à, autour, en, envers, contre, par, pour, sans*, etc.

Une planche **à** *dessin, un canon* **contre** *avions, la bonté* **envers** *tous*.

3. Tandis que le nom apposé désigne *le même* être ou objet que le nom auquel il est joint, le nom complément déterminatif désigne *un autre* être ou objet que le nom qu'il complète.

4. Un grand nombre de noms d'action ou d'agent peuvent prendre un complément déterminatif *d'objet*, analogue au complément d'objet direct des verbes correspondants :

L'oubli **des injures** (comparez : *oublier les injures*).
Le détenteur **du secret** (comparez : *détenir un secret*).

5. Deux noms peuvent avoir un complément commun s'ils admettent chacun séparément la même préposition après eux :

Le début et la fin **d'un poème**.

(On ne dirait pas : *Les ravages et la lutte contre la drogue*. Il faudrait dire, par exemple : *Les ravages* **de** *la drogue et la lutte* **contre** *ce fléau*.)

2. Les déterminants du pronom

64 Le pronom peut être accompagné d'autres mots qui le précisent, le déterminent, le complètent. Au groupe du pronom peuvent appartenir :

1° Un **article**, dans certains cas :

Ce livre est **le** *mien.*
De ces deux livres, prenez celui-ci, je prendrai **l'**autre.
C'est **un** *tel qui me l'a dit.*

2° Un **adjectif qualificatif** ou un participe passé adjectif, dans certains cas :

Il y a ceci de **grave**.
Quoi de **nouveau** ?
Personne de **blessé**.
Eux **seuls** *seront exempts de la commune loi !* (La Fontaine)

3° Un **adjectif numéral** ou **indéfini**, dans certains cas :

Nous **deux**.
Nul *autre ne l'a dit.*
*C'est vous-***même** *qui l'avez fait.*

4° Une **apposition**, qui peut être un nom, un pronom, un infinitif, une proposition :

> Moi, **héron**, que je fasse.
> Une si pauvre chère ? (La Fontaine)
> Nous avons **tous** un rôle à jouer.
> Je ne désire que ceci : **réussir**.
> Je désire ceci : **que vous soyez heureux**.

5° Un **complément déterminatif** :

> Chacun **de vous** a pu la voir. Ceux **de Lyon**.

6° Une **proposition** :

> Ceux **qui vivent**, ce sont ceux **qui luttent**. (Hugo)

3. Le complément de l'adjectif

65 Le **complément de l'adjectif** peut être un nom, un pronom, un infinitif, un adverbe, une proposition :

> Un vase plein **d'eau**. Brave **entre tous**.
> Apte **à nager**. Une femme **très** active.
> Un enfant beau **comme un ange**. Heureux **à jamais**.
> Il peut être sûr **qu'on le retrouvera**.

N.B.
Parmi les compléments de l'adjectif, il convient de signaler à part le **complément du comparatif** (et du **superlatif relatif**), qui exprime le deuxième terme de la comparaison :

> Thomas est plus curieux **que sa sœur**.
> Le jour n'est pas plus pur **que le fond de mon cœur**. (Racine)
> Ce contrat est antérieur **à l'autre**. (Académie)
> Pierre est le plus grand **de tous**.

Remarque
Deux adjectifs peuvent avoir un complément commun s'ils admettent chacun séparément la même préposition après eux :

> Un entraîneur exigeant et rigoureux **pour ses joueurs**.

On ne dirait pas : Prêt et avide **de** combattre. On tournerait ainsi : Prêt **à** combattre et avide **de** le faire.

4. Le complément des mots invariables

66 Certains mots invariables peuvent avoir un complément. Il y a :

1° Le **complément de l'adverbe** ; ce complément peut être un autre adverbe, un nom, un pronom :

> Vous arrivez **trop** tard.
> Il y a trop **d'invités** à cette soirée.
> Ils seront payés proportionnellement **à leurs compétences**.
> Heureusement **pour elle**, ses appels furent entendus.

Remarque

On peut trouver préférable de considérer *beaucoup de, peu de,* etc., comme adjectifs indéfinis (§ 218, Rem. 1) ; et *proportionnellement à, indépendamment de,* etc., comme locutions prépositives.

2° Le **complément de la préposition** ; ce complément est un adverbe :

> *Elle se tient* **tout** *contre le mur.*
> *J'écrirai* **aussitôt** *après votre départ.*

3° Le **complément de la conjonction de subordination** ; ce complément est un adverbe :

> *Elle part* **bien** *avant que l'heure sonne.*
> *Il arrive* **longtemps** *après que le spectacle est fini.*

4° Le **complément du présentatif** (voici, voilà) :

> *Voici* **le jour.** *Le voilà. Voici* **pour votre peine.**
> *Voilà* **qu'un orage vint à éclater.**

5° Le **complément de l'interjection** :

> *Adieu* **pour jamais** *! **Gare** au premier qui rira !* (Daudet)
> *Gare* **que la glace ne cède** *!*

C. LES MOTS DE LIAISON

67 Les mots de liaison dans la proposition sont :

1° La **conjonction** de coordination, qui unit entre eux des éléments semblables (sujets, attributs, compléments, épithètes, appositions) :

> *La lecture **et** le cinéma offrent des occasions de distraction agréable dans les moments creux **ou** les heures pénibles de l'existence.*

2° La **préposition**, qui unit certains compléments aux mots complétés :

> *Où est la sortie **de** cette salle ?*
> *Faites attention **à** la marche.*
> *Il part **vers** le soir.*
> *Nous luttons **contre** la mauvaise fortune.*

D. LES MOTS INDÉPENDANTS

68 Certains mots n'ont aucune relation grammaticale avec les autres mots de la proposition. Ce sont :

1° L'**interjection :**

> **Ah** ! *Je suis contente de vous voir.*

2° Le **mot mis en apostrophe :** nom ou pronom désignant l'être animé ou la chose personnifiée à qui on adresse la parole :

> **Poète**, *prends ton luth.* (Musset)
> **Baobab** ! *Je suis venu replanter mon être près de toi.*
>
> (J.-B. Tati-Loutard)

3° Le **mot explétif**, qui est un pronom personnel marquant l'intérêt que prend à l'action la personne qui parle, ou indiquant qu'on sollicite le lecteur ou l'auditeur de s'intéresser à l'action :

> *On* **vous** *happe notre homme, on* **vous** *l'échine, on* **vous** *l'assomme.* (La Fontaine)
> *Goûtez-***moi** *ce vin-là.*

E. L'ELLIPSE ET LE PLÉONASME

69 1° L'**ellipse** est l'omission d'un ou de plusieurs mots qui seraient nécessaires pour la construction régulière de la proposition.

Tantôt c'est le sujet qui est omis :

> *Fais ce que* [tu] *dois.*

Tantôt c'est le verbe (on a alors une proposition *elliptique* : § 72) :

> *Combien* [coûte] *ce bijou ?*
> *Heureux* [sont] *les humbles !*

Tantôt c'est à la fois le sujet et le verbe :

> *Loin des yeux, loin du cœur*, pour [Qui est] *loin des yeux* [est] *loin du cœur.*

Dans certains cas, l'ellipse consiste à ne pas répéter un élément précédemment exprimé :

> *Donner cent francs, c'est une générosité ;* [donner] *dix mille,* [c'est] *une largesse.*

70 2° Le **pléonasme** est une surabondance de termes : il ajoute des mots non exigés par l'énoncé strict de la pensée. Il peut servir à donner plus de force ou de relief à tel ou tel élément de la proposition :

> *On cherche les rieurs, et **moi** je les évite.* (La Fontaine)

N.B.

Quand il n'ajoute rien à la qualité stylistique ou à la force de l'expression, le pléonasme est vicieux : *Une panacé **universelle**. Reculez **en arrière**.*

F. LES ESPÈCES DE PROPOSITIONS

71 Considérés dans leurs rapports réciproques, les propositions se divisent en :

propositions *indépendantes,*
propositions *principales,*
propositions *subordonnées.*

1° Est **indépendante** la proposition qui ne dépend d'aucune autre et dont aucune autre ne dépend :

> *La moquerie est souvent indigence d'esprit.* (La Bruyère)

2° Est **principale** la proposition qui a sous sa dépendance une ou plusieurs autres propositions :

> **On a perdu bien peu** | *quand on garde l'honneur.* (Voltaire)
> *Si nous nous préparons avec rigueur* | *et si nous nous entraînons régulièrement,* | **nous gagnerons la course.**

3° Est **subordonnée** la proposition qui est dans la dépendance d'une autre proposition :

> *Le cœur a ses raisons* | **que la raison ne connaît point**. (Pascal)
> **Tant que la chance nous sourira**, *nous resterons en tête.*

Remarques

1. La proposition *indépendante* et la *principale* ont la même nature foncière : l'une et l'autre sont des « non subordonnées » ; on pourrait les comparer à des troncs d'arbres : l'indépendante est comme un tronc sans branches, la principale est comme un tronc avec une ou plusieurs branches.

2. Une proposition subordonnée peut avoir dans sa dépendance une autre proposition subordonnée : la première est alors *principale* par rapport à la seconde :

> 1. *On ne devrait écrire des livres*
> 2. *que pour y dire des choses*
>   (subordonnée à 1 ; principale par rapport à 3)
> 3. *qu'on n'oserait confier à personne*
>   (subordonnée à 2). (Cioran)

72 **Propositions elliptiques**

Une proposition est dite *elliptique* lorsque son verbe n'est pas exprimé ; en raccourcissant l'expression elle traduit la pensée avec une spontanéité, une vivacité ou une énergie particulières. Les propositions elliptiques se rencontrent surtout dans les dialogues, dans les ordres, dans les exclamations ou les interrogations, dans les proverbes, dans les comparaisons :

> *Que dites-vous ? Rien. Silence ! Bien joué !*
> *À quand votre visite ? À chacun son métier.*
> *Notre esprit cherche la vérité comme une plante* [cherche] *la lumière.*

Remarque

Parmi les propositions elliptiques, il faut signaler les propositions principales réduites à certains adverbes, à certains noms ou adjectifs, tels que : *apparemment, certainement, dommage, heureusement, nul doute, peut-être, possible, probablement, sans doute, sûrement, vraisemblablement.* Ces propositions ont sous leur dépendance une subordonnée introduite par *que :*

> **Apparemment** *qu'il viendra.* (Académie)
> [= Il y a apparence que...].
> **Heureusement** *que vous m'avez averti*
> [= Il est heureux que... ou : Je suis heureux que...].
> **Peut-être** *que vous avez raison* [= Il se peut que...].
> **Sans doute** *qu'à la foire ils vont vendre sa peau.* (La Fontaine)

73 Si l'on considère les propositions au point de vue de la forme, on distingue :

1° La proposition **affirmative**, qui exprime qu'un fait est :

> *La multitude des étoiles étonne l'imagination.*

2° La proposition **négative**, qui exprime qu'un fait n'est pas :

> *La Mort ne surprend point le sage.* (La Fontaine)

3° La proposition **interrogative**, qui exprime une question portant sur l'existence d'un fait ou sur une circonstance de ce fait :

> *Rodrigue, as-tu du cœur ?* (Corneille)   *Qui vient ?*

Remarques

1. L'interrogation est **directe** lorsqu'elle est exprimée par une proposition principale ; elle est caractérisée par un *ton* spécial, qui s'élève progressivement jusqu'à la syllabe accentuée du mot qui appelle la réponse. Elle est marquée, dans l'écriture, par un point interrogatif :

> *As-tu lu ce livre ?   Tu pars déjà ?*

L'interrogation est **indirecte** lorsqu'elle est exprimée en dépendance d'une proposition principale dont le verbe indique qu'on interroge ou dont le sens général implique l'idée d'une interrogation ; elle comporte une proposition subordonnée contenant l'*objet* de l'interrogation ; elle se prononce comme une phrase ordinaire et n'est pas, dans l'écriture, marquée par le point interrogatif :

> *Je demande **si tu as lu ce livre**.   Dis-moi **si tu pars déjà**.*

Comme on le voit, le verbe principal dont dépend la subordonnée de l'interrogation indirecte peut être non seulement un verbe du type *demander*, mais encore un verbe déclaratif ou perceptif (*dire, sentir, savoir, raconter, comprendre, ignorer*, etc.) à l'idée duquel s'associe l'idée de l'interrogation.

2. Transformée en interrogation indirecte, une interrogation directe commençant par un mot interrogatif ne subit pas de changement en ce qui concerne le mot introducteur :

INTERR. DIRECTE   INTERR. INDIRECTE

> **Quel** *est votre nom ?*   *Je voudrais savoir **quel** est votre nom.*
> **Qui** *appelez-vous ?*   *Je demande **qui** vous appelez.*

Toutefois, dans le passage de l'interrogation directe à l'interrogation indirecte, à *est-ce que* devant un sujet correspond la conjonction *si*; au pronom interrogatif neutre *que* devant un verbe à un mode personnel correspond *ce que* ; à *qu'est-ce qui* peut correspondre *ce qui* :

INTERR. DIRECTE	INTERR. INDIRECTE
Est-ce que *tu viens ?*	*Je te demande* **si** *tu viens.*
Que *dites-vous ?*	*Je comprends bien* **ce que** *vous dites.*
Qu'est-ce qui *arrive ?*	*J'ignore* **ce qui** *arrive.*

3. De l'interrogation véritable, qui ne préjuge pas la réponse, il faut distinguer l'interrogation **oratoire**, qui préjuge la réponse : elle n'interroge pas vraiment, mais n'est qu'une forme de style par laquelle on donne à une proposition affirmative ou négative un relief particulier :

> *Que ne m'a-t-elle écouté ?*
> *Ne saurait-on ranger ces jougs et ces colliers ?* (La Fontaine)

4° La proposition **exclamative**, qui exprime la vivacité d'un cri, un sentiment de joie, de douleur, d'admiration, de surprise, etc. :

> *Dieu ! que le son du cor est triste au fond des bois !* (Vigny)
> *Que je suis content !*
> *Quel courage elle a montré !*

Remarque

On peut distinguer encore :

a) la proposition **énonciative**, qui exprime un fait (positif ou négatif) sans le colorer d'une nuance affective :

> *La lumière se propage en ligne droite.*
> *Le plomb ne se rouille pas.*

b) la proposition **impérative**, qui exprime un ordre, un conseil :

> *Ouvre cette porte !*
> *N'écoutez pas les flatteurs.*

c) la proposition **optative**, qui exprime un souhait, un désir :

> *Puissiez-vous réussir !*

G. LE GROUPEMENT DES PROPOSITIONS

74 On l'a vu (§§ 40 et 41), tantôt la phrase est *simple,* c'est-à-dire faite d'une seule proposition ; elle n'a qu'un verbe, *base de la phrase :*

> *Les petits ruisseaux font les grandes rivières.*

tantôt est est *composée,* c'est-à-dire formée d'un système de propositions : à un verbe qui est la base de la phrase se subordonnent une ou plusieurs propositions remplissant les fonctions de sujet, d'objet, de complément circonstanciel, etc.

> Je **désire** que vous soyez heureux | et que vous profitiez de vos belles années.

Il y a, dans une phrase, autant de propositions qu'on y trouve de verbes à un mode personnel, exprimés ou sous-entendus :

> Je **crois** | que la prochaine journée **sera** belle | si les brouillards matinaux **se dissipent** vite.
> **Elle mâche** sa colère | comme un cheval son mors [comme un cheval *mâche* son mors].

Remarque

Outre les propositions dont le verbe est à un mode personnel, il y a des propositions *infinitives* (§ 461, 4°) et des propositions *participes* (§ 392) :

> J'entends | **le train arriver**.
> **La chance aidant**, je gagnerai.

Les propositions *de même nature* peuvent, dans la phrase, être associées par *coordination* ou par *subordination*.

1. *La coordination*

75 Sont dites **coordonnées** les propositions de même nature qui, dans une même phrase, sont liées entre elles par une conjonction (qui est une conjonction de coordination) :

La coordination est dite :

1° **Copulative** quand elle marque simplement au moyen de *et, ni, puis, aussi, ensuite, de plus,* etc., l'union de deux propositions :

> *L'homme aspire au bonheur,* **et** *s'épuise à le trouver.*

2° **Disjonctive**, quand elle indique, le plus souvent au moyen de *ou,* que deux propositions s'excluent l'une l'autre ou forment une alternative :

> *Tu dormais* **ou** *tu étais éveillé.*
> *Nous vaincrons* **ou** *nous mourrons.*

3° **Adversative** quand elle indique, au moyen de *mais, au contraire, cependant, toutefois, néanmoins,* etc., que deux propositions sont mises en opposition l'une avec l'autre :

> *L'argent est un bon serviteur,* **mais** *c'est un mauvais maître.*

4° **Causale** quand elle indique, au moyen de *car, en effet,* etc., que le fait exprimé par la seconde proposition est la cause du fait exprimé par la première :

> *Il ne faut pas juger sur l'apparence,* **car** *elle est souvent trompeuse.*

5° **Consécutive** quand elle indique, au moyen de *donc, par conséquent,* etc., que le fait exprimé par la seconde proposition est la conséquence du fait exprimé par la première :

> *Le temps est précieux ;* **donc** *ne le gaspillez pas.*

2. La juxtaposition

Sont dites **juxtaposées** les propositions de même nature qui, dans une même phrase, ne sont reliées entre elles par aucune conjonction :

> *La tempête s'éloigne, les vents sont calmés.*
> *Je veux que l'on rie, que l'on chante.*

Remarques

1. La **parataxe** consiste à disposer côte à côte deux propositions (dont la seconde est parfois précédée de *et*) en marquant par l'intonation ou par la ponctuation le rapport de subordination qui unit l'une d'elles à l'autre :

> *Albe vous a nommé, je ne vous connais plus.* (Corneille)
> *Qu'il ose, et il verra !*

2. On appelle proposition **incidente** une proposition généralement courte, intercalée dans la phrase ou ajoutée à la fin de la phrase — mais sans

avoir avec elle aucun lien grammatical — et indiquant qu'on rapporte les paroles de quelqu'un :

> *Vous voyez, **reprit-il**, l'effet de la concorde.* (La Fontaine)
> *Les noix sur les chemins sont à ceux qui les ramassent, **disaient** les vendangeuses.* (C. Bille)

N.B.

Ces propositions *incidentes* appartiennent à une catégorie plus générale : celle des éléments insérés incidemment dans une proposition, à laquelle ils sont grammaticalement étrangers et dont ils interrompent le déroulement naturel. **L'élément incident** joue le même rôle qu'une proposition incidente ; ce peut être :

a) Une proposition avec un verbe :

> *Cette entreprise coûtera, **on le devine**, beaucoup d'argent.*
> *Vous voulez, **je vous en félicite**, réparer votre erreur.*
> *C'était, **je pense**, un jour de fête.*

b) Un adverbe, une interjection, une locution sans verbe :

> *Aucun de nous, **heureusement**, ne s'est obstiné dans l'erreur.*
> *Nous avons, **Dieu merci**, échappé au danger.*
> *Cette femme, **à mon avis**, se trompe.*

On notera que l'élément incident marque une intervention personnelle de celui qui parle ou qui écrit, destinée soit à apprécier, soit à appuyer, soit à atténuer, soit à rectifier, soit à exprimer une émotion, etc.

H. L'ORDRE DES MOTS

76 **Construction habituelle**

Selon l'ordre habituel de l'énonciation, les éléments de la proposition sont placés suivant un ordre réglé par leur fonction grammaticale : on met d'abord le *sujet,* point de départ de l'énoncé, puis le *verbe,* puis l'*attribut* ou le *complément.*

Ainsi cet ordre habituel peut présenter les types d'enchaînement suivants :

sujet → verbe intransitif	*Le soleil brille.*
sujet → verbe copule → attribut	*Le soleil est ardent.*
sujet → verbe transitif → objet	*Le soleil réchauffe la terre.*
sujet → verbe → compl. circonst.	*Le soleil descend à l'horizon.*

Si le verbe a plusieurs compléments, d'ordinaire l'harmonie demande que le plus long soit à la fin de la phrase :

> *La lune prêta son pâle flambeau à cette scène funèbre.*

Pour la place du sujet, voir § 45 ; pour celle de l'attribut, voir § 52 ; pour celle du pronom personnel complément d'objet, voir § 236 ; pour celle de l'adjectif épithète, voir § 197 ; pour celle de l'adverbe, voir § 409.

77 L'ordre des mots n'est pas réglé uniquement par les fonctions grammaticales des éléments de la proposition. Souvent on ordonne les éléments de la phrase suivant un principe *logique,* qui tient compte des mouvements mêmes de la pensée, de l'ordre chronologique des faits, de leur importance relative.

En outre il y a un ordre *affectif,* qui suit les mouvements très variés des sentiments, et un ordre *esthétique,* qui produit des effets de surprise, d'emphase, de variété, etc.

78 Parmi les procédés dont dispose le langage pour mettre dans la phrase un ordre réglé par la logique, ou par l'harmonie, ou par le sentiment, il y a l'*inversion* et l'*anacoluthe.*

a) L'**inversion** est un renversement de l'ordre habituel des mots. Ainsi le sujet, l'attribut, le complément du verbe, peuvent occuper une autre place que celle qu'indiquerait la construction habituelle :

> *Tandis que la Princesse causait avec moi, faisaient précisément leur entrée le duc et la duchesse de Guermantes.* (M. Proust)
> *Grande fut ma surprise.*
> *Dans le plus petit village existe le sentier des amoureux.*
>
> (A. Chavée)
>
> *Pour cette seule raison, je vous pardonne.*

b) L'**anacoluthe** est une construction brisée : la phrase, commencée d'une manière, s'achève d'une autre manière :

> *Le nez de Cléopâtre, s'il eût été plus court, la face du monde aurait changé.* (Pascal)

79 **Mise en relief**

Pour mettre en relief un mot (sujet, attribut, complément) :

— tantôt on le place en tête de la phrase et on le reprend par un pronom :

> ***Ce livre, il*** *est admirable.*
> ***Pacifiste convaincu, il l'****avait toujours été.* (J. Sternberg)

— tantôt on l'annonce par un pronom, qui crée comme un état d'attente :

> ***Ils*** *arrivèrent, en effet,* ***ces fameux Comices****.* (Flaubert)

Souvent aussi, pour la mise en relief, on se sert des tours présentatifs *c'est ... qui* ou *c'est ... que* (§ 252, Rem. 1) :

> ***C'est*** *moi* ***qui*** *suis le chef* [comparez : *Je suis le chef*].
> ***C'est*** *demain* ***que*** *je pars* [comparez : *Je pars demain*].

Les parties du discours

Chapitre I

Le Nom

A. DÉFINITIONS ET ESPÈCES

80 Le **nom** ou **substantif** est un mot qui sert à désigner les êtres, les choses, les idées :

> Louis, livre, chien, gelée, bonté, néant.

Une **locution substantive** est une réunion de mots équivalant à un nom :

> Se moquer du **qu'en-dira-t-on**.
> Nous aurons beaucoup d'autres **1ᵉʳ janvier** pour échanger des vœux. (É. Estaunié)

81 ### a) *Noms communs et noms propres*

Le nom **commun** est celui qui convient à tous les êtres ou objets d'une même espèce :

> Tigre, menuisier, table.

Le nom **propre** est celui qui ne convient qu'à un seul être ou objet ou à un groupe d'individus de même espèce :

> Jean, Liège, les Québécois.

Les noms propres prennent toujours une majuscule.

82 ### b) *Noms concrets et noms abstraits*

Le nom **concret** est celui qui désigne un être ou une chose réels, ayant une existence propre, perceptible par les sens :

> Plume, fleuve, neige.

Le nom **abstrait** est celui qui désigne une action, une qualité, une propriété considérée comme existant indépendamment du sujet qui l'exerce ou la possède :

> Envol, patience, épaisseur, amour.

83 ## c) *Noms individuels et noms collectifs*

Le nom **individuel** est celui qui désigne un individu, un objet particulier :

> *Jardin, habit.*

Le nom **collectif** est celui qui, même au singulier, désigne un ensemble, une collection d'êtres ou d'objets :

> *Foule, tas.*

84 ## d) *Noms simples et noms composés*

Le nom **simple** est formé d'un seul mot :

> *Ville, chef.*

Le nom **composé** est formé par la réunion de plusieurs mots exprimant une idée unique et équivalant à un seul nom :

> *Chemin de fer, arc-en-ciel.*

B. LE GENRE DU NOM

85 Le français a deux genres : le **masculin** et le **féminin**.

a) Les noms d'êtres animés sont, en général, du genre **masculin** quand ils désignent des hommes ou des animaux mâles ; on peut les faire précéder de *un, le (l')* : *Le père, un cerf.*

Ils sont du genre **féminin** quand ils désignent des femmes ou des animaux femelles ; on peut les faire précéder de *une, la (l')* : *La mère, une brebis.*

b) Les noms d'êtres inanimés ou de notions abstraites sont, sans variation, les uns masculins, les autres féminins ; leur genre s'explique par des raisons d'étymologie, d'analogie ou de forme.

1. Le féminin des noms

N.B.

Au point de vue orthographique, le féminin des noms d'êtres animés se marque :

1° en général, par *addition d'un* **e** à la forme masculine ;

2° par *modification ou addition de suffixe ;*

3° par une *forme spéciale,* de même radical cependant que celle du masculin — ou encore par un *terme spécial* dont le radical est entièrement différent de celui du masculin.

Il faut noter en outre que, pour certains noms d'êtres animés, il n'y a pas de variation de forme selon le texte [1].

---

1. Ces dernières années, différents pays francophones ont adopté des règles de féminisation des noms de fonctions, de grades ou de métiers. Nous les mentionnons dans l'annexe B (§ 512).

a) *Addition d'un* e

Règle générale

86 On obtient le féminin de la plupart des noms d'êtres animés en écrivant à la fin de la forme masculine un **e**, qui souvent ne se prononce pas.

> *Amie, ami**e**.*
> *Marchand, marchand**e**.*

N.B.

1. Dans les noms terminés par une *voyelle*, l'adjonction de l'*e* du féminin n'entraîne pas, quant à la prononciation, l'allongement de cette voyelle finale : l'*i*, l'*u* ont la même durée dans *amie, têtue* que dans *ami, têtu*.

2. Dans les noms terminés par une *consonne*, l'adjonction de l'*e* du féminin :

   a) tantôt ne modifie pas la prononciation du nom :

   > *Aïeul, aïeule ;*

   b) tantôt fait reparaître, dans la prononciation, la consonne finale qui (sauf en liaison) ne se prononce pas au masculin :

   > *Marchand, marchand**e**. Parent, parent**e** ;*

   c) tantôt, comme on va le constater, provoque un redoublement ou une modification de cette consonne finale, avec parfois une modification (phonétique ou même orthographique) de la voyelle qui précède.

Cas particuliers

87 Les noms en **-el** et en **-eau** (masc. ancien en *-el*) font leur féminin en **-elle** :

> *Colonel, colon**elle**.*
> *Gabriel, Gabri**elle**.*
> *Chameau, cham**elle**.*

Fou (autrefois *fol*) a pour féminin *folle*.

88 Les noms en **-en, -on** redoublent l'*n* devant l'e du féminin (et il y a dénasalisation) :

> *Gardien, gardie**nne**,* [gaʀdjɛ̃], [gaʀdjɛn].
> *Baron, baro**nne**,* [baʀɔ̃], [baʀɔn].

Pour *Lapon, Letton, Nippon*, l'usage hésite : *Une Lapone* ou *Laponne, une Lettone* ou *Lettonne, une Nippone* ou *Nipponne*, mais le redoublement du *n* semble plus rare.

Les noms en **-in** *(-ain)* ou en **-an** — sauf *Jean, paysan, rouan, Valaisan* et *Veveysan* — ne redoublent pas l'*n* (et il y a dénasalisation) ;

> *Orphelin, orpheli**ne**. Châtelain, châtelai**ne**. Sultan, sulta**ne**.*
> *Mais : Jean, Jea**nne**.*
> *Paysan, paysa**nne**. Rouan, roua**nne**.*
> *Valaisan, Valaisa**nne**. Veveysan, Veveysa**nne**.*

89 Les noms en **-et** — sauf *préfet, sous-préfet* — redoublent le *t* devant l'*e* du féminin :

> *Cadet, cade**tte**. Coquet, coque**tte**.*
> Mais : *Préfet, préf**ète**,* avec un accent grave sur l'*e* qui précède le *t*.

Les noms en **-at, -ot**, — sauf *chat, linot, sot* — ne redoublent pas le *t* :

> *Avocat, avoca**te**. Idiot, idio**te**.*
> Mais : *Chat, cha**tte**. Linot, lino**tte**. Sot, so**tte**.*

Favori fait au féminin *favorite*.

90 Les noms en **-er** forment leur féminin en **-ère** (l'[e] devient [ε], et s'écrit avec un accent grave) :

> *Berger* [bɛʁʒe], *bergère* [bɛʁʒɛʁ].

91 La plupart des noms en **-s** (précédé d'une voyelle) ou en **-x** ont leur féminin en **-se** (*s* prononcé [z]) :

> *Bourgeois* [buʁʒwa], *bourgeoi**se*** [buʁʒwaz].
> *Époux, épou**se**. Ambitieux, ambitieu**se**.*

Andalou (anciennement *Andalous*) fait au féminin *Andalouse*.
Métis, vieux, roux font *méti**sse**, vieille, rou**sse***.

92 Les noms en **-f** changent *f* en **v** devant l'*e* du féminin :

> *Capti**f**, capti**ve**. Jui**f**, jui**ve**. Veu**f**, veu**ve**.*

93 *Franc, Frédéric, Turc* changent le **c** en **-que** au féminin :

> *Franc, Fran**que**. Frédéric, Frédéri**que**. Turc, Tur**que**.*

Grec fait *Gre**cque*** au féminin.

b) *Modification ou addition de suffixe*

94 **Les noms en *-eur***

a) Les noms en *-eur* auxquels on peut faire correspondre un participe présent en changeant *-eur* en *-ant* font leur féminin en **-euse** [1] (*eu* devient fermé) :

> *Menteur, ment**euse**. Porteur, port**euse**.*

Exceptions : *Enchanteur, pécheur, vengeur* changent *-eur* en **-eresse :** *Enchant**eresse**, péch**eresse**, veng**eresse**.*

Exécuteur, inspecteur, inventeur, persécuteur changent *-teur* en **-trice :** *Exécu**trice**,* etc.

b) Les noms en *-teur* auxquels on ne peut faire correspondre un participe présent en changeant *-eur* en *-ant* font leur féminin en **-trice** [2] :

> *Directeur, direc**trice**.*

---

1. Ces noms sont de formation populaire ; leur finale se prononçait anciennement comme celle des noms en *-eux* (on prononçait, par exemple, *un menteux ;* ainsi on comprend pourquoi leur féminin est en *-euse*).
2. Ces noms sont de formation savante. Leur féminin est emprunté ou imité du féminin latin en *-trix ;* par exemple, *directrice* reproduit le féminin latin *directrix*.

Remarques

1. *Inférieur, mineur, prieur, supérieur* (qui sont des comparatifs employés comme noms) forment leur féminin par simple addition d'un *-e* :

   Inférieure, mineure, prieure, supérieure.

2. *Ambassadeur* fait au féminin *ambassadrice. Empereur* fait *impératrice. Débiteur* fait *débiteuse* (qui débite) et *débitrice* (qui doit). *Chanteur* fait ordinairement *chanteuse ; cantatrice* se dit d'une femme qui a acquis quelque célébrité dans l'art du chant.

3. Les termes de la langue juridique *bailleur, défendeur, demandeur, vendeur* — ainsi que *charmeur, chasseur,* quand ils sont employés dans la langue poétique — font leur féminin en **-eresse** :

   *Bail**eresse**, défend**eresse**, vend**eresse**, charm**eresse**, chass**eresse**.*

   Dans l'usage courant, on a les féminins *demand**euse**, vend**euse**, charm**euse**, chass**euse**.*

4. *Devineur* (qui juge par voie de conjecture, qui trouve le mot d'une charade, etc.) fait au féminin *devin**euse**. Devineresse* sert de féminin à *devin.*

5. La langue familière emploie *doctoresse* comme féminin de *docteur* (en médecine).

95 **Féminin en *-esse***

Une trentaine de noms (presque tous en *-e*) ont leur féminin en **-esse** :

Abbé, abbesse	*Faune, faunesse*	*Poète, poétesse*
Ane, ânesse	*Hôte, hôtesse*	*Prêtre, prêtresse*
Bougre, bougresse	*Ivrogne, ivrognesse*	*Prince, princesse*
Chanoine, chanoinesse	*Maître, maîtresse*	*Prophète, prophétesse*
Comte, comtesse	*Mulâtre, mulâtresse*	*Sauvage, sauvagesse*
Diable, diablesse	*Nègre, négresse*	*Suisse, Suissesse*
Drôle, drôlesse	*Ogre, ogresse*	*Tigre, tigresse*
Druide, druidesse	*Pair, pairesse*	*Traître, traîtresse*
Duc, duchesse	*Pauvre, pauvresse*	*Vicomte, vicomtesse*

c) *Forme spéciale au féminin*

96 Certains noms ont au féminin une **forme spéciale**, de même radical cependant que celle du masculin :

Canard, cane	*Favori, favorite*	*Neveu, nièce*
Chevreuil, chevrette	*Fils, fille*	*Perroquet, perruche* [2]
Compagnon, compagne	*Gouverneur, gouvernante*	*Roi, reine*
Daim, daine [1]	*Héros, héroïne*	*Serviteur, servante*
Diacre, diaconesse	*Lévrier, levrette*	*Sylphe, sylphide*
Dieu, déesse	*Loup, louve*	*Tsar, tsarine*
Dindon, dinde	*Merle, merlette*	
Empereur, impératrice	*Mulet, mule*	

---

1. Les chasseurs disent aussi *dine.*
2. *Perruche* se dit de la femelle du perroquet ; il désigne aussi, sans distinction de sexe, un oiseau de la même famille que le perroquet, mais de taille plus petite.

97 Certains noms marquent la distinction des genres par **deux mots de radical différent** :

Bélier, brebis	Homme, femme	Oncle, tante
Bouc, chèvre	Jars, oie	Papa, maman
Cerf, biche	Lièvre, hase	Parrain, marraine
Coq, poule	Mâle, femelle	Père, mère
Étalon, jument	Mari, femme	Sanglier, laie
Frère, sœur	Matou, chatte	Singe, guenon
Garçon, fille	Monsieur, madame,	Taureau, vache
Gendre, bru	ou mademoiselle	Verrat, truie

d) *Noms ne variant pas en genre*

98 Certains noms de personnes, terminés pour la plupart en -e, ont la **même forme pour les deux genres :**

> Un artiste, une artiste.   Un élève, une élève.
> Un bel enfant, une aimable enfant.

Remarque

Un grand nombre de noms d'animaux ne désignent que l'espèce et n'ont qu'une forme pour les deux genres. Pour indiquer le sexe, on ajoute un mot déterminant :

> Un éléphant **femelle**.   Une souris **mâle**.
> La **femelle** du moustique.

99 a) Certains noms de personnes ne s'appliquant anciennement qu'à des hommes n'ont **pas reçu de forme féminine :** Auteur, bourreau, charlatan, cocher, déserteur, échevin, écrivain, filou, médecin, possesseur, professeur, successeur, vainqueur, etc. (cf. annexe B, § 512).

Remarques

1. Appliqués à des femmes, ces noms veulent au masculin les articles, adjectifs ou pronoms qui s'y rapportent :

> Madame de Sévigné est **un grand** écrivain.
> Cette femme est **un excellent** professeur.

2. Pour indiquer le féminin, on fait parfois précéder ces noms du mot femme :

> Une **femme** auteur.
> Ce siècle est fécond en **femmes** écrivains.

b) De la même manière, certains noms ne s'appliquant qu'à des femmes n'ont **pas de forme masculine :** Lavandière, douairière, nonne, matrone, etc.

2. Les noms à double genre

100 **Aigle** est du masculin quand il désigne l'oiseau de proie ou, au figuré, un homme de génie ; de même quand il désigne un pupitre d'église ou une décoration portant un aigle :

> L'aire d'**un** aigle. (Académie)
> Cet homme-là est **un** aigle. (Id.)
> Il y a dans le chœur de cette église **un** aigle de cuivre.
> L'aigle **blanc** de Pologne.

Il est du féminin quand il désigne expressément l'oiseau femelle ou dans le sens d'étendard, d'armoiries :

> L'aigle est **furieuse** quand on lui ravit ses aiglons. (Académie)
> Les aigles **romaines**. L'aigle **impériale**.

101 **Amour**, le plus souvent, est masculin :

> Amour **sacré** de la patrie. (Rouget de Lisle)
> Il y a des combats secrets et des amours **cachés**. (B. Clavel)

Il peut être féminin au pluriel, surtout en littérature, mais aussi dans l'usage courant :

> Mais le vert paradis des amours **enfantines**. (Baudelaire)
> De **folles** amours. (Académie)

Remarque

Amour est toujours masculin en termes de mythologie, de peinture ou de sculpture :

> Peindre, sculpter de **petits** Amours. (Académie)

102 **Délice.** Au pluriel, ce nom est du féminin :

> Il fait **toutes** ses délices de l'étude. (Académie)

Au singulier, *délice* est du masculin :

> Cette prose de Racine est **un** délice. (J. Lemaitre)
> Manger des mûres est **un** délice. (H. Bosco)

103 **Foudre** est féminin dans le sens de « feu du ciel » et aussi quand il désigne figurément ce qui frappe d'un coup soudain :

> **La** foudre est **tombée**. (Académie)
> Les foudres de l'excommunication furent **lancées** contre Galilée.

Il est masculin dans les expressions *foudre de guerre, foudre d'éloquence,* ainsi que dans la langue du blason et quand il désigne le faisceau enflammé, attribut de Jupiter :

> Je suis donc **un** foudre de guerre. (La Fontaine)
> Une aigle tenant **un** foudre dans ses serres. (Académie)

Foudre, grand tonneau (allem. *Fuder*), est masculin : **Un** foudre de vin.

104 **Gens**, nom pluriel signifiant *personnes,* est du masculin :

> **Tous** les gens **querelleurs**, jusqu'aux simples mâtins,
> Au dire de chacun étaient de petits saints. (La Fontaine)

Cependant s'il est précédé *immédiatement* d'un adjectif ayant une terminaison différente pour chaque genre, il veut au féminin cet adjectif et tout adjectif placé avant lui ; quant aux adjectifs (et pronoms) qui suivent *gens* et sont en rapport avec lui, on les laisse au masculin :

> **Toutes** les **vieilles** gens. (Académie)
> **Quelles** honnêtes et **bonnes** gens !
> Mais : **Quels bons** et honnêtes gens !
> Ce sont les **meilleures** gens que j'aie **connus**.

Les adjectifs qui ne précèdent *gens* que par inversion restent au masculin :

> **Instruits** par l'expérience, les vieilles gens sont soupçonneux.
> (Académie)

Remarques

1. *Gens*, dans certaines expressions telles que *gens de robe*, *gens de guerre*, *gens d'épée*, *gens de loi*, *gens de lettres*, etc., veut toujours au masculin l'adjectif ou le participe :

> De **nombreux** gens de lettres. (Académie)
> **Certains** gens d'affaires. (Id.)

2. *Gent* signifiant *nation*, *race*, est féminin :

> **La** gent **marécageuse**. (La Fontaine)
> Une amende honorable, payée à **la** gent **canine**. (Colette)

105 **Hymne** est masculin dans l'acception ordinaire, mais ordinairement féminin dans le sens de « cantique latin qui se chante à l'église » :

> La Marseillaise est l'hymne **national français**.
> **Toutes** les hymnes de cet admirable office. (F. Mauriac)

106 **Œuvre** est toujours féminin au pluriel ; il l'est généralement aussi au singulier :

> **Toute** œuvre **humaine** est **imparfaite**.
> Les Pensées de Pascal sont les fragments d'**une** œuvre **inachevée**. (Académie)

Il est masculin quand il désigne, soit l'ensemble de la bâtisse, soit l'ensemble des œuvres d'un artiste, soit la transmutation des métaux en or, dans l'expression *le grand œuvre* :

> **Le gros** œuvre est **achevé**.
> L'œuvre **entier** de Rembrandt. (Académie)
> Travailler **au grand** œuvre. (Id.)

107 **Orge** est féminin, sauf dans les deux expressions *orge mondé*, *orge perlé*.

108 **Orgue**, au singulier, est du masculin :

> *L'orgue de cette église est **excellent**.*

Le pluriel *orgues* est également du masculin quand il désigne plusieurs instruments :

> *Les deux orgues de cette église sont **excellents**.*

Le pluriel *orgues* est du féminin lorsqu'il désigne un instrument unique :

> *Les **grandes** orgues.* (Académie)
> *Des orgues **portatives**.* (Id.)

109 **Pâques** (avec *s* final), désignant la fête catholique, est masculin et singulier ; il prend la majuscule et rejette l'article :

> *Quand Pâques sera **venu**.* (Académie)
> *Je vous paierai à Pâques **prochain**.* (Id.)

Pâques est féminin pluriel dans les expressions *faire ses pâques* (remarquez la minuscule) ou *Joyeuses Pâques,* et quand il est accompagné d'un article :

> *Depuis les Pâques **précédentes**.* (J. Malègue)

Pâque (sans *s*), désignant la fête juive ou orthodoxe, est féminin singulier ; il prend la minuscule et l'article, mais certains auteurs emploient la majuscule :

> *Les Juifs célébraient tous les ans **la pâque** en mémoire de leur sortie d'Égypte.*
> *Des gâteaux de la Pâque **juive**.* (A. Maurois)
> *Durant cette semaine de la Pâque **grecque**.* (M. Barrès)

110 **Période**, féminin dans les acceptions ordinaires, est masculin quand il désigne le point où une chose, une personne est arrivée :

> *Démosthène et Cicéron ont porté l'éloquence à **son** plus **haut** période.* (Académie)
> *Cet homme est **au dernier** période de sa vie.* (Id.)

C. LE NOMBRE DU NOM

111 Le français distingue deux nombres :

le **singulier**, qui désigne un seul être ou un seul ensemble d'êtres :

> *Un livre, un essaim.*

et le **pluriel**, qui désigne plusieurs êtres ou plusieurs ensembles d'êtres :

> *Des livres, des essaims.*

1. Le pluriel des noms

a) *Pluriel en* -s

112 On forme le pluriel des noms en écrivant à la fin de la forme du singulier un **s**[1] (muet, sauf en liaison) :

> *Un homme. Des hommes*
> (en liaison : *des hommes avides*, [dezɔmzavid]).

N.B.

Le pluriel au point de vue phonétique. Jusqu'à la fin du XVIe siècle, l's du pluriel s'est prononcé. Aujourd'hui, en général, il n'y a plus, pour l'oreille, de différence entre la forme du pluriel et celle du singulier : *l'ami, les amis*. Toutefois il subsiste deux prononciations différentes selon le nombre :

1° quand on fait la liaison ;

2° dans la plupart des noms en *-al* : *un animal, des animaux* ;

3° dans quelques noms en *-ail* : *un émail, des émaux*, etc. ;

4° dans quelques autres noms : *un os, des os* [œnɔs], [dezo] ; *un œuf, des œufs* [œnœf], [dezø] ; *un œil, des yeux* [œnœj], [dezjø], etc.

En général, c'est par l'article ou par l'adjectif accompagnant le nom que l'oreille peut distinguer si ce nom est au singulier ou au pluriel.

113 Les noms terminés par **-s, -x** ou **-z** ne changent pas au pluriel :

> *Un pois, des pois.   Une croix, des croix.   Un nez, des nez.*

b) *Pluriel en* -x [2]

114 Les noms en **-al** changent *-al* en *-aux* au pluriel :

> *Un cheval. Des chevaux.*

Exceptions : *Bal, cal, carnaval, chacal, festival, récital, régal* prennent simplement *s* au pluriel. De même quelques noms moins usités : *aval, bancal, cérémonial, choral, narval, pal*, etc.

---

1. **Origine de l's du pluriel.** Des six *cas* du latin (formes diverses par lesquelles se marquaient, au moyen de désinences particulières, les fonctions du nom dans la proposition), l'ancien français n'avait gardé que le *nominatif* (cas sujet) et l'*accusatif* (cas régime ou cas du complément), par exemple :
   Singulier : suj. : *murs* (du lat. *murus*) ; compl. : *mur* (du lat. *murum*).
   Pluriel : suj. : *mur* (du lat. *muri*) ; compl. : *murs* (du lat. *muros*).
   Au XIIIe siècle, le cas sujet disparut, et l'on n'eut plus que les formes-types *mur* pour le singulier et *murs* pour le pluriel. Ainsi s'explique que l's est devenu le signe caractéristique du pluriel.
2. **Origine de ce pluriel en -x.** Dans l'ancienne langue, *l* se vocalisait en *u* (prononcé *ou*) devant l's du pluriel : *un cheval, des chevaus.* Or, au moyen âge, le groupe *-us* se notait ordinairement par un signe abréviatif ressemblant à la lettre *x* et qui finit par se confondre avec cette lettre ; tout en prononçant *chevaus* (pron. [ʃəvaws]), on écrivait *chevax*. Plus tard, on oublia la fonction du signe abréviatif *x* et on rétablit *u* dans l'écriture, tout en maintenant l'*x* : *des chevaux*.

115 Les noms en **-au, -eu**, prennent un **x** au pluriel :

> *Un tuyau, des tuyaux.*
> *Un cheveu, des cheveux.*

Exceptions : *Landau, sarrau, bleu, pneu* prennent un *s* :

> *Des landaus, des sarraus, des bleus, des pneus.*

116 Les noms en **-ail** prennent un **s** au pluriel :

> *Un éventail, des éventails.*

Excepté les neuf noms : *bail, corail, émail, fermail, soupirail, travail, vantail, ventail, vitrail,* qui changent *-ail* en **-aux** :

> *Un bail, des baux. Un corail, des coraux, etc.*

Bétail n'a pas de pluriel (*bestiaux* est le pluriel de l'ancien nom *bestial*). Le pluriel *bercails* est peu usité.

117 Les noms en **-ou** prennent un **s** au pluriel :

> *Un clou, des clous.*

Excepté les sept noms : *bijou, caillou, chou, genou, hibou, joujou* et *pou,* qui prennent un **x** :

> *Un bijou, des bijoux. Un caillou, des cailloux, etc.*

c) *Noms à double forme au pluriel*

118 1° **Aïeul** fait au pluriel *aïeuls* quand on désigne précisément le grand-père paternel et le grand-père maternel ou encore le grand-père et la grand-mère :

> *Ses deux **aïeuls** assistaient à son mariage.* (Académie)
> *Ses **aïeuls** paternels ont célébré leurs noces d'or.*

Il fait *aïeux,* au sens d'*ancêtres* :

> *Qui sert bien son pays n'a pas besoin d'**aïeux**.* (Voltaire)

Remarque

Régulièrement on dit : *les bisaïeuls* (Littré), *les trisaïeuls* (Id.). Cependant les pluriels *bisaïeux, trisaïeux* sont aussi en usage :

> *Nos **bisaïeux**.* (A. Maurois) *Jusqu'à nos **trisaïeux**.* (Destouches)

2° **Ail** fait au pluriel *aulx* :

> *Il y a des **aulx** cultivés et des **aulx** sauvages.* (Académie)

Les botanistes disent également *ails* au pluriel :

> *Il cultive des **ails** de plusieurs espèces.* (Académie)

3° **Ciel** fait au pluriel *cieux* quand il désigne l'espace indéfini où se meuvent les astres, ou encore le paradis :

> *L'immensité des **cieux**.* (Académie)
> *Celui qui règne dans les **cieux**.* (Bossuet)

Il fait *ciels* quand il signifie :

a) Couronnement d'un lit :

> Des **ciels** de lit.

b) Ce qui sert de plafond à une carrière :

> Des **ciels** de carrière.

c) Partie d'un tableau qui représente le ciel :

> Ce peintre fait bien les **ciels**. (Académie)

d) Climat :

> Un de ces **ciels** perfides qui caressent et brûlent la peau tendre des citadins. (A. France)

4° **Œil** fait au pluriel *yeux :*

> Des **yeux** bleus.
> Les **yeux** du pain, du fromage, du bouillon.
> Tailler à deux **yeux**.

Le pluriel *œils* appartient à certains noms composés :

> Des **œils**-de-bœuf (fenêtres rondes ou ovales).
> Des **œils**-de-perdrix (cors).
> Des **œils**-de-chat (pierres précieuses), etc.

5° **Travail** a pour pluriel ordinaire *travaux*. Il fait au pluriel *travails* quand il désigne une machine dans laquelle on assujettit les chevaux pour les ferrer, les panser, etc. :

> Ce maréchal-ferrant a deux **travails**.

2. Le pluriel des noms propres

119 Les noms propres **prennent** la marque du pluriel :

1° Quand ils désignent des peuples ou certaines familles illustres :

> Les Espagnol**s**.   Les César**s**, les Bourbon**s**, les Stuart**s**.

2° Quand ils désignent des personnes possédant les talents, le caractère, etc. des personnages nommés ou plus généralement quand ils désignent des types :

> Existe-t-il encore des **Mécènes** ? (c.-à-d. des hommes généreux comme Mécène).
> Les **Pasteurs** sont rares.

La marque du pluriel n'apparaît cependant pas chez tous les auteurs.

120 Les noms propres **ne prennent pas** la marque du pluriel :

1° Quand ils désignent des familles entières (hors le cas signalé au § 119, 1°) :

> Les **Gagnon**. Les **Dupont** sont en voyage.

2° Quand ils désignent, non des familles entières, mais des *individus* qui ont porté le même nom :

> *Les deux **Corneille** ont composé des tragédies.*

3° Quand, par emphase, on leur donne l'article pluriel, quoiqu'on n'ait en vue qu'un seul individu :

> *Les **Racine**, les **Boileau**, les **Molière**, les **La Fontaine** ont illustré le règne de Louis XIV.*

4° Quand il désignent des titres d'ouvrages, de revues, etc. :

> *J'ai acheté deux **Énéide**.*
> *Un paquet de « **Nouvel Observateur** ».*

Remarque

Les noms propres désignant des œuvres par le nom de leur auteur peuvent prendre la marque du pluriel :

> *Des **Callots** accrochés aux murs.* (É. Estaunié)
> *Les **Raphaëls** du Vatican.*
> *J'ai deux **Virgiles**.*

Mais on peut aussi les laisser invariables :

> *La Caridad renferme des **Murillo** de la plus grande beauté.* (Th. Gautier)
> *J'ai deux **Virgile**.*

Les noms de marques entrés dans l'usage restent le plus souvent invariables :

> *Deux **Renault**. Trois **Martini**.*

121 Les noms propres géographiques désignant plusieurs pays, provinces, cours d'eau, etc., prennent la marque du pluriel :

> *Les **Amériques**, les **Guyanes**, les deux **Sèvres**, les **Pyrénées**.*

Mais on écrira : *Il n'y a pas deux **France**. Il y a plusieurs **Montréal**.*

3. Le pluriel des noms composés [1]

a) *Les éléments soudés*

122 Les noms composés dont les éléments sont soudés en un mot simple forment leur pluriel comme les noms simples :

> *Des bonjours. Des entresols. Des passeports.*
> *Des pourboires. Des portemanteaux.*

Exceptions : *Bonhomme, gentilhomme, madame, mademoiselle, monseigneur, monsieur* font au pluriel : *bonshommes, gentilshommes, mesdames, mesdemoiselles, messeigneurs* (*nosseigneurs*), *messieurs*.

On dit parfois familièrement : *des madames, des monseigneurs, des monsieurs*.

---

1. Les rectifications de l'orthographe française autorisées depuis 1990 (cf. annexe A, § 511) modifient sensiblement les règles d'écriture et les marques du pluriel pour les noms composés. On pourra s'y référer si souhaité, pour les étudier et les appliquer.

b) *Les éléments non soudés*

Dans les noms composés dont les éléments ne sont pas soudés en un mot simple, on met au pluriel les éléments (*noms* et *adjectifs* seulement) qui, **selon le bon sens**, doivent prendre la marque du pluriel.

123 Nom + nom en apposition. Nom + adjectif

Quand le nom composé est formé de deux noms dont l'un est apposé à l'autre, ou d'un nom et d'un adjectif, les deux éléments prennent la marque du pluriel :

> *Des chef**s**-lieu**x**, des oiseau**x**-mouche**s**.*
> *Des coffre**s**-fort**s**, des arc**s**-boutant**s**.*

L'Académie écrit : *des porcs-épics, des reines-claudes, des pique-niques, des chevau-légers, des sauf-conduits.*

On écrit : *des grand-mères, des grand-tantes,* etc. (§ 192).

124 Nom + nom complément

Quand le nom composé est formé de deux noms dont le second (avec ou sans préposition) est complément du premier, le premier nom seul prend la marque du pluriel :

> *Des arc**s**-en-ciel.   Des chef**s**-d'œuvre.   Des timbre**s**-poste.*

125 Mot invariable + nom

Quand le nom composé est formé d'un mot invariable et d'un nom, évidemment le nom seul prend la marque du pluriel :

> *Des arrière-garde**s**.   Des haut-parleur**s**.*
> *Des en-tête**s**.   Des contre-attaque**s**.*

On écrit : *des après-midi.*

126 Verbe + complément

Quand le nom composé est formé d'un verbe et d'un nom complément d'objet direct, le nom seul varie au pluriel, à moins que le sens ne s'y oppose :

> *Des bouche-trou**s**.   Des couvre-lit**s**.*
> Mais : *Des abat-jour.   Des perce-neige.*

Remarques

1. Dans certains noms composés, même au singulier, le complément d'objet direct a toujours la marque du pluriel : *Un casse-noisette**s**, un compte-goutte**s**, un porte-bagage**s**, un presse-papier**s**,* etc.

2. Dans les noms composés à l'aide du mot *garde,* ce mot varie au pluriel quand le composé désigne une personne : *Des garde**s**-chasse, des garde**s**-malades ;* il reste invariable quand le composé désigne une chose : *Des garde-corps, des garde-robes.*

Selon un ancien usage (§ 362, Rem.), on écrit : *des ayant**s** droit, des ayant**s** cause.*

127 **Expressions toutes faites ou elliptiques**

Quand le nom composé est formé d'une expression toute faite ou d'une expression elliptique, aucun élément ne varie au pluriel :

> *Des meurt-de-faim. Des pince-sans-rire.*
> *Des on-dit. Des coq-à-l'âne. Des pur sang.*

On écrit : *des terre-pleins* [lieux pleins de terre].

128 **Mots étrangers**

Dans les noms composés, les mots étrangers restent invariables :

> *Des **ex-voto**. Des **post-scriptum**. Des **vice**-rois.*

Cependant on écrit : *des fac-similé**s**, des orang**s**-outang**s**, des sénatus-consulte**s**.*

Quand le premier élément présente la terminaison *-o*, il reste invariable : *Les Gallo-Romains, des électro-aimants.*

On écrit : *des tragi-comédies.*

4. Le pluriel des noms étrangers

129 Les noms empruntés aux langues étrangères admettent la marque du pluriel français quand un fréquent usage les a vraiment francisés [1] :

> *Des accessit**s**. (Académie) Des autodafé**s**. (Id.)*
> *Des cicerone**s**. (Id.)*

130 a) Certains mots latins restent invariables, et notamment des mots de la langue liturgique :

> *Des intérim, des exeat, des Avé, des Gloria, des Pater, des Salvé, des Te Deum, des miserere.*

L'Académie écrit toutefois :

> *Des Alléluia**s**, des bénédicité**s**.*

b) Les noms italiens *carbonaro, condottiere, lazarone, libretto, pizzicato* font ordinairement leur pluriel en *-i : Des carbonari,* etc. On écrit : *des soprani* (ou plutôt : *des sopranos*), *des confetti* (ou *confettis*), *des lazzi* (ou *lazzis*).

c) Les noms anglais en *-man* font ordinairement leur pluriel en changeant *-man* en *-men* :

> *Un gentleman, des gentle**men** ; un barman, des bar**men** (ou bar**mans**),* etc.

Les noms anglais en *-y* changent parfois *-y* en *-ies* au pluriel :

> *Une lady, des lad**ies** ; un whisky, des whisk**ies** ; un dandy, des dand**ies** (ou : des ladys, des whiskys, des dandys).*

---

1. Des rectifications orthographiques (cf. annexe A, § 511) portent également sur le pluriel des noms étrangers.

5. Le pluriel des noms accidentels

131 Les mots invariables pris comme noms ainsi que les noms des lettres de l'alphabet, des chiffres, des notes de musique, ne changent pas au pluriel :

> Les **si**, les **car**, les contrats sont la porte
> Par où la noise entre dans l'univers. (La Fontaine)
> Écrire deux **sept**. Les quatre **huit** d'un jeu de cartes.
> Deux **mi**. Deux **a**.

Cependant les infinitifs devenus noms, ainsi que *avant, devant, derrière*, employés substantivement, prennent *s* au pluriel :

> Les **rires**. Prendre les **devants**.
> Les **avants** (au football). Les **derrières** d'une armée.

On écrit : *les* **attendus**, *les* **considérants** *d'un jugement.*

6. Cas particuliers

132 Certains noms ne s'emploient qu'au pluriel :

> Des agissements, les alentours, des annales, des armoiries,
> les bonnes grâces, les confins, les décombres, les frais,
> les funérailles, des menottes, des obsèques, des pierreries, etc.

D'autres ne se trouvent ordinairement qu'au singulier :

- noms de sciences ou d'arts : *La botanique, la sculpture*, etc. ;
- noms de matières : *L'or, le plâtre*, etc. ;
- noms abstraits : *La haine, la soif*, etc. ;
- noms des sens, des points cardinaux : *L'odorat, le nord.*

Remarque
La plupart de ces noms admettent le pluriel quand on les emploie au figuré ou dans des acceptions particulières :

> Je vous remercie de vos **bontés**. Des **ors** différents.

133 Certains noms changent de sens en changeant de nombre. Comparez :

> Un **ciseau** de sculpteur. Mettre les **ciseaux** dans une étoffe.
> Une **lunette** d'approche. Mettez vos **lunettes**.
> Montrer de l'**humanité**. Faire ses **humanités**.
> La **vacance** du trône. Être en **vacances**.

Chapitre II

L'Article

134 L'**article** est un mot que l'on place devant le nom pour marquer que ce nom est pris dans un sens complètement ou incomplètement déterminé ; il sert aussi à indiquer le genre et le nombre du nom qu'il précède.

135 On distingue deux espèces d'articles : l'article *défini* et l'article *indéfini.*

A. L'ARTICLE DÉFINI

1. Définition

136 L'article **défini** est celui qui se met devant un nom dont le sens est complètement déterminé :

> **Le** *livre de Grégoire.*
> **La** *semaine prochaine.*
> *Donnez-moi* **la** *clef* (la clef que l'on sait).

137 L'article défini est :

le pour le masculin singulier ;
la pour le féminin singulier ;
les pour le pluriel des deux genres.

138 L'article **élidé** est l'article *le, la,* dont la voyelle est remplacée par une apostrophe devant les mots commençant par une voyelle ou un *h* muet :

> **L'***or,* **l'***âme,* **l'***habit,* **l'***heure,* **l'***horrible vision.*

139 L'article **contracté** est le résultat de la fusion des prépositions *à, de,* avec les articles *le, les* :

à le se contracte en **au** ;
à les se contracte en **aux** ;
de la se contracte en **du** ;
de les se contracte en **des**.

2. Emploi

a) Emploi général

D'une manière générale, l'article défini se met devant les noms communs pris dans un sens complètement déterminé.

b) Emplois particuliers

En particulier, il s'emploie :

1° Parfois comme démonstratif :

> *Ah ! le détour* (= ce détour) *est bon.* (Molière)
> *Nous partons à l'instant. Oh ! le beau papillon !*

2° Parfois comme possessif, surtout devant des noms désignant des parties du corps ou du vêtement, ou les facultés intellectuelles, quand l'idée de possession est suffisamment marquée par le sens général de la phrase :

> **Les** *yeux lui sortent de la tête.*
> *Il m'a saisi à la gorge.*
> *Elle me prend par la manche.*
> *Elle perd la mémoire.*

3° Devant le nom complément du collectif général (désignant tous les êtres d'une espèce ou d'un groupe) :

> *La multitude des étoiles étonne l'imagination.*

4° Parfois devant les noms propres de personnes :

— Quand ils sont employés soit dans un sens emphatique (alors l'article est au pluriel), soit dans un sens méprisant :

> **Les** *Corneille, les Racine, les Molière ont illustré la scène française.*
> **La** *Brinvilliers.*

L'article se rencontre devant des noms de famille italiens ou devant des noms de cantatrices ou d'actrices célèbres :

> **Le** *Tasse, le Corrège, la Callas.*

— Quand ces noms propres sont accompagnés d'une épithète ou déterminés par un complément :

> **Le** *grand Corneille.* **Le** *Racine des « Plaideurs ».*

— Quand ils désignent soit plusieurs individus de même nom, soit des types, des familles entières, des peuples :

> **Les** *deux Corneille.* **Les** *Cicérons sont rares.*
> **Les** *Gagné.* **Les** *Belges.*

— Quand ils désignent des œuvres produites :

> **Les** *Raphaëls du Vatican.*
> **Le** *Simenon que je préfère est « Pedigree ».*

5° Devant les noms propres de continents, de pays, de provinces, de montagnes, de mers, de cours d'eau, d'îles :

> **L'**Amérique, **la** France, **le** Manitoba, **les** Vosges, **la** Méditerranée, **le** Zambèze, **la** Sardaigne.

Les noms des petites îles et les noms masculins d'îles lointaines ne prennent pas l'article : *Malte, Madagascar, Bornéo.*

Les noms de villes rejettent l'article : *Dakar, Rome ;* sauf s'ils sont accompagnés d'une épithète ou d'un complément, ou encore s'ils étaient originairement des noms communs :

> **Le** vieux Paris, **le** Paris d'autrefois, **Le** Havre, **La** Haye.

On dit cependant : *Paris entier, tout Paris.*

141 Devant **plus, moins, mieux**, suivis d'un adjectif ou d'un participe, l'article *le* reste invariable et forme avec ces adverbes des locutions adverbiales, quand il y a comparaison entre les différents degrés d'une qualité :

> *C'est au milieu de ses enfants qu'une mère est* **le** *plus heureuse* (heureuse au plus haut degré).

Mais l'article s'accorde lorsqu'on fait la comparaison entre des êtres ou des objets différents :

> *Cette femme est* **la** *plus heureuse des mères, la mère* **la** *plus heureuse* (elle est comparée aux autres mères).

Remarque

Moyen pratique : Quand on peut placer après l'adjectif les expressions *au plus haut (bas) degré, le plus (moins, mieux) possible,* on laisse l'article invariable. Quand on peut placer après l'adjectif les mots *de tous, de toutes,* on fait accorder l'article.

B. L'ARTICLE INDÉFINI

1. Définition

142 L'article **indéfini** indique que l'être ou l'objet nommé est présenté comme non précisé, non déterminé, non encore connu :

> *Je ne sais presque rien. (...)* **Un** *voyageur venu des sources du Nil nous annonce* **une** *comète.* (M. Tournier)
> *Je vois venir* **une** *femme.*
> *Donnez-moi* **une** *plume,* **des** *crayons.*

143 L'article indéfini est :

un   pour le masculin singulier ;
une pour le féminin singulier ;
des pour le pluriel des deux genres.

2. Emploi

144 Outre les valeurs qu'il a dans l'emploi général (c.-à-d. la valeur numérale affaiblie ou celle de « un certain »), l'article indéfini peut avoir, dans des emplois particuliers, certaines valeurs expressives ; ainsi il s'emploie :

1° Avec une valeur de généralisation, devant un nom désignant un type (c.-à-d. considéré comme représentant tous les individus de l'espèce) :

> *Un artiste se doit à son œuvre.*

2° Avec une valeur emphatique, dans des phrases exclamatives :

> *Il fait **une** chaleur !   Il a **des** oreilles !*

Devant un nom propre, soit par mépris, soit par emphase, soit pour donner au nom propre la valeur d'un nom commun :

> *On a vu **un** Néron machiner la mort de sa mère.*
> ***Un** Alexandre, **un** César, **un** Napoléon ont bouleversé le monde : ont-ils mieux mérité de l'humanité qu'**un** Pasteur ou qu'**un** Fleming ?*
> ***Un** Auguste aisément peut faire **des** Virgiles.* (Boileau)

3. L'article partitif

145 L'article **partitif** est celui qui se place devant le nom des choses qui ne peuvent se compter, pour indiquer qu'il s'agit d'une *partie* seulement ou d'une certaine *quantité* de ce qui est désigné par le nom :

> *Prendre **du** sel, **de la** farine, **de l'**eau ; manger **des** épinards.*

146 L'article partitif est :

du *(de l')*   pour le masculin singulier ;
de la *(de l')*   pour le féminin singulier ;
des   pour le pluriel des deux genres.

Remarques

1. L'article partitif résulte de la combinaison ou de la fusion de la préposition *de* (qui abandonne sa valeur ordinaire) avec l'article défini *le, la, l', les*.
2. *Des* est un article partitif quand il correspond au singulier *du, de la, de l'* : *J'ai mangé **des** épinards* ; c'est un article indéfini quand il correspond au singulier *un* ou *une* (il désigne alors des choses nombrables) : *J'ai mangé **des** noix.*
3. La préposition *de* employée seule peut servir d'article partitif ou indéfini : *Il n'a pas **de** pain. J'ai mangé **de** bons épinards, **de** bonnes noix.*
4. De l'article partitif, qui se place devant des sujets ou des compléments d'objet directs, on distinguera *du, de la, de l', des* introduisant des compléments d'objet indirects, des compléments déterminatifs ou circonstanciels : *La paix **du** cœur, une corbeille **de** fruits, douter **de la** vie, tomber **des** nues.*

147 Devant les noms précédés d'un adjectif, au lieu de *du, de la, de l',
des,* régulièrement on met *de* :

> *Pour entendre **de** bonne musique.* (J.-P. Sartre)
> *Il partit en campagne avec **de** grandes espérances.* (A. France)

Remarque

La langue familière, au lieu du simple *de,* emploie toujours *du, de la, de l',
des* :

> *J'ai **du** bon tabac, manger **de la** bonne soupe.*

La langue littéraire aussi met souvent *du, de la, de l', des,* là où la règle traditionnelle demanderait *de* :

> *Il y a aussi une affluence de mendiants qui nous offrent **des** petits
> bouquets de roses.* (P. Loti)

Cependant on met *du, de la, de l', des* :

1° Quand l'adjectif sert à former un nom composé :

> ***Des** grands-pères.*

2° Quand l'adjectif fait corps avec le nom :

> ***De la** bonne volonté, **des** jeunes gens.*

148 Devant un nom complément d'objet direct du sujet réel pris partitive-
ment dans une phrase négative, on emploie le simple *de* si la négation est absolue, c'est-à-dire si le nom peut être précédé de l'expression « aucune quantité de » :

> *Je n'ai pas **d'**argent. N'avez-vous pas **d'**amis ?*

Mais on emploie *du, de la, de l', des,* si la phrase, malgré le tour
négatif, implique, quant au nom, une idée affirmative :

> *Je n'ai pas **de** l'argent pour le gaspiller* (j'ai de l'argent, mais non
> pour le gaspiller).
> *N'avez-vous pas **des** amis, **de** la fortune ?* (tour négatif, mais sens
> positif).

De même quand on veut insister sur le nom :

> *Vous n'avez pas demandé **du** vin, mais de la bière.*

C. LA RÉPÉTITION DE L'ARTICLE

149 Si l'article est employé devant le premier nom d'une série, il doit l'être
aussi devant chacun des autres :

> *Au fur et à mesure, **des** frissons, **des** élans réfrénés,
> **des** exclamations étouffées agitaient la foule.* (J. Zobel)

Mais l'article ne se répète pas quand le second nom est l'explication
du premier, ou qu'il désigne le même être ou objet, ou encore quand
les noms forment un tout étroitement uni dans la pensée :

> *L'onagre ou âne sauvage.   Un collègue et ami.
> Les arts et métiers.*

150 L'article se répète devant deux adjectifs unis par *et* ou par *ou* lorsque ces adjectifs qualifient des êtres ou des objets différents, quoique désignés par un seul nom :

> Il y a **de** bons et **de** mauvais moments. (J. Renard)
> Il y a donc **un** bon et **un** mauvais goût. (La Bruyère)

Mais on ne répète pas l'article si les deux adjectifs qualifient un seul et même être ou objet, un seul groupe d'êtres ou d'objets :

> Un pitoyable et insupportable raisonnement. (Bossuet)
> Les plus urgentes et confidentielles missions lui sont confiées.

Remarques

1. Si les deux adjectifs ne sont pas unis par *et* ou par *ou*, on doit répéter l'article :

> **Une** magnifique, **une** sublime cantatrice nous est révélée aujourd'hui.

2. Si le nom précède les deux adjectifs coordonnés, on peut avoir les tours suivants :

   1° **La** langue latine et **la** langue grecque (c'est le tour ordinaire) ;
   2° **La** langue latine et grecque ;
   3° **La** langue latine et **la** grecque ;
   4° **Les** langues latine et grecque (surtout dans le langage technique).

3. Dans une série de superlatifs relatifs se rapportant à un même nom, l'article doit être répété chaque fois :

> Il a perdu **la** plus tendre, **la** plus douce, **la** plus aimante des mères.

D. L'OMISSION DE L'ARTICLE

151 On omet l'article :

1° Devant des compléments déterminatifs n'ayant qu'une simple valeur qualificative :

> Une poétesse de génie, une chaîne d'or.

2° Dans certains proverbes, dans certaines comparaisons ou certaines expressions sentencieuses :

> Noblesse oblige.   Blanc comme neige.
> Il y a anguille sous roche.
> Pierre qui roule n'amasse pas mousse.

3° Dans certaines énumérations rapides :

> Vieillards, hommes, femmes, enfants, tous voulaient me voir.
> (Montesquieu)

4° Devant le nom apposé ou attribué exprimant simplement une qualité :

> Le lion, terreur des forêts. (La Fontaine)
> Vous êtes professeur ?

Mais on met l'article si le nom apposé ou attribut garde toute sa valeur substantive et marque une identification nettement soulignée :

> *Rome, **l'**unique objet de mon ressentiment.* (Corneille)
> *Vous êtes **le** professeur ?*

5° Devant le nom mis en apostrophe :

> *Cieux, écoutez ma voix ; terre, prête l'oreille.* (Racine)

6° Dans un grand nombre d'expressions où le complément est intimement lié au verbe ou à la préposition :

> *Avoir peur, donner congé, rendre justice, imposer silence, perdre patience ; avoir à cœur, aller à cheval, avec soin, sans gêne, par hasard, sous clef*, etc.

Notons encore les deux cas suivants (moins importants) :

1° Souvent devant les noms unis au moyen de *soit... ou, tant... que, (ni) ... ni, (et) ... et* :

> *Il n'avait apporté avec lui ni livres, ni cahiers.*
> *Soit terreur, soit courage, Cosette n'avait pas soufflé.* (Hugo)

2° Dans les inscriptions, les titres d'ouvrages, les adresses, etc. :

> *Maison à vendre.*
> *Précis d'arithmétique.*
> *Monsieur X., 20, rue du Commerce.*

Chapitre III

L'Adjectif

152 **L'adjectif** est un mot que l'on joint au nom pour le qualifier ou pour le déterminer.

Une **locution adjective** est une réunion de mots équivalant à un adjectif :

> Une personne **pot-au-feu**.
> Des étoffes **lie de vin**.

153 On distingue :

a) les adjectifs **qualificatifs** ;

b) les adjectifs **non qualificatifs** : *numéraux, possessifs, démonstratifs, relatifs, interrogatifs, exclamatifs* et *indéfinis*.

Il y a aussi l'*adjectif verbal :* on appelle ainsi le participe présent employé adjectivement (§ 373) : *La brise **errante**. Les bois **jaunissants**.*

A. LES ADJECTIFS QUALIFICATIFS

154 L'adjectif **qualificatif** exprime une manière d'être, une qualité de l'être ou de l'objet désigné par le nom auquel il est joint :

> Un livre **utile**. Un cinéaste **créatif**.

1. Le féminin des adjectifs qualificatifs

155 **N.B.**

Au point de vue orthographique, le féminin des adjectifs qualificatifs se marque :

1° en général, par *addition d'un* **e** à la forme masculine ;
2° par *modification du suffixe,* dans les adjectifs en -*eur*.

a) *Addition d'un e*

Règle générale

156 On obtient le féminin des adjectifs en écrivant à la fin de la forme masculine un **e**, qui souvent ne se prononce pas :

> *Un haut mur. La haute mer.*
> *Un ciel bleu. Une robe bleue.*

Évidemment les adjectifs déjà terminés par un **e** au masculin ne changent pas au féminin :

> *Un livre **utile**. Une chose **utile**.*

Toutefois *maître* et *traître*, adjectifs, font au féminin *maîtresse, traîtresse* :

> *La **maîtresse** branche. Une voix **traîtresse**.*

N.B.

1. Dans les adjectifs terminés au masculin par une *voyelle*, l'adjonction de l'*e* du féminin n'entraîne pas, quant à la prononciation, l'allongement de cette voyelle finale : l'*i*, l'*u* ont la même durée dans *jolie, menue* que dans *joli, menu*.
2. Dans les adjectifs terminés au masculin par une *consonne*, l'adjonction de l'*e* du féminin :
   a) tantôt ne modifie pas la prononciation de l'adjectif : *Banal, banale ;*
   b) tantôt fait reparaître, dans la prononciation, la consonne finale qui (sauf en liaison) ne se prononce pas au masculin : *Petit, petite. Lourd, lourde ;*
   c) tantôt, comme on va le constater, provoque un redoublement ou une modification de cette consonne finale, avec parfois une modification (phonétique ou même orthographique) de la voyelle qui précède.

Cas particuliers

157 Les adjectifs en **-el, -eil**, ainsi que **nul** et **gentil**, redoublent l'*l* devant l'*e* du féminin :

> *Cruel, cruelle. Pareil, pareille.*
> *Nul, nulle. Gentil, gentille.*

Jumeau (autrefois *jumel*) fait *jumelle* au féminin.

Remarque

Beau, nouveau, fou, mou, vieux font au féminin **belle**, *nou**velle**, *fo**lle**, *mo**lle**, *vie**ille**. Ces formes féminines sont tirées des masculins anciens : *bel, nouvel, fol, mol, vieil*, qui sont encore d'usage devant un nom masculin singulier commençant par une voyelle ou un *h* muet :

> *Un **bel** ouvrage, un **nouvel** habit, un **fol** espoir, un **mol** oreiller, un **vieil** avare.*

158 ## Adjectifs en *-n*

Les adjectifs en **-en, -on** redoublent l'*n* devant l'*e* du féminin (et il y a dénasalisation) :

> *Ancien, ancienne* [ãsjɛ̃], [ãsjɛn]. *Bon, bonne* [bɔ̃], [bɔn].

Pour *lapon, letton, nippon,* l'usage hésite : *Une famille lapone* ou *laponne. La langue lettone* ou *lettonne. La flotte nippone* ou *nipponne,* mais le redoublement du *n* semble plus rare.

Les adjectifs en **-in, (-ain, -ein), un, -an** (sauf *paysan, rouan, valaisan* et *veveysan*), ne redoublent pas l'*n* (et il y a dénasalisation) :

> *Voisin, voisi**ne*** [vwazɛ̃], [vwazin].
> *Hautain, hautai**ne*** [otɛ̃], [otɛn].
> *Plein, plei**ne.** Commun, commu**ne.***
> *Persan, persa**ne*** [pɛʀsɑ̃], [pɛʀsan].
> Mais : *paysan, paysa**nne*** ; *rouan, roua**nne*** ; *valaisan, valaisa**nne*** ; *veveysan, veveysa**nne.***

Bénin, malin font au féminin *béni**gne**, mali**gne*** (lat. *benigna, maligna*).

159 Adjectifs en *-t*

Les adjectifs en **-et** redoublent le *t* devant l'*e* du féminin :

> *Muet, mue**tte.***

Exceptions : Les neuf adjectifs *complet, incomplet, concret, désuet, discret, indiscret, inquiet, replet, secret* ne redoublent pas le *t* au féminin et prennent un accent grave sur l'*e* qui précède (lat. *completa,* etc.) :

> *Complet, compl**ète.** Concret, concr**ète.***

Mais les adjectifs en **-at, -ot,** sauf *boulot, maigriot, pâlot, sot, vieillot,* ne redoublent pas le *t* :

> *Délicat, délica**te.** Idiot, idio**te.***
> Mais : *boulo**tte**, maigrio**tte**, pâlo**tte**, so**tte**, vieillo**tte.***

Favori fait au féminin *favori**te.***

160 La plupart des adjectifs en **-s** (précédé d'une voyelle) ou en **-x** ont leur féminin en **-se** (prononcé [z]) :

> *Gris, gri**se*** [gʀi], [gʀiz]. *Mauvais, mauvai**se.***
> *Heureux, heureu**se.** Jaloux, jalou**se.***

Mais *bas, gras, las, épais, gros, métis, faux* (anciennement *faus*), *roux* (anciennement *rous*), ont leur féminin en **-sse** :

> *Ba**sse**, gra**sse**, la**sse**, épai**sse**, gro**sse**, méti**sse**, fau**sse**, rou**sse.***

Remarque

Andalou (anciennement *andalous*) fait *andalou**se.***
Doux fait *dou**ce.***
Exprès, profès font : *expr**esse**, prof**esse*** (sans accent grave).
Tiers fait *tier**ce.***
Frais fait *fra**îche.***

161 Les adjectifs en **-er** (*r* muet ou non) forment leur féminin en **-ère**, avec un accent grave sur l'*e* qui précède l'*r* :

> *Léger, lég**ère.** Fier, fi**ère.***

162 Les adjectifs en **-f** changent *f* en **v** devant l'*e* du féminin :

> *Naïf, naï**ve.***

Bref fait *br**ève.***

163 *Ammoniac, caduc, franc* (peuple), *public, turc* changent *-c* en **-que** au féminin :

> *Ammonia**que**, cadu**que**,* (nation) *fran**que**, publi**que**, tur**que**.*

Grec fait *grec**que**.*
Blanc, franc (qui a de la franchise), *sec* font : *blan**che**, fran**che**, sè**che**.*

164 *Long, oblong* prennent entre le *g* et l'*e* du féminin un *u*, qui garde au *g* sa prononciation gutturale :

> *Long, long**ue*** [lɔ̃], [lɔ̃g]. *Oblong, oblong**ue**.*

165 Les adjectifs en **-gu** prennent sur l'*e* du féminin un tréma, indiquant que l'*u* doit se prononcer :

> *Aigu, aigu**ë*** [ɛgy], [ɛgy:].

b) *Modification du suffixe*

166 **Adjectifs en *eur***

a) Les adjectifs en *-eur* auxquels on peut faire correspondre un participe présent en changeant *-eur* en *-ant* font leur féminin en **-euse** [1] (le *eu* se prononce [ø]) :

> *Menteur, ment**euse*** [mɑ̃tœr], [mɑ̃tøz].
> *Trompeur, tromp**euse**.*

Exceptions : *Enchanteur, pécheur, vengeur* changent *-eur* en **-eresse** : *Enchant**eresse**, péch**eresse**, veng**eresse**.*

Exécuteur, inspecteur, inventeur, persécuteur changent *-teur* en **-trice** : *Exécutrice*, etc.

Pour le féminin de *sauveur*, on emploie *salvatrice*.
Pour le féminin de *vainqueur*, on emprunte à *victorieux* le féminin *victorieuse*.

b) Les adjectifs en *-teur* auxquels on ne peut faire correspondre un participe présent en changeant *-eur* en *-ant* font leur féminin en **trice** [2] :

> *Consolateur, consola**trice**.*

Remarque

Onze comparatifs en *-eur* font leur féminin par simple addition d'un *e* ; ce sont : *antérieur, postérieur ; citérieur, ultérieur ; extérieur, intérieur ; majeur, mineur ; supérieur, inférieur ; meilleur.*

---

1. Dans ces adjectifs, qui sont de formation populaire, *-eur* se prononçait autrefois *eux* : on prononçait, par exemple : *un homme menteux.* Ainsi s'explique leur féminin en *-euse.*
2. Le féminin de ces adjectifs, qui sont de formation savante, est emprunté ou imité du féminin latin en *-trix* : par exemple, *consolatrice* reproduit le féminin latin *consolatrix.*

c) *Cas spéciaux*

167 *Coi* fait au féminin *coite.*

Pour le féminin de *hébreu*, on emploie *juive* en parlant de *personnes* : *Le peuple hébreu, une famille juive* ; pour les choses, on emploie *hébraïque*, adjectif des deux genres, mais rare au masculin : *Un texte hébreu, la langue hébraïque.*

Angora, capot, chic (familier), *kaki, rosat, snob* n'ont qu'une forme pour les deux genres :

> *Une chèvre angora.* (Académie)   *Elle est demeurée capot.* (Id.)
> *Une toilette chic.* (Id.)   *Huile rosat.*
> *Une vareuse kaki.   Elle est un peu snob.*

Sont inusités au masculin : (bouche) *bée,* (ignorance) *crasse,* (œuvre) *pie.*

Sont inusités au féminin : (nez) *aquilin, benêt,* (pied) *bot,* (vent) *coulis, fat,* (feu) *grégeois,* (yeux) *pers, preux,* (hareng) *saur,* (papier) *vélin.*

Châtain, considéré comme n'ayant pas de féminin, varie cependant depuis longtemps : *Chevelure châtaine.* (Colette).

Canin n'est guère usité qu'au féminin : *Race canine, faim canine.*

Sterling est invariable et ne s'emploie plus aujourd'hui qu'avec le nom *livre* : *Cinquante livres sterling.*

2. Le pluriel des adjectifs qualificatifs

a) *Pluriel en -s*

168 On forme le pluriel des adjectifs en écrivant à la fin de la forme du singulier un **s** (muet, sauf en liaison) :

> *Un vin pur. Des vins pur**s**.*
> *L'eau pure. Les eaux pure**s**.*

Tous les adjectifs *féminins* prennent un *s* au pluriel. Ce qui va suivre ne concerne que le pluriel des adjectifs *masculins.*

169 Les adjectifs en **-s** ou **-x** ne changent pas au pluriel :

> *Un argument bas et haineux. Des arguments bas et haineux.*

b) *Pluriel en -x*

170 La plupart des adjectifs en **-al** changent au pluriel masculin cette finale en **-aux** :

> *Un homme loyal. Des hommes loy**aux**.*

Exceptions : *Bancal, fatal, final, naval* ont leur pluriel en **-als** :

> *Des mendiants bancal***s**.   *Les rocs fatal***s**. (Vigny)
> *Sons final***s**. (Littré)   *Combats naval***s**. (Académie)

Pour un certain nombre d'autres adjectifs en *-al*, le pluriel masculin est peu employé ou mal fixé. Ainsi font parfois leur pluriel en **-als** : *austral, boréal, glacial, initial, jovial, martial, matinal, natal, pascal, théâtral*, etc. :

> *De glacial***s** *coups de vent.* (Alain-Fournier)

Mais rien n'empêche de donner à ces adjectifs un pluriel en *-aux* :

> *Sarcasmes glaci***aux**. (F. Vandérem)
> *Propos initi***aux**. (G. Duhamel)
> *Critiques théâtr***aux**. (J. Giraudoux)
> *Hommages matin***aux**. (J. Romains)

Remarque

Banal, terme de droit féodal, fait au pluriel masculin *banaux* :

> *Des fours ban***aux**.

Dans l'emploi ordinaire, il fait *banaux* ou *banals* :

> *Des compliments banal***s**. (Académie)
> *Quelques mots ban***aux**. (R. Rolland)

171 *Beau, nouveau, jumeau, hébreu* prennent un **x** au pluriel :

> *De beau***x** *sentiments.   Des textes hébreu***x**.

3. Les degrés des adjectifs qualificatifs

172 On exprime le degré plus ou moins élevé d'une qualité par le *positif*, le *comparatif* et le *superlatif* des adjectifs qualificatifs.

173 **a)** *Le positif*

Le *positif* exprime simplement la qualité, sans aucune idée de comparaison :

> *Daphné est* **curieuse**.

174 **b)** *Le comparatif*

Le *comparatif* exprime la qualité avec comparaison :

1° Le complément **d'égalité** se forme au moyen de l'adverbe *aussi* précédant l'adjectif :

> *Daphné est* **aussi curieuse** *que Julie*.

2° Le comparatif **de supériorité** se forme au moyen de l'adverbe *plus* précédant l'adjectif :

> *Daphné est* **plus curieuse** *que Loïc*.

3° Le comparatif **d'infériorité** se forme au moyen de l'adverbe *moins* précédant l'adjectif :

> *Daphné est* **moins curieuse** *que Cédric*.

Remarque

Meilleur, moindre, pire, comparatifs de *bon, petit, mauvais,* sont issus des comparatifs latins *meliorem, minorem, pejorem.*

Moindre s'emploie au sens abstrait :

> *Son mal n'est pas* **moindre** *que le vôtre.* (Académie)

Au sens concret, on dit *plus petit* :

> *Cette chambre-là est* **plus petite** *que celle-ci*.

Dans la plupart des cas, on peut employer l'un pour l'autre *pire* ou *plus mauvais,* mais, en général, on se sert de *plus mauvais* quand *mauvais* a le sens de « détestable » ou de « qui ne fonctionne pas bien » :

> *Sa vue est* **plus mauvaise** *que jamais*.

175 **c)** *Le superlatif*

Le *superlatif* exprime une qualité portée à un très haut degré ou au plus haut degré. Il peut être *absolu* ou *relatif*.

Le superlatif **absolu** exprime une qualité portée à un très haut degré, sans aucune idée de comparaison.

Il se forme habituellement au moyen d'un des adverbes *très, fort, bien, extrêmement, infiniment,* etc., précédant l'adjectif :

> *Marie est* **très savante, fort savante, extrêmement savante**.

Le superlatif se marque parfois aussi, soit au moyen de certains préfixes :

extra-fin, surfin, superfin, ultra-comique, archifou.

Soit au moyen du suffixe *-issime,* qui forme des termes d'étiquette :

excellentissime, révérendissime, illustrissime, éminentissime.

Ou des superlatifs plaisants ou familiers :

grandissime, richissime, rarissime, etc.

Le superlatif **relatif** exprime une qualité portée au degré le plus élevé ou le plus bas, par comparaison, soit avec l'être ou l'objet dont il s'agit considéré dans des circonstances différentes, soit avec un ou plusieurs autres êtres ou objets.

Il est formé du comparatif de supériorité ou d'infériorité précédé soit de l'article défini :

Le plus aimable *des hommes.* L'homme **le moins aimable**.

soit d'un adjectif possessif :

Votre plus grand *désir.*

soit de la préposition *de* :

Ce qu'il y a **de plus honorable**.

176 Certains adjectifs n'admettent pas de degrés, parce qu'ils expriment des idées absolues ou encore parce qu'ils expriment par eux-mêmes le comparatif ou le superlatif.

Tels sont : *aîné, cadet, carré, circulaire, double, triple, équestre, principal, majeur, mineur, ultime,* etc.

4. L'accord des adjectifs qualificatifs

a) *Règles générales*

177 L'adjectif qualificatif s'accorde en genre et en nombre avec le nom ou le pronom auquel il se rapporte :

Une **bonne** *parole. De* **beaux** *discours. Ils sont* **forts**.

178 L'adjectif qualificatif qui se rapporte à **plusieurs noms ou pronoms** se met au pluriel et prend le genre des mots qualifiés :

Un livre et un cahier **neufs**.
J'appelle barbarie le retournement et l'exaspération de soi, aussi **inconcevables** *que leurs conséquences de cruauté.* (É. Glissant)

Si les mots qualifiés sont de **genres différents**, l'adjectif se met au masculin pluriel :

Une veste et un pantalon **neufs**.

Remarques

1. Quand l'adjectif a pour les deux genres des prononciations fort différentes, l'harmonie demande que le nom masculin soit rapproché de l'adjectif :

> *Les gloires et les deuils nationaux*
> (plutôt que : *Les deuils et les gloires nationaux*).

2. Parfois l'adjectif, quoique se rapportant à plusieurs noms, ne s'accorde qu'avec le plus rapproché :

> *Ses moindres actions étaient d'une correction et d'une gravité* **admirable**. (Taine)

3. Le sens exige parfois que l'accord n'ait lieu qu'avec le dernier nom :

> *Venez avec votre père et votre frère* **aîné**.

b) *Règles particulières*

179 Quand l'adjectif est en rapport avec plusieurs **noms joints par une conjonction de comparaison** (*comme, ainsi que,* etc.), il s'accorde avec le premier terme de la comparaison si la conjonction garde sa valeur comparative :

> *L'aigle a le bec, ainsi que les serres,* **puissant et acéré**.

Mais on fait l'accord simultané si la conjonction a le sens de *et* :

> *Elle a la main ainsi que l'avant-bras tout* **noirs** *de poussière*.

180 Quand l'adjectif est en rapport avec des **noms synonymes** ou placés par **gradation**, il s'accorde avec le dernier, qui exprime l'idée dominante :

> *Il entra dans une colère, une fureur* **terrible**.

181 Quand l'adjectif est en rapport avec deux **noms joints par *ou***, il s'accorde le plus souvent avec le dernier :

> *Il faudrait, pour réussir dans cette entreprise, un talent ou une habileté* **rare**.

Cet accord est obligatoire si l'adjectif ne qualifie évidemment que le dernier nom :

> *Une statue de marbre ou de bronze* **doré**.

L'adjectif s'accorde avec les deux noms quand on veut marquer qu'il qualifie chacun d'eux :

> *On demande un homme ou une femme* **âgés**.

182 Quand l'adjectif suit un complément déterminatif, il s'accorde avec le nom complément ou avec le nom complété, selon le sens :

> *Du poisson de mer* **frais**.
> *Un groupe de marins* **Italiens**.

183 Quand un adjectif est en rapport avec **avoir l'air**, on a, en général, la faculté d'accorder cet adjectif avec *air* ou avec le sujet :

> *Ils ont l'air* **hardi** *ou* **hardis**.

Quand on fait l'accord avec *air,* c'est qu'on donne à ce nom le sens d'« aspect », de « mine » :

> *Elle a l'air* **faux**. (Académie)

Quand on fait l'accord avec le sujet, *avoir l'air* est synonyme de « paraître » :

> *Elle a l'air mal* **faite**. (Académie)

N.B.

Quand le sujet est un nom de chose, c'est le plus souvent avec lui que l'adjectif s'accorde :

> *Ces propositions ont l'air* **sérieuses**. (Académie).

184 L'adjectif précédé de **des plus, des moins, des mieux** se met presque toujours au pluriel, même s'il est question d'une seule personne ou d'une seule chose : ces expressions équivalent à « parmi les plus, les moins, les mieux » :

> *Notre souper fut des plus* **simples**. (Th. Gautier)
> *Chose (...) des moins* **faciles** *à expliquer.* (L. Bloy)
> *Le docteur est des plus* **intelligents**, *des mieux* **cultivés**, *des plus* **instruits**. (A. Gide)

Toutefois quand l'adjectif se rapporte à un pronom neutre, on met le singulier :

> *Il s'est vraiment voué à ne rien faire, ce qui n'est pas des plus* **aisé**. (E. Jaloux)

Même en dehors de ce cas, on met parfois le singulier, qui s'explique par le fait que la comparaison est établie, non entre différents êtres ou objets, mais entre les différents degrés d'une qualité :

> *La situation était des plus* **embarrassante**. (G. Duhamel)

185 **Mots désignant une couleur**

a) Si l'adjectif désignant la couleur est **simple**, il s'accorde avec le nom qu'il qualifie :

> *Des cheveux* **noirs**. *Des étoffes* **vertes**.

Si l'adjectif désignant la couleur est **composé** (c'est-à-dire qualifié par un autre adjectif ou complété de façon quelconque), l'ensemble reste invariable :

> *Des cheveux* **brun clair** (= d'un brun clair).
> *Des robes* **bleu [de] ciel**.
> *Des broderies* **blanc et or**.

b) Le nom (simple ou composé) employé pour désigner la couleur reste invariable :

> *Des rubans* **orange**. *Des vestes* **ventre de biche**.

Remarque

Écarlate, mauve, pourpre, rose, devenus adjectifs, varient :

> *Des rubans* **mauves**. (Académie)
> *Ses joues étaient* **pourpres**. (E. Jaloux)

186 **Adjectifs composés**

a) Quand un adjectif composé est formé de deux adjectifs qualifiant l'un et l'autre le même nom, les deux éléments sont variables :

> Des paroles **aigres-douces**. (Académie)
> Des femmes **sourdes-muettes**.

Dans *grand-ducal* et dans les adjectifs composés dont le premier élément présente la désinence *-o* ou *-i*, le premier élément est invariable :

> La cour **grand**-ducale.
> Les officiers **grand**-ducaux.
> Les populations **anglo**-saxonnes.
> Des poèmes **héroï**-comiques.

b) Dans les adjectifs composés formés d'un mot invariable et d'un adjectif, évidemment l'adjectif seul est variable :

> L'**avant-dernière** page.

c) Dans les adjectifs composés formés de deux adjectifs, si le premier a la valeur adverbiale, il est invariable :

> Une fille **nouveau**-née.
> Des personnes **haut** placées. (Littré)
> Légère et **court**-vêtue. (La Fontaine)
> Une brebis **mort**-née. (Académie)

Remarque

Nouveau, devant un participe passé pris substantivement, s'accorde, sauf dans *nouveau-né* :

> Des **nouveaux** mariés. (Académie)
> Les **nouveaux** convertis. (Id.)
> Les **nouveaux** venus.
> Mais : Des **nouveau**-nés.

d) Dans certains cas, le premier adjectif, bien qu'employé adverbialement, s'accorde, suivant un ancien usage, comme l'adjectif (ou le participe) qui le suit :

> Des roses **fraîches** cueillies. (Académie)
> Une fleur **fraîche** éclose. (Id.)
> Fenêtres **larges** ouvertes, **grandes** ouvertes.
> Ils arrivent **bons** premiers.
> Ils tombent **raides** morts.
> Les généreux **premiers**-nés de sa gloire. (Chateaubriand)
> Sa petite fille **dernière** née. (G. Duhamel)

Remarque

Dans *tout-puissant*, *tout* varie au féminin seulement.

> Vos charmes **tout**-puissants. (Racine)
> Des personnes **toutes**-puissantes.

187 **L'adjectif pris adverbialement** après certains verbes, comme dans les expressions : *voler bas, sentir bon, coûter cher, voir clair, marcher droit, chanter faux, parler franc, viser juste*, etc., reste invariable :

> Ces étoffes coûtent **cher**.
> Ces personnes voient **clair**.

c) *Cas particuliers*

a) **Demi**, placé devant le nom, est invariable et s'y joint par un trait d'union :

> *Une **demi**-heure.   Deux **demi**-douzaines.*

Placé après le nom, il s'accorde en genre seulement et s'y joint par *et* :

> *Deux heures et **demie**.*

Remarque

Semi, devant un nom, est invariable et s'y joint par un trait d'union : *Les* **semi**-*voyelles*.

Demi et *demie* peuvent s'employer comme noms et varier :

> *Quatre **demis** valent deux unités.* (Académie)
> *Cette montre sonne les heures et les **demies**.* (Id.)

b) **Demi, semi**, placés devant un adjectif, s'y joignent par un trait d'union, et sont invariables comme adverbes :

> *Des paupières **demi**-closes.*
> *Des armes **semi**-automatiques.*

À demi s'emploie de même, mais rejette le trait d'union :

> *La statue était à **demi** voilée.* (Académie)

À demi, placé devant un nom, veut le trait d'union : *à demi-mot, à demi-corps*.

c) **Mi** est invariable et se joint par un trait d'union au mot qu'il précède :

> *Pour corriger une indifférence naturelle, je fus placé à **mi**-distance de la misère et du soleil.* (A. Camus)
> *Les yeux **mi**-clos.*

Feu, signifiant « défunt », varie s'il est précédé de l'article défini ou d'un adjectif possessif :

> *La **feue** reine.* (Académie)
> *Ma **feue** mère.* (Id.)
> *Les **feus** rois de Suède et de Danemark.* (Id.)

Dans les autres cas, il reste invariable :

> ***Feu** la reine.* (Académie)
> ***Feu** Bélise, sa mère.* (Molière)
> ***Feu** mes oncles.*

Fort ne varie pas dans les expressions *se faire fort de, se porter fort pour* :

> *Elle se fait **fort** d'obtenir la signature de son mari.* (Académie)
> *Elles se font **fort** de réussir.*
> *Elles se portent **fort** pour lui.*

191 **Franc de port** est invariable comme locution adverbiale, quand on le rapporte au verbe :

> Recevoir **franc de port** *une lettre et un paquet.* (Académie)

Mais *franc* varie quand l'expression est rapportée au nom :

> Recevoir une caisse **franche** *de port.* (Académie)

192 **Grand** ne varie pas dans certaines expressions anciennes où il se trouve devant un nom féminin, auquel il se joint par un trait d'union :

> Des **grand**-*mères, des* **grand**-*mamans, des* **grand**-*tantes, des* **grand**-*messes* [1].

Grand est employé de même dans les expressions suivantes (dont la plupart d'ailleurs ne se disent pas au pluriel) : *grand-chambre, grand-chose, grand-croix, grand-faim, grand-peine, grand-peur, grand-pitié, grand-route, grand-rue, grand-salle, grand-soif.*

Les dictionnaires et l'usage acceptent cependant le pluriel **grands**-mères, **grands**-routes.

193 **Haut** s'emploie adverbialement dans *haut la main* :

> J'en viendrai à bout **haut** *la main.* (Académie)

Haut et *bas* s'emploient de même dans certaines exclamations elliptiques :

> **Haut** *les mains !* **Haut** *les cœurs !* **Bas** *les armes !*

194 **Nu** est invariable devant *tête, bras, jambes, pieds*, employés sans article ; il se joint à ces noms par un trait d'union :

> Aller **nu**-*tête,* **nu**-*bras,* **nu**-*jambes,* **nu**-*pieds.*

Il varie quand il est placé après le nom :

> Aller la tête **nue**, *les bras* **nus**, *les jambes* **nues**, *les pieds* **nus**.

On écrit : *la* **nue**-*propriété, les* **nus**-*propriétaires.*

195 **Plein**, devant un nom précédé de l'article ou d'un déterminatif est préposition et reste invariable :

> J'avais des fleurs **plein** *mes corbeilles.* (Hugo)
> Avoir de l'argent **plein** *les poches.*

196 **Possible** est invariable après *le plus, le moins, le meilleur,* etc., s'il se rapporte au pronom impersonnel *il* sous-entendu :

> Faites le moins d'erreurs **possible** (= qu'il sera possible de faire).

Il est variable s'il se rapporte à un nom :

> Vous pouvez tirer sur tous les gibiers **possibles**. (Mérimée)

---

1. Le Dictionnaire de l'Académie n'indique pas, au mot *grand,* le pluriel des noms de cette sorte, mais il écrit, au mot *introït* : ... *au commencement des grand-messes,* et au mot *arrière-grand-mère* : *Des arrière-grand-mères.*

5. La place de l'adjectif épithète

a) *Règles générales*

197 1° En principe, on place en dernier lieu les mots ou les groupes de mots les plus longs.

2° L'euphonie défend que l'adjectif forme avec le nom un concours de sons désagréables à l'oreille :

> *Un feu vif, un cœur sec* (et non : *un vif feu, un sec cœur*).

3° L'adjectif inséré entre l'article et le nom se trouve intimement uni à ce nom pour former un tout. Placé après le nom, l'adjectif joue plutôt le rôle d'attribut et exprime quelque chose d'accidentel ou une qualité qu'on veut mettre en relief.

4° La prose littéraire et la langue poétique changent souvent la place ordinaire de l'épithète pour produire des effets de style.

5° Dans certaines expressions, l'adjectif a une place fixe :

> *L'amour-propre. Un cousin germain.*

b) *Remarques particulières*

198 On place **avant** le nom :

1° En général, l'adjectif monosyllabique qualifiant un nom polysyllabique :

> *Un bel appartement.*

2° En général, l'adjectif ordinal :

> *Le vingtième siècle.*

3° Certains adjectifs qui s'unissent au nom en dépouillant leur valeur ordinaire pour prendre une signification figurée :

> *Un simple soldat, un triste personnage, un grand homme.*
> Comparez : *Un soldat simple, un personnage triste, un homme grand.*

On place **après** le nom :

1° En général, l'adjectif polysyllabique qualifiant un nom monosyllabique :

> *Un vers harmonieux.*

2° Beaucoup d'adjectifs exprimant des qualités physiques, occasionnelles, accidentelles :

> *Un front haut.*

3° Les adjectifs indiquant la forme ou la couleur :

> *Une ligne courbe. Un champ carré.*
> *Le drapeau blanc.*

4° Les adjectifs dérivés d'un nom propre et ceux qui marquent une catégorie religieuse, sociale, administrative, technique, etc. :

> *Une tragédie cornélienne. Le peuple juif.*
> *Les prérogatives royales. L'électricité statique.*
> *Le principe démocratique.*

5° Les participes passés pris adjectivement et beaucoup d'adjectifs verbaux en *-ant* :

> *Un directeur redouté. Des sables mouvants.*

B. LES ADJECTIFS NUMÉRAUX

199 Les adjectifs **numéraux** sont *cardinaux* ou *ordinaux.*

a) Les adjectifs numéraux **cardinaux** (ou *noms de nombre*) sont ceux qui indiquent le nombre précis des êtres ou des objets désignés par le nom :

> **Deux** *livres,* **vingt** *hommes.*

b) Les adjectifs numéraux *ordinaux* sont ceux qui indiquent l'ordre, le rang des êtres ou des objets dont on parle :

> *Le* **cinquième** *jour. Le* **vingtième** *siècle.*

Remarque

Les adjectifs numéraux perdent quelquefois leur valeur précise et marquent un nombre ou un rang approximatifs, indéterminés :

> *J'ai* **deux** *mots à vous dire. On vous l'a dit* **cent** *fois.*
> *Être dans le* **trente-sixième** *dessous.*

1. Les adjectifs numéraux cardinaux

200 Parmi les adjectifs numéraux cardinaux, les uns sont **simples :** *un, deux, trois, quatre, cinq, six, sept, huit, neuf, dix, onze, douze, treize, quatorze, quinze, seize, vingt, trente, quarante, cinquante, soixante, cent, mille*[1].

Les autres sont **composés** :

soit par addition : *dix-sept, soixante-dix, trente et un,* etc. ;
soit par multiplication : *quatre-vingts, six cents,* etc.

Dans *quatre-vingt-dix,* il y a à la fois multiplication et addition.

Remarques

1. *Et* ne se met que pour joindre *un* aux dizaines (sauf *quatre-vingt-un*) et dans *soixante et onze.* On dira donc : *cent deux, ... mille un, mille deux,* etc.

---

1. *Septante* (70) et *nonante* (90) sont courants en Belgique et en Suisse romande. *Huitante* (80) est employé en Suisse romande, ainsi que *octante* (80).

Toutefois on dit *cent et un, mille et un,* pour exprimer indéterminément un grand nombre : *À peine trouve-t-on quelques renseignements exacts dans les mille **et** une brochures écrites sur cet événement.* (Académie)

Remarquez aussi : *Les Mille **et** une Nuits, Les Mille **et** un Jours* (titres de deux recueils de contes orientaux).

2. Dans les adjectifs numéraux composés, on met le **trait d'union** entre les éléments qui sont l'un et l'autre moindres que cent, sauf s'ils sont joints par *et*[1] :

> *Trente-huit mille six cent vingt-cinq. Trente et un.*

201 **Vingt** et **cent** prennent un *s* quand ils sont multipliés et qu'ils terminent l'adjectif numéral :

> *Quatre-**vingts** francs. Nous étions cinq **cents**.*
> Mais : *Quatre-**vingt**-deux francs ; six **cent vingt** hommes.*

Remarques

1. *Vingt* et *cent*, mis pour *vingtième* et *centième*, ne varient pas :

> *Page quatre-**vingt**.* (Académie) *L'an huit **cent**.*

2. *Cent* employé pour *centaine* est un nom et varie au pluriel :

> *Trois **cents** de fagots.*

202 **Mille**, adjectif numéral, est invariable :

> *Deux **mille** francs.*
> *Trois dizaines de **mille**.*

Dans la date des années de l'ère chrétienne, quand *mille* commence la date et est suivi d'un ou de plusieurs autres nombres, on met de préférence *mil* :

> *L'an **mil** sept cent.* (Académie)
> Mais : *Les terreurs de l'an **mille**[2].*
> *L'an deux **mille**. L'an **mille** cinq cent avant J.-C.*

Remarques

1. *Mille*, nom de mesure itinéraire[3], varie au pluriel :

> *Quatre cent **milles**, en plein hiver, sans changer de cheval.* (A. Hébert)

2. *Millier, million, milliard, milliasse, billion,* etc., sont des noms, qui varient au pluriel (ils n'empêchent pas l'accord de *vingt* et *cent*) :

> *Trois cents **millions** d'hommes.*
> *Quatre-vingts **milliards** de francs.*

---

1. Les rectifications orthographiques introduites en 1990 proposent la généralisation de l'emploi des traits d'union dans les numéraux composés, même lorsqu'ils sont unis par *et* (cf. annexe A, § 511).
2. Cependant on écrit aussi : « l'an *mil* » : *Aux approches de l'an **mil*** (Taine). *Depuis l'an **mil*** (P. Loti).
3. *Mille*, mesure itinéraire, est une francisation de l'anglais *mile* [ma:jl], forme qui se trouve parfois en français : *Le record du monde du **mile**.*

203 Les adjectifs cardinaux s'emploient souvent pour les adjectifs ordinaux dans l'indication du rang d'un souverain dans une dynastie, du quantième du mois, etc. :

> Louis **quatorze**. Le **quatre** août.
> Chapitre **cinq**, page **dix**.

On dit : François **premier**, le **premier** août.

2. Les adjectifs numéraux ordinaux

204 Sauf *premier* et *second,* les adjectifs numéraux ordinaux se forment par l'addition du suffixe *-ième* aux adjectifs cardinaux correspondants : *deux**ième**, trois**ième**, ... vingt**ième**, vingt et un**ième**, ... cent**ième**,* etc.

Avant d'ajouter *-ième,* on supprime l'*e* final dans *quatre, trente, quarante,* etc. ; on ajoute *u* à *cinq ;* on change *f* en *v* dans *neuf.*

Remarques

1. En dehors des adjectifs ordinaux composés, *second* et *deuxième* peuvent s'employer indifféremment :

> Le **deuxième** jour, le **second** jour du mois.

2. *Unième* ne s'emploie que dans les adjectifs ordinaux composés :

> Vingt et **unième**, trente et **unième**, cent **unième**, etc.

205 Aux adjectifs numéraux on rattache :

1° Les mots **multiplicatifs** : *simple, double, triple, quadruple, quintuple, sextuple, septuple, octuple, nonuple, décuple, centuple.*

2° Les noms des **fractions**. Sauf *demi, tiers* et *quart,* ils se confondent, quant à la forme, avec les adjectifs ordinaux :

> Le **cinquième** de la somme. Les trois **huitièmes** du capital.

3° Des dérivés en **-ain, -aine, -aire** : *Quatrain, sixain,* etc. ; *dizaine, douzaine, vingtaine,* etc. ; *quadragénaire, quinquagénaire, sexagénaire,* etc.

4° Des expressions **distributives** : *Un à un, deux à deux, chacun dix.*

C. LES ADJECTIFS POSSESSIFS

1. Définition

206 Les adjectifs **possessifs** sont ceux qui déterminent le nom en indiquant, en général, une idée d'appartenance :

> Prenez **mon** cahier, donnez-moi **votre** livre.

Souvent l'adjectif dit « possessif » marque, non pas strictement l'appartenance, mais divers rapports :

> **Mon** bon monsieur. On s'élança à **sa** poursuite, etc.

207 Les adjectifs possessifs sont :

	Un seul possesseur			Plusieurs possesseurs	
	Un seul objet		Plus. obj.	Un seul obj.	Plus. obj.
	Masc.	Fém.	2 genres	2 genres	2 genres
1re personne	mon	ma	mes	notre	nos
2e personne	ton	ta	tes	votre	vos
3e personne	son	sa	ses	leur	leurs

Outre ces formes (qui sont *atones*) il y a les formes *toniques : mien, tien, sien, nôtre, vôtre, leur,* qui s'emploient, aux deux genres et aux deux nombres, comme épithètes ou comme attributs, surtout dans le style archaïque ou familier :

> *On l'avait fiancée sur le tard à un **sien** cousin.* (M. Yourcenar)
> *Ce triomphe est **vôtre** et vous en êtes l'âme.* (Hugo)

Remarque
Devant un mot féminin commençant par une voyelle ou un *h* muet, on emploie *mon, ton, son,* au lieu de *ma, ta, sa* :

> ***Mon** erreur, **ton** habitude, **son** éclatante victoire.*

2. Emploi

208 *Notre, nos, votre, vos* s'emploient au lieu de *mon, ma, mes, ton, ta, tes,* dans les phrases où l'on se sert du pluriel dit de majesté, de politesse ou de modestie :

> *Il y va, Seigneur, de **votre** vie.* (Racine)
> *Tel est **notre** bon plaisir* [disait le roi].

209 L'adjectif possessif peut prendre une valeur expressive et marquer relativement à l'être ou à la chose dont il s'agit l'intérêt, l'affection, le mépris, la soumission, l'ironie de la personne qui parle :

> ***Mon** cher papa, pardonne-moi, **mon** cher papa, la peine que j'ai pu te faire.* (M. Pagnol)
> *Vous voilà encore avec **vos** projets !*
> *Fermez **votre** porte !*
> *Oui, **mon** capitaine.*

210 En général, on remplace l'adjectif possessif par l'article défini quand le rapport de possession est assez nettement indiqué par le sens général de la phrase, notamment devant les noms désignant des parties du corps ou du vêtement, les facultés intellectuelles :

> *Ferme **les** yeux et tu verras.* (Joubert)
> *Prendre quelqu'un par **la** manche.*
> *Elle perd **la** mémoire. Il a **la** fièvre.*

Mais on met le possessif quand il faut éviter l'équivoque, ou quand on parle d'une chose habituelle, ou quand le nom est qualifié (non quand il est attribué) :

> Donnez-moi **votre** bras [dit le médecin].
> Elle a **sa** migraine.
> Un Saxon étendu, **sa** tête blonde hors de l'eau. (A. Daudet)

211 Quand **chacun** ne correspond pas dans la phrase à un pluriel qui précède, on emploie *son, sa, ses,* pour marquer la possession :

> Chacun a **son** défaut. (La Fontaine)

Quand il renvoie à un pluriel de la 1re ou de la 2e personne, on emploie *notre, nos, votre, vos* :

> Nous suivions chacun **notre** chemin. (Lamartine)
> Vous vous retirerez (...) / Chacun dans **vos** États. (Hugo)
> Vous aurez chacun **vos** peines.

Quand il renvoie à un pluriel de la 3e personne, on emploie tantôt *son, sa, ses,* tantôt *leur(s)* : l'usage est hésitant :

> Ils sont partis chacun de **son** côté.
> Ces livres sont dérangés, mettez-les chacun
> à **sa** place. (Académie)
> Tous les domestiques avaient fui chacun de **leur** côté. (Voltaire)
> Ma mère et ma sœur déjeunaient chacune dans **leur**
> chambre. (Chateaubriand)

212 Après un nom d'être inanimé, pour déterminer le nom de la chose possédée, on emploie ou bien l'adjectif possessif ou bien, plus fréquemment, l'article défini et le pronom *en,* si les deux noms ne se trouvent pas dans la même proposition :

> Quel était donc ce bonheur et en quoi consistait
> **sa** jouissance ? (Rousseau)
> J'aime beaucoup Paris et j'**en** admire les monuments. (Académie)

Les deux constructions se trouvent réunies dans les vers suivants :

> Mes chers amis, quand je mourrai,
> Plantez un saule au cimetière.
> J'aime **son** feuillage éploré,
> La pâleur m'**en** est douce et chère,
> Et **son** ombre sera légère
> À la terre où je dormirai. (Musset)

Toutefois, c'est toujours l'adjectif possessif que l'on emploie quand le nom de la chose est sujet d'un verbe d'action ou qu'il est précédé d'une préposition :

> Le soleil se leva ; **ses** rayons caressèrent la cime de la montagne.
> J'ai visité ce musée et j'ai admiré la richesse de **ses** collections.

3. Accord

213 a) *Leur, notre, votre,* ainsi que les noms qu'ils accompagnent, restent **au singulier** :

1° Devant les noms qui n'admettent pas le pluriel :

*Vous préparez tous **votre** avenir.*

2° Quand il n'y a qu'un seul objet possédé par l'ensemble des possesseurs :

*Les Gaulois se réfugièrent dans **leur** citadelle.*

b) Ils prennent la forme du pluriel :

1° Devant les noms qui n'ont pas de singulier :

*Nous avons ri à **leurs** dépens.*

2° Quand la phrase implique l'idée de réciprocité, de comparaison ou d'addition :

*Nous avons échangé **nos** cartes.*
*Évaluons **leurs** qualités respectives.*
*Unissons **nos** voix.*

3° Quand il y a plusieurs objets possédés par chaque possesseur :

*Les poules rassemblent **leurs** poussins sous **leurs** ailes.*

c) Lorsque chacun des possesseurs ne possède qu'un seul objet, selon le point de vue de l'esprit, on emploie :

— le **singulier** si on envisage le type plutôt que la collection :

*Les alouettes font **leur** nid dans les blés.*

— le **pluriel** si on envisage la pluralité ou la variété du détail :

*Les hirondelles ont fait **leurs** nids tout le long de cette corniche.*
(...) Nous pendîmes
***Nos** casques, **nos** hauberts et **nos** piques aux clous. (Hugo)*

D. LES ADJECTIFS DÉMONSTRATIFS

214 Les adjectifs **démonstratifs** sont ceux qui marquent, en général, que l'on *montre* (réellement ou par figure) les êtres ou les objets désignés par les noms auxquels ils sont joints :

*Donnez-moi **ce** livre.*
*Ne saurait-on ranger **ces** jougs et **ces** colliers ? (La Fontaine)*

L'adjectif démonstratif s'emploie souvent avec une valeur atténuée, sans qu'il exprime précisément l'idée démonstrative :

*À **cet** effet.*
*Je l'ai vu **ce** matin.*

215 L'adjectif démonstratif se présente sous les formes suivantes :

	Masculin	Féminin
Singulier	**ce, cet**	**cette**
Pluriel	**ces**	

Remarques

1. Au masculin, on emploie la forme réduite *ce* devant un mot commençant par une consonne ou un *h* muet :

    Ce livre, *ce* héros.

    Cet s'emploie devant un mot commençant par une voyelle ou un *h* muet :

    Cet arbre, *cet* honneur, *cet* autre livre.

2. L'adjectif démonstratif est souvent renforcé à l'aide des adverbes *ci, là*, qui se placent après le nom, auquel ils se joignent par un trait d'union :

    Ce livre-ci (démonstr. prochain) ; *ces gens-là* (démonstr. lointain).

E. LES ADJECTIFS RELATIFS, INTERROGATIFS ET EXCLAMATIFS

216 a) Les adjectifs **relatifs** sont ceux qui se placent devant un nom pour indiquer que l'on met en relation avec ce même nom déjà exprimé (ou suggéré) précédemment la proposition qu'ils introduisent.

Ce sont :

— pour le **singulier** { Masc. : **lequel, duquel, auquel**
Fém. : **laquelle, de laquelle, à laquelle**

— pour le **pluriel** { Masc. : **lesquels, desquels, auxquels**
Fém. : **lesquelles, desquelles, auxquelles**

Les adjectifs relatifs sont d'un emploi vieilli et ne sont guère d'usage que dans la langue juridique ou administrative :

*Il versera deux cents francs, **laquelle** somme lui sera remboursée dans un an.*

b) Les adjectifs **interrogatifs : quel, quelle, quels, quelles,** indiquent que l'être désigné par le nom fait l'objet d'une question relative à la qualité, à l'identité, au rang :

Mais cet enfant (...)
***Quel** est-il ? De **quel** sang ? Et de **quelle** tribu ?* (Racine)
***Quelle** heure est-il ?*

c) Ces mêmes adjectifs **quel, quelle, quels, quelles,** sont **exclamatifs**, quand ils servent à exprimer l'admiration, l'étonnement, l'indignation :

***Quelle** coïncidence, ah mon Dieu, **quelle** coïncidence !* (E. Ionesco)

F. LES ADJECTIFS INDÉFINIS

1. Définition

217 Les adjectifs **indéfinis** sont ceux qui se joignent au nom pour marquer, en général, une idée, plus ou moins vague de quantité ou de qualité, ou une idée d'identité, de ressemblance, de différence :

> **Certain** *renard gascon, d'autres disent normand.* (La Fontaine)
> **Plusieurs** *personnes l'ont vu.*
> *Il faut lui redire souvent les **mêmes** choses.*

218 Les adjectifs indéfinis sont :

aucun	divers	même	quel
autre	je ne sais quel [1]	nul	quelconque
certain	l'un et l'autre	pas un	quelque
chaque	n'importe quel	plus d'un	tel
différents	maint	plusieurs	tout

Remarques

1. Certains adverbes de quantité : *assez, beaucoup, bien, combien, peu, pas mal, tant, trop,* etc., construits avec *de* ou *des* et un nom, peuvent être comptés au nombre des adjectifs indéfinis [2] :

> **Beaucoup d'**honneurs.
> **Peu de** gens.

Il en est de même des expressions *nombre de, quantité de, force, la plupart,* et autres semblables :

> **Nombre de** gens, **force** gens ne connaissent pas leurs véritables intérêts.

2. Certains adjectifs indéfinis marquent une détermination plus ou moins vague et expriment :

— **soit la qualité** : *certains, je ne sais quel, n'importe quel, quelque, quel*(que), *quelconque ;*

— **soit la quantité** : *chacun, chaque, différents, divers, l'un et l'autre, maint, nul, pas un, plus d'un, plusieurs, quelques, tout.*

D'autres (auxquels l'appellation d'*indéfinis* ne devrait pas s'appliquer) expriment l'**identité**, la **ressemblance**, la **différence** : *même, tel, autre.*

---

1. De même : *On ne sait quel, Dieu sait quel, nous ne savons quel,* etc. : *Les frais monteront à **Dieu sait quelle** somme !*
2. Mais on pourrait aussi, dans des expressions telles que : *assez de gens, beaucoup de fautes, combien d'hommes,* etc., considérer *assez, beaucoup, combien,* etc., comme des adverbes nominaux suivis de leur complément ; cela est admissible surtout pour les adverbes qui tirent leur origine de la catégorie des noms : *beaucoup* (beau + coup), *trop* (du francique *throp,* entassement, qui a pris en latin médiéval, *troppus,* le sens de « troupeau »), et aussi pour des expressions encore assez nettement nominales comme *nombre de, quantité de, la plupart.*

2. Emploi

Aucun et **nul**, marquant la quantité zéro, ne s'emploient généralement qu'au singulier :

> *Le dessin semble indélébile. Il ne conserve **aucun** relief,*
> ***aucune** épaisseur de souillure séchée qui se détacherait*
> *sous l'ongle.* (A. Robbe-Grillet)
> ***Nulle** malignité : **aucun** signe d'intelligence à l'homme.* (F. Ponge)

Ils s'emploient au pluriel devant des noms qui n'ont pas de singulier
ou qui prennent au pluriel un sens particulier :

> *Aucuns frais, **nulles** funérailles.*
> *La république n'avait (...) **aucunes** troupes régulières*
> *aguerries.* (Voltaire)

Même en dehors de ces cas, ils se trouvent parfois au pluriel :

> ***Aucunes** choses ne méritent de détourner notre route.* (A. Gide)
> *L'on n'entendait plus **aucunes** rumeurs.* (Villiers de l'Isle-Adam)
> ***Nulles** paroles n'égaleront jamais la douceur d'un tel*
> *langage.* (Musset)

Aucun a signifié primitivement *quelque, quelqu'un.* Cette valeur positive, il l'a
conservée dans certains cas :

> *Cet ouvrage est le meilleur qu'on ait fait dans **aucun** pays sur ce*
> *sujet.* (Académie)

Le plus souvent *aucun* est accompagné de la négation *ne ;* c'est pourquoi il
a pris, par contagion, la valeur de *nul* :

> ***Aucun** chemin de fleurs ne conduit à la gloire.* (La Fontaine)

a) **Quel que** s'écrit en deux mots quand il est suivi du verbe ***être*** ou
d'un verbe similaire (parfois précédés de *devoir, pouvoir*), soit
immédiatement, soit avec l'intermédiaire d'un pronom ; *quel* est
alors attribut et s'accorde avec le sujet du verbe :

> ***Quel que** soit le cauchemar qu'on fait, on y joue un rôle.* (Cioran)
> ***Quelle** qu'en soit la difficulté, j'accomplirai cette tâche.*
> ***Quelles** que doivent être les conséquences de ma décision, je ne*
> *veux pas renoncer.*

Remarques

1. S'il y a des sujets synonymes, l'accord se fait avec le plus rapproché :

> ***Quelle** que soit votre valeur, votre mérite, patientez encore quel-*
> *ques mois.*

2. S'il y a deux sujets joints par *ou,* l'accord se fait avec les deux sujets
ou avec le plus rapproché seulement, selon que c'est l'idée de conjonction ou l'idée de disjonction qui domine :

> ***Quels** que soient leur qualité ou leur mérite.* (H. de Montherlant)
> ***Quel** que fût le poil de la bête ou la plume.* (Barbey d'Aurevilly)

b) **Quelque**, dans l'expression *quelque ... que,* s'écrit en un mot :

1° Devant un nom, il est adjectif et variable :

> ***Quelques** raisons que vous donniez, vous ne convaincrez*
> *personne.*

2° Devant un simple adjectif, il est adverbe et invariable :

> *Quelque* *bonnes que soient vos raisons, vous ne convaincrez personne.*

3° Devant un adverbe, il est lui-même adverbe et invariable :

> *Quelque* *habilement que vous raisonniez, vous ne convaincrez personne.*

4° Devant un adjectif suivi d'un nom, il est adverbe et invariable quand le nom est *attribut* (le verbe de la subordonnée est alors *être* ou un verbe similaire) :

> .*Quelque* *bonnes raisons que présentent ces témoignages, vous ne convaincrez personne.*

Sinon, il est adjectif et variable :

> *Quelques* *bonnes raisons que vous donniez, vous ne convaincrez personne.*

c) **Quelque**, en dehors de l'expression *quelque ... que,* est adjectif et variable quand il se rapporte à un nom :

> *J'ai reçu* *quelques* *amis.*
> *Jacques s'attend bien à* *quelque* *boutade.* (M. Thiry)

Il est adverbe et invariable quand, devant un nom de nombre, il signifie « environ », ou encore dans l'expression *quelque peu* :

> *Cependant Falcone marcha* *quelque* *deux cents pas dans le sentier.* (Mérimée)
> *Il hésita* *quelque* *peu avant de continuer.*

221 **Chaque** est exclusivement adjectif singulier :

> *À* *chaque* *jour suffit sa peine.*

Remarque

La langue commerciale emploie fréquemment *chaque* au sens de *chacun* : *Ces fleurs coûtent douze francs **chaque.*** Cet emploi sera évité dans la langue littéraire : *Ces fleurs coûtent douze francs chacune..., chacune douze francs..., douze francs l'une..., douze francs (la) pièce.*

222 **Différents, divers**, sont adjectifs indéfinis lorsque, placés devant le nom, ils marquent la pluralité de personnes, de choses qui ne sont pas les mêmes :

> *Je l'ai entendu dire à* *différents* *témoins de l'accident.* (Académie)
> *Il a parlé à* *diverses* *personnes.* (Id.)

Certain est adjectif indéfini lorsqu'il est placé devant le nom ; il est parfois précédé de l'article *un(e)* au singulier, ou de la préposition *de,* sans article, au pluriel :

> *Certain* *renard gascon.* (La Fontaine)
> *Je me suis permis de lire* *une certaine* *lettre que tu as toujours avec toi.* (P. Claudel)
> *La bête scélérate*
> *À de* *certains* *cordons se tenait par la patte.* (La Fontaine)

223 **Tout** peut être adjectif, pronom, nom ou adverbe.

Adjectif

a) *Tout* est adjectif qualificatif quand il signifie « entier » ou « unique » :

> Veiller **toute** *la nuit.*
> **Toute** *cette eau.*
> *Cette enfant est* **toute** *ma joie.*
> *Pour* **toute** *boisson, il prend de l'eau.*

Remarques

1. *Tout* est invariable devant un nom propre de personne désignant l'ensemble des œuvres de la personne nommée :

> *Elle a lu* **tout** *Mme de Sévigné.*

2. *Tout* devant un nom propre de ville reste invariable, qu'il s'agisse des habitants ou qu'il s'agisse de la ville au sens matériel :

> **Tout** *Rome remarquait qu'il semblait heureux.* (A. Maurois)
> **Tout** *Thèbes sait ce qu'elle a fait.* (J. Anouilh)
> *Dans* **tout** *Venise.*

Cependant, devant un nom de ville féminin pris au sens matériel, on met parfois le féminin *toute* :

> **Toute** *Rome, par ses monuments, excite notre admiration.*

b) *Tout* est adjectif indéfini et fait *tous* au masculin pluriel :

1° Quand il signifie « les uns et les autres sans exception » :

> **Tous** *les hommes sont mortels.*

2° Quand il signifie « chaque » :

> *Le mythe de Prométhée est un de ceux qui nous rappelleront que* **toute** *mutilation de l'homme ne peut être que provisoire.* (A. Camus)

3° Quand il précise un nom ou un pronom exprimé dans la même proposition (au masculin pluriel, l'*s* se prononce) :

> *Ils ne mouraient pas* **tous**. (La Fontaine)
> *Les journées se passèrent* **toutes** *ainsi.* (Académie)
> *Nous* **tous**.

Pronom

Tout est pronom indéfini et fait *tous* au masculin pluriel (*s* se prononce) lorsqu'il représente un ou plusieurs noms ou pronoms précédemment exprimés, ou encore lorsque, employé sans rapport avec aucun nom ou pronom exprimé, il signifie « toute chose, tout le monde, tous les hommes » :

> *Il fut fêté par ses concitoyens,* **tous** *vinrent au-devant de lui.* (Académie)
> **Tout** *passe.*
> *On forcera l'avenir à* **tout** *reprendre, à* **tout** *refaire.*
>
> (P. Vadeboncœur)

Nom

Tout est nom quand il signifie « la chose entière » : il est alors précédé de l'article ou d'un déterminatif et s'écrit *touts* au pluriel :

> *Le **tout** est plus grand qu'une de ses parties.*
> *Plusieurs **touts** distincts les uns des autres.* (Académie)

Adverbe

Tout est adverbe et invariable quand il signifie « entièrement, tout à fait » ; il modifie alors un adjectif, une locution adjective, un participe, un adverbe :

> *Le livre est cet inconnu toujours à même de lire au plus profond de moi et d'accueillir ma singularité **tout** entière.* (P. Drevet)
> *Ils sont **tout** seuls.*
> *Elles sont **tout** en larmes, **tout** étonnées, **tout** hébétées.*
> *Allons **tout** doucement.*

Tout est encore adverbe dans la locution *tout ... que* signifiant « quelque... que »[1], et aussi devant un gérondif :

> ***Tout** habiles et **tout** vantés qu'ils sont, ils ne réussiront pas.*
> ***Tout** fatigués qu'ils soient, ils marchent vite.*
> ***Tout** en parlant ainsi, elle se mit à pleurer.*

N.B.

Tout, adverbe, varie en genre et en nombre devant un mot féminin commençant par une consonne ou un *h* aspiré :

> *La flamme est **toute** prête.* (Racine)
> *Elles sont **toutes** confuses, **toutes** honteuses.*
> ***Toutes** raisonnables qu'elles sont, elles ont fort mal jugé.*
> *Les idées traînent **toutes** faites dans les journaux, les livres, les conversations.* (Ch.-F. Ramuz)

Remarques

1. *Tout* peut servir à renforcer un nom. Dans *être tout yeux, tout oreilles ; être tout feu, tout flamme,* et dans les expressions commerciales *tout laine, tout soie,* etc., il est invariable comme adverbe.

   Dans les autres cas, on peut le considérer, soit comme un adverbe signifiant « entièrement » :

   > *Un front **tout** innocence et des yeux **tout** azur.* (Hugo)
   > *Elle avait été à Venise **tout** force et **tout** orgueil.* (Ch. Maurras)

   soit comme un adjectif s'accordant avec le nom qui suit :

   > *Cet homme était **toute** sagesse et **toute** prudence.*
   > (H. de Montherlant)

2. *Tout* suivi de *autre* est adjectif et variable s'il se rapporte au nom qui suit *autre ;* il peut alors être rapproché immédiatement de ce nom :

   > ***Toute** autre vue* (= toute vue autre) *eût été mesquine.* (J. Bainville)

---

1. *Tout* est suivi, dans ce cas, d'un attribut, qui est, soit un adjectif, soit un participe, soit un nom faisant fonction d'adjectif.

Il est adverbe et invariable s'il modifie *autre* ; il signifie alors « entière-ment », et on ne peut le séparer de *autre* :

> *Les villes et les villages ont ici une **tout** autre apparence*
> (= une apparence entièrement autre). (Chateaubriand)

3. Il importe parfois de consulter le sens pour reconnaître la valeur de *tout* :

> *Elles exprimaient **toute** leur joie* (= leur joie entière).
> *Elles exprimaient **toutes** leur joie* (= toutes exprimaient leur joie).
> *Demandez-moi **toute** autre chose* (= toute chose autre que celle-là).
> *Vous demandez **tout** autre chose* (= tout à fait autre chose).

224 **Même** peut être adjectif ou adverbe.

— Il est **adjectif** indéfini et variable :

1° Lorsque, placé devant le nom, il marque l'identité, la ressem-blance :

> *Voici les **mêmes** livres que les miens.*
> *Mais elle écoutait avec la **même** attention grave qu'elle mettait à vendanger.* (C. Bille)

2° Lorsque, placé immédiatement après un nom ou un pronom qu'il souligne, il indique que l'on désigne exactement la per-sonne ou la chose dont il s'agit, ou que la qualité exprimée par le nom est considérée dans toute sa plénitude :

> *Ce sont ces livres **mêmes** que je cherchais.*
> *Elles aimaient les baisers pour les baisers **mêmes**, et non à cause de ceux qui les leur donnaient.* (V. Larbaud)
> *Il fallait que l'étude ne représentât pas un à-côté de ma vie mais ma vie **même**.* (S. de Beauvoir)

Remarques

1. *Même*, placé après un pronom personnel, s'y joint par un trait d'union :

> *Nous-mêmes. Eux-mêmes.*

2. On écrit *nous-même, vous-même* (sans *s*), dans le cas du pluriel de politesse ou de majesté :

> *Nous-**même**, maire soussigné, avons constaté le fait.*

— *Même* est **adverbe** et invariable quand il marque l'extension ; il signifie alors « aussi, jusqu'à, de plus » :

> *Il lit les petits livres, les volumes ordinaires, les gros dictionnaires **même**.*
> *Sa femme, ses enfants, ses amis **même** se sont dévoués pour lui.*
> (Académie)
> *Les fenêtres, les toits **même**, étaient chargés de monde.* (Michelet)

Remarque

Après un nom ou après un pronom démonstratif, *même* peut, dans bien des cas, être considéré comme adjectif ou comme adverbe selon le point de vue où l'on se place :

> *Ces murs **même(s)** ont des oreilles* (= ces murs eux-mêmes... ou bien : ces murs aussi...)
> *Ceux-là **même(s)** l'ont trahi.*

225 **Tel** peut être adjectif ou pronom :

Adjectif

a) *Tel* est adjectif qualificatif quand il signifie « semblable » ou « si grand, si fort » :

> *La pauvreté vaut mieux qu'une **telle** richesse.* (La Fontaine)
> *Il ne faut pas manquer à de **telles** grâces.* (Bossuet)

Remarques

1. *Tel* est souvent employé, sans *que*, comme conjonction de comparaison ; il s'accorde alors tantôt avec le premier terme de la comparaison, tantôt avec le second ; l'usage hésite :

> *Il bandait ses muscles, **tel** une bête qui va sauter.*
> (A. de Saint-Exupéry)
> *La brûlure au centre de la poitrine rayonne **tel** un soleil.*
> (J. M. G. Le Clézio)

2. *Tel*, suivi de *que*, peut annoncer une énumération développant un terme synthétique ; il s'accorde avec ce terme synthétique :

> *Plusieurs langues, **telles** que le grec, le latin, l'allemand, etc., divisent les noms en trois genres.* (Académie)

b) *Tel*, placé devant le nom, est adjectif indéfini dans des phrases où l'on parle de personnes ou de choses qu'on ne veut ou ne peut désigner précisément :

> *Il y a **tel** hôtel à Mons, où, le samedi, les gens des petites villes voisines viennent exprès dîner, pour faire un repas délicat.* (Taine)

Pronom

Tel est pronom indéfini quand il désigne une personne indéterminée ; il ne s'emploie guère qu'au singulier :

> ***Tel** est pris qui croyait prendre.*

Remarque

Un tel s'emploie au lieu d'un nom propre pour désigner une personne qu'on ne veut ou ne peut nommer plus précisément :

> *En l'an 1600 ou en l'an 1500, **un tel**, de tel village, a bâti cette maison pour y vivre avec **une telle** son épouse.* (P. Loti)

Chapitre IV

Le Pronom

226 Le **pronom** est un mot qui, en général, représente un nom, un adjectif, une idée, une proposition :

> *Ma mère était trop fine pour ne pas s'émouvoir de l'infidélité qui **lui** fut ainsi faite.* (Y. Kateb)
> ***Ils** ont fui, mes beaux jours.*
> *Intelligente, elle **l'**est.*
> *Cette rivière est dangereuse, croyez-**le**.*

Une **locution pronominale** est une réunion de mots équivalant à un pronom :

> *Il s'est adressé à **je ne sais qui**.*

Remarques

1. Souvent le pronom ne représente aucun nom, aucun adjectif, aucune idée, aucune proposition déjà exprimés : il joue alors le rôle d'un nom indéterminé :

> ***Tout** est dit.*   ***Rien** ne l'effraie.*   ***Cela** va mieux.*

2. Le pronom peut servir, dans la conjugaison, simplement à indiquer la personne grammaticale :

> ***Je** lis, **tu** écoutes.*

3. Quand le pronom représente un nom, il est masculin ou féminin ; quand il représente autre chose qu'un nom ou quand il exprime une notion vague, il est *neutre :*

> *— **Je** suis **heureux,** dit Jérôme. — **Je** suis **heureuse** aussi, répond Sophie.*
> *Vous êtes fort aujourd'hui : **le** serez-vous encore demain ?*
> ***Que** dois-je faire ?*
> *Vous **le** prenez de haut.*
> ***Il** faut du courage.*

4. Il arrive que le pronom représentant un nom collectif singulier s'accorde en nombre non avec ce collectif, mais avec le nom pluriel qu'on a dans la pensée (il y a alors accord par *syllepse* [1]) :

> *Jamais il n'eût tourmenté un chat inutilement. Il **les** respectait.* (H. Troyat)
> *Beaucoup de monde. Comme d'habitude, **ils** ne quittaient pas leurs pardessus.* (P. Modiano)

---

1. La **syllepse** consiste à régler l'accord d'un mot non avec le terme auquel il se rapporte selon les règles grammaticales, mais avec un autre terme que le *sens* éveille dans la pensée.

227 Pour qu'un nom puisse être représenté par un pronom, il faut, en principe, que ce nom soit *déterminé,* c'est-à-dire précédé d'un article ou d'un adjectif possessif, démonstratif, etc. :

> *On cherche les rieurs, et moi je **les** évite.* (La Fontaine)
> *Je vous ai donné ce conseil ; suivez-**le**.*

On ne dirait pas : *Vous avez tort et je ne l'ai pas. Il a agi par jalousie, **qui** est un sentiment dangereux* [1].

228 On distingue six espèces de pronoms : les pronoms *personnels,* les *possessifs,* les *démonstratifs,* les *relatifs,* les *interrogatifs* et les *indéfinis.*

A. LES PRONOMS PERSONNELS

1. Définition

229 Les pronoms **personnels** désignent les êtres en marquant la personne grammaticale, donc en indiquant qu'il s'agit :

— soit de l'être *qui parle* (1re personne) : *Je lis. Nous lisons.*
— soit de l'être *à qui l'on parle* (2e personne) : *Tu lis. Vous lisez.*
— soit de l'être *de qui l'on parle* (3e personne) : *Il lit. Ils lisent.*

C'est seulement à la 3e personne que le pronom personnel *représente, remplace* un nom déjà exprimé.

230 Les pronoms personnels sont :

			1re pers.	2e pers.	3e pers.	Pr. réfl. 3e pers.
Sing.	Atones	Sujet Obj. dir. Obj. ind. sans prép.	je me me	tu te te	il, elle le, la lui	se se
	Toniques			moi	toi	lui, elle	soi
Plur.	Atones	Sujet Obj. dir. Obj. ind. sans prép.	nous nous nous	vous vous vous	ils, elles les leur	se se
	Toniques		nous	vous	eux, elles	soi

Outre ces formes il y a **en** et **y**, qui sont pronoms personnels quand ils représentent un nom, une proposition, une idée.

---

1. Autrefois le pronom pouvait représenter un nom indéterminé : *Si vous êtes si touchés de curiosité, exercez-**la** du moins en un sujet noble.* (La Bruyère)

Remarques

1. *Me, te, se*, sont toujours, dans la prononciation, **atones**, c'est-à-dire dépourvus d'accent d'intensité ; ils précèdent un verbe (ou un pronom), sur lequel ils s'appuient intimement :

> *Qu'on **me** pardonne.   Qui **te** l'a dit ?*
> *Quand on lui demande ce qu'il fait pour le moment, il répond qu'il **se** raconte des histoires.* (F. Dannemark)

Moi, toi, soi, eux sont toujours **toniques** :

> *Crois-**moi**.   C'est à **toi** que je parle, non à **eux**.*
> *Chacun pour **soi**, dit-il lâchement.*

Les autres pronoms personnels sont toniques ou atones selon leur fonction et leur place par rapport au verbe :

> *On **nous** parle* (atone).
> *Parle-**nous*** (tonique).

2. Les formes toniques peuvent être renforcées par l'adjonction de *même* : *Moi-même, toi-même*, etc.

Nous, vous peuvent être renforcés par *autres* : *Nous autres, vous autres.*

3. Dans les formes atones, *je, me, te, se, le, la*, la voyelle s'élide devant un verbe commençant par une voyelle ou un *h* muet, et devant *en, y* :

> *J'ouvre, il **m'**appelle, il **s'**humecte les lèvres, tu **t'**en vas,*
> *je **l'**y envoie.*

4. Le pronom personnel est dit **réfléchi** lorsqu'il sert à former les verbes pronominaux ; il reflète alors le sujet (tantôt il est complément d'objet : *je **me** blesse ; je **me** lave les mains ; ils **se** réconcilient ;* tantôt il n'a aucune fonction logique : *je **m'**évanouis*. Voir § 287).

Le pronom réfléchi est :

— pour la 1re personne : **me, nous** : *Je **me** blesse ; nous **nous** blessons.*
— pour la 2e personne : **te, vous** : *Tu **te** blesses ; vous **vous** blessez.*

Il n'a de forme spéciale qu'à la 3e personne : **se, soi** :

> *Il **se** blesse.   Chacun pense à **soi**.*

2. Emploi

231 Les pronoms personnels peuvent remplir, dans la phrase, les mêmes fonctions que les noms. Ils peuvent être :

1° **Sujets** : *je, tu, il, elle, nous, vous, ils, elles*, et dans certains cas : *moi, toi, lui, eux.*

2° **Compléments d'objet directs** : *me* (après impératif : *moi*), *te* (après impératif : *toi*), *le, la, se, nous, vous, les.*

3° **Compléments d'objet indirects sans préposition** : *me, te, lui, se, nous, vous, leur.*

4° **Compléments précédés d'une préposition** : *moi, toi, lui, elle, soi, nous, vous, eux, elles.*

Ces dernières formes s'emploient aussi comme attributs et comme mots renforçant le sujet, le complément d'objet direct ou indirect.

Remarque

On voit que le pronom personnel peut présenter des formes différentes selon sa fonction ; il a donc gardé une certaine déclinaison : il a un *cas sujet* (nominatif) et un *cas régime* [= cas du complément, qui comprend le cas du complément d'objet direct (accusatif), le cas du complément d'objet indirect (datif), le cas prépositionnel (ablatif)].

a) *Le pronom personnel sujet*

232 Le pronom personnel sujet est le plus souvent une forme atone : *je, tu, il, elle, nous, vous, ils, elles.*

Les formes toniques *moi, toi, lui, elle, nous, vous, eux, elles,* s'emploient comme sujets :

1° Quand le pronom sujet est suivi d'une apposition ou d'une proposition relative :

> *Lui*, loup, gratis le guérirait. (La Fontaine)
> *Lui* qui ne savait où aller a trouvé un abri.

2° Quand le pronom sujet s'oppose à un autre sujet ou le renforce :

> *Eux* aussi savaient que c'était son dernier discours. (G. Simenon)
> *Je le sais bien, **moi**.*

3° Dans les propositions où il y a ellipse du verbe :

> *Qui vient ? — **Moi**.*

4° Quand le pronom sujet est joint à un ou plusieurs autres sujets :

> *Ma fille et **moi** attendions votre venue avec impatience.*

5° Avec l'infinitif exclamatif ou interrogatif, avec l'infinitif de narration et avec le participe absolu (§ 392) :

> ***Moi**, ne plus t'aimer, pourquoi ?...*
> *Je me moque de ton passé.* (Zola)
> ***Eux** de recommencer la dispute à l'envi.* (La Fontaine)
> ***Eux** repus, tout s'endort.* (Id.)

6° Comme sujets réels et avec le gallicisme *c'est ... qui* :

> *Il n'y eut qu'**elle** de cet avis.*
> *C'est **moi** l'enfant de la lande, c'est toujours **moi**, qui rôde entre les rivières du crépuscule.* (Ch. Le Quintrec)

233 Le pronom *il* s'emploie comme neutre sujet avec les verbes de forme impersonnelle et suivis du sujet réel :

> ***Il** neige.   **Il** est arrivé un malheur.*

b) *Le pronom personnel complément*

234 Le pronom personnel complément est le plus souvent une forme atone : *me, te, se, le, la, lui, nous, vous, les, leur* :

> On **me** voit, on **lui** nuit.

Les formes toniques *moi, toi, soi, lui, elle, nous, vous, eux, elles* s'emploient comme compléments :

1° Pour renforcer un complément :

> Je te salue **toi** la plus belle et je chante. (G. Miron)

2° Quand le pronom personnel complément est joint à un ou plusieurs autres compléments de même espèce que lui :

> Il contemplait la foule sans distinguer ni **moi** ni personne.

3° Dans les propositions où il y a ellipse du sujet et du verbe :

> Qui blâme-t-on ? — **Toi**.

4° Après un impératif affirmatif — sauf devant *en* et *y* :

> Racontez-**moi** la jeunesse des rivières. (J. Mansour)
> Mais : Donnez-**m'**en, menez-**m'**y.

5° Après une préposition :

> Je t'aimerai sans **toi**. (A.-M. Kegels)
> À **toi** tout ce qui tisse nuit et jour à travers **moi**.
> À **toi** la lagune où nous nous sommes connus. (A. Jouffroy)

6° Après *ne ... que* et avec le gallicisme *c'est ... que* :

> On n'admire qu'**elle**.
> C'est **toi** que je cherche.

Remarques

1. Dans des phrases comme les suivantes, on utilise la forme tonique du pronom personnel complément, précédée de *à* :

> Ces ruines (...) **à moi** signalées. (P. Loti)
> Cet héritage **à lui** légué. (M. Tournier)

On n'écrira pas : *Ces ruines me signalées ; les choses lui destinées ; la lettre vous envoyée*, etc.

2. Pour le pronom personnel explétif (*goûtez-**moi** cela*), voir § 68, 3°.

235 Le s'emploie comme pronom neutre complément :

1° Pour représenter ou annoncer une idée, une proposition :

> Tu te justifieras après, si tu **le** peux. (Corneille)
> Nous **le** jurons tous, tu vivras !

2° Dans certains gallicismes où il exprime une notion vague :

> Vous **le** prenez bien haut.
> Je vous **le** donne en cent, etc.

3° Facultativement dans les propositions comparatives après *autre, plus, moins, mieux*, etc. :

> Il est autre que je ne croyais, que je ne **le** croyais. (Académie)

Place du pronom personnel complément d'objet

236 Le pronom personnel complément d'objet d'un impératif sans négation se place après le verbe :

> *Regarde-**moi**, obéissez-**lui**.*

Avec un impératif négatif, il se place avant le verbe :

> *Ne **me** livrez pas, ne **leur** obéissez pas.*

Si un impératif sans négation a deux pronoms compléments d'objet, l'un direct, l'autre indirect, on place le complément d'objet direct le premier :

> *Dites-**le**-moi.*

Toutefois, il arrive qu'on ait l'ordre inverse :

> *Rends-nous-**les**.* (Hugo)

Mais si l'impératif est négatif, le pronom complément d'objet indirect se place le premier :

> *Ne **me** le répétez pas.*

Toutefois *lui* et *leur* font exception :

> *Ne le **lui** dites pas, ne le **leur** dites pas.*

237 Avec un mode autre que l'impératif, les formes atones compléments d'objet *me, te, se, le, la, lui, nous, vous, les, leur* se placent avant le verbe (avant l'auxiliaire dans les temps composés) :

> *Je **te** conduirai.   On **leur** nuit.   Tu **lui** as parlé.*

Quand le verbe a deux compléments d'objet, l'un direct, l'autre indirect, celui-ci se place le premier (sauf avec *lui* et *leur*) :

> *Tu **me** le dis.   Nous **le** lui dirons.*

Les formes toniques compléments *moi, toi, soi, lui, elle, nous, vous, eux, elles* se placent généralement après le verbe :

> *Nous les blâmons, **eux**.   On m'obéira, à **moi**.*

Elles précèdent parfois le verbe, par effet de style :

> *À **moi** ils devront obéir.*

Avec un infinitif complément d'un verbe principal, le pronom personnel complément de cet infinitif se place immédiatemment avant ce dernier :

> *Je veux **le** voir.*

Toutefois si l'infinitif est complément de *voir, entendre, sentir, laisser, faire, regarder, envoyer,* le pronom personnel complément de cet infinitif se place avant le verbe principal :

> *Ce paquet, je **le** ferai prendre.*
> *Ne **le** faites pas prendre.*
> *Cette maison, je **l'**ai vu bâtir ;*

à moins que le verbe principal ne soit à l'impératif sans négation :

> *Faites-**le** prendre.*

c) *Le pronom personnel attribut*

238 Les formes toniques *moi, toi, lui, elle, soi, nous, vous, eux, elles* s'emploient comme attributs après le verbe *être* (surtout avec le sujet *ce*) :

> *Mon meilleur ami, c'est **toi**.*
> *Est-ce votre mère ? — Oui, c'est **elle**.*
> *Pourquoi suis-je **moi** ?*

239 Pour représenter un *nom déterminé* (c'est-à-dire précédé d'un article défini ou d'un adjectif possessif, démonstratif, etc.), on emploie comme pronom attribut un des pronoms *le, la, les,* accordé avec ce nom :

> *J'ai été cette pauvre chose-là. Tu **la** seras toi aussi.*
> (H. de Montherlant)
> *Êtes-vous les juges (mes juges, ces juges) ? — Nous **les** sommes.*

Pour représenter un *adjectif* ou un *nom indéterminé* (c'est-à-dire sans article ou précédé de l'article indéfini ou de l'article partitif), on emploie comme pronom attribut le neutre *le,* invariable :

> *Êtes-vous prête ? — Je **le** suis.*
> *Ils étaient juges, ils ne **le** sont plus.*
> *Est-ce une infirmière ? — Elle **le** fut.*

240 *Le*, neutre, peut représenter comme attribut un participe passif :

> *Sans vous, je serais haï et digne de l'être.* (Fénelon)

Il peut aussi représenter, en le faisant sous-entendre au passif, un verbe qui précède, à l'actif : cet usage est condamné par Littré et par beaucoup de grammairiens, mais il est attesté par nombre d'auteurs :

> *On ne peut bien déclamer que ce qui mérite de l'être.* (Voltaire)
> *Ne vous laissez pas troubler (...). J'avoue que je l'ai été moi-même au début.* (A. Maurois)

d) *Cas particuliers*

Le pronom réfléchi (voir définition : § 230, Rem. 4)

241 À la 1re personne, on emploie comme réfléchis les pronoms **me, nous** :

> *Je **me** blesse, nous **nous** blessons.*

À la 2e personne, **te, vous** :

> *Tu **te** blesses, vous **vous** blessez.*

À la 3e personne, le pronom réfléchi a deux formes spéciales : une forme atone : **se** (toujours devant le verbe) ; une forme tonique : **soi** (après le verbe) :

> *Il(s) **se** blesse(nt) ; chacun pense à **soi**.*

Remarque

Au point de vue de sa valeur logique, le pronom de forme réfléchie a tantôt un sens réfléchi, tantôt un sens non réfléchi :

a) Au *sens réfléchi,* il indique, comme complément d'objet direct ou indirect, que l'action revient sur le sujet :

> Je **me** blesse. Tu **te** nuis.

Au pluriel, il peut marquer un sens réciproque :

> Nous **nous** querellons.
> Ces deux hommes **se** disent des injures.

b) Au *sens non réfléchi,* il ne marque aucunement que l'action revient sur le sujet ; il n'est pas alors analysable séparément et fait corps avec le verbe. Il s'emploie ainsi, soit comme pronom sans fonction logique :

> Je **m'**évanouis, il **se** meurt ;

soit comme pronom auxiliaire de conjugaison servant à faire exprimer au verbe l'idée du passif :

> Le blé **se** vend bien.

242 **Soi,** seul ou renforcé par *même,* ne se rapporte, en général, qu'à un sujet *indéterminé* et singulier :

> On est maintenu à l'intérieur de **soi**, entre les murs de la voix noire. (...) Il n'y a plus que **soi**. (Ch. Bobin)

Remarques

1. Avec un sujet *déterminé,* on emploie généralement *lui, elle(s), eux* :

> M. Thiboust-Gouron était dur pour **lui-même** comme pour autrui. (J.-P. Sartre)

Mais il ne serait pas incorrect de mettre *soi,* comme à l'époque classique :

> Le feu s'était de **soi**-même éteint. (Flaubert)
> Elle hochait la tête, regardant droit devant **soi**. (Alain-Fournier)

En particulier on met *soi* pour éviter une équivoque et ordinairement aussi quand le sujet désigne un type :

> Le frère de Paul me parle toujours de **soi**.
> L'égoïste ne vit que pour **soi**.

2. *Soi-disant* s'applique à des personnes ou à des choses :

> De **soi-disant** docteurs. (Académie)
> Une promesse ou **soi-disant** promesse. (H. de Montherlant)

Il peut se dire au sens adverbial de « censément » : Vous m'avez consulté **soi-disant** au sujet de votre femme de chambre. (M. Prévost)

Les pronoms *en* et *y*

243 **En** et **y** sont pronoms personnels quand, représentant, soit un nom de chose ou d'animal, soit une idée, ils équivalent, le premier à un complément construit avec *de,* le second à un complément construit avec *à* ou *dans* :

> J'aime cette maison et j'**en** apprécie l'aménagement.
> Ce cheval est vicieux : défiez-vous-**en**.
> Vous chantiez ? j'**en** suis fort aise. (La Fontaine)
> Voici une lettre : vous **y** répondrez.
> Ce chien est caressant : je m'**y** suis attaché.
> On meurt comme on a vécu : pensez-**y** bien.
> Elle a un jardin ; elle **y** cultive toutes sortes de légumes.

Remarques

1. Il est parfois difficile de décider si *en* (du lat. *inde*, de là) et *y* (du lat. *ibi*, là) sont adverbes de lieu ou pronoms personnels. On pourra observer, en particulier :

   a) qu'ils sont pronoms personnels quand ils représentent un nom ou une proposition :

   > *Viens-tu de la ville ? Oui, j'***en*** viens.*
   > *Vous risquez gros : pensez-***y*** bien.*

   b) qu'ils sont adverbes de lieu lorsque, ne représentant ni un nom, ni une proposition, ils équivalent à « de là », « là » :

   > *Sors-tu d'ici ? Oui, j'***en*** sors.   N'allez pas là : il ***y*** fait trop chaud.*

2. *En* et *y* ont une valeur imprécise dans un grand nombre d'expressions, telles que : *s'en aller, en vouloir à quelqu'un, c'en est fait, il y va de l'honneur, il n'y paraît pas, n'y voir goutte, il s'y prend mal*, etc.

244 **En** et **y** représentent parfois des noms de personnes :

> *C'est un véritable ami, je ne pourrai jamais oublier les services que j'***en*** ai reçus.* (Académie)
> *C'est un homme équivoque, ne vous ***y*** fiez pas.* (Id.)

B. LES PRONOMS POSSESSIFS

245 Les pronoms **possessifs** représentent le nom en ajoutant à l'idée de ce nom une idée de possession :

> *Cette voiture est plus confortable que **la mienne**.*

Le pronom dit « possessif » marque souvent, non la possession au sens strict, mais divers rapports :

> *Ma disgrâce entraînera **la tienne**.*
> *Les funérailles de son père avaient été simples ; **les siennes** furent solennelles.*

246 Les pronoms possessifs sont:

	Un seul objet		Plusieurs objets	
	Masculin	Féminin	Masculin	Féminin
Un seul possesseur	le mien le tien le sien	la mienne la tienne la sienne	les miens les tiens les siens	les miennes les tiennes les siennes
Plusieurs possesseurs	le nôtre le vôtre le leur	la nôtre la vôtre la leur	les nôtres les vôtres les leurs	

247 Le pronom possessif s'emploie parfois d'une manière absolue, sans représenter aucun nom exprimé :

1° Au masculin pluriel pour désigner les proches, les partisans :

> *Il est plein d'égards pour **les miens**.* (Académie)

2° Dans certaines locutions :

> *Y mettre **du sien**.*   *Faire **des siennes**.*

C. LES PRONOMS DÉMONSTRATIFS

1. Définition

248 Les pronoms **démonstratifs** désignent, sans les nommer, les êtres que l'on montre, ou dont on va parler, ou dont on vient de parler :

> *Prenez **ceci**.   **Cela** étonne, un si grand édifice.*
> *Voilà deux excellents livres, mais je préfère **celui-ci** à **celui-là**.*

Le pronom démonstratif n'implique pas toujours l'idée démonstrative : cette idée est effacée dans *celui, ceux, celle(s), ce* :

> ***Ceux** (= les personnes, non ces personnes) qui vivent, ce sont **ceux** qui luttent.* (Hugo)

249 Les pronoms démonstratifs sont :

	SINGULIER			PLURIEL	
	Masculin	Féminin	Neutre	Masculin	Féminin
Formes simples	celui	celle	ce	ceux	celles
Formes composées	celui-ci celui-là	celle-ci celle-là	ceci cela, ça	ceux-ci ceux-là	celles-ci celles-là

2. Emploi

250 **Celui, celle(s), ceux** demandent toujours après eux, soit un participe, soit un complément introduit par une préposition, soit une proposition relative :

> *Je joins à ma lettre **celle** écrite par le prince.* (Racine)
> *La seule bonne invention des hommes est **celle** du point d'interrogation.* (L. Scutenaire)
> ***Ceux** qui vivent, ce sont **ceux** qui luttent.* (Hugo)

Remarque

L'emploi après *celui, celle(s), ceux*, d'un participe ou d'un complément introduit par une préposition autre que *de* est autorisé par l'usage :

> *Un autre univers que **celui décrit** par le marxisme.*
> (V. Giscard d'Estaing)
> *La distinction (...) est aussi confuse que **celle entre** forme et contenu.* (A. Malraux)

On trouve aussi *celui, celle(s), ceux,* suivis d'un adjectif, lorsque celui-ci est accompagné d'un complément :

> *Tout ceci se passa dans un temps moins long que **celui nécessaire** pour l'écrire.* (Th. Gautier)

251 **Ce** s'emploie comme **sujet** :

1° Devant un pronom relatif :

> ***Ce** que l'on conçoit bien s'énonce clairement.* (Boileau)

2° Devant le verbe *être* (parfois précédé de *devoir* ou de *pouvoir*) :

> ***Ce** fut une grande joie.*
> ***Ce** doit être un beau spectacle.*

252 **Ce,** devant le verbe *être,* peut reprendre un sujet :

> *Le premier arrivé, **ce** fut mon frère.*
> *Que l'on y perde beaucoup d'argent, **c'**est un risque à courir.*

Il peut aussi annoncer un sujet, qui est :

— soit un nom ou un pronom introduits par *que* :

> ***C'**est un trésor que la santé.*

— soit un infinitif introduit par *de* ou *que de* :

> ***C'**est une folie (que) d'entreprendre cela.*

— soit une proposition introduite par *que,* parfois par *comme, quand, lorsque, si* :

> ***C'**est une honte qu'il ait fait cela.*
> ***C'**est étonnant comme elle grandit.*
> ***C'**est rare quand elle se trompe.*
> ***Ce** fut miracle si cet imprudent ne se rompit pas le cou.*

Remarques

1. *C'est* forme avec *qui* ou *que* un gallicisme qui permet de mettre en relief n'importe quel élément de la pensée, sauf le verbe :

> ***C'est** moi **qui** ai gagné.*
> ***C'est** l'erreur **que** je fuis.* (Boileau)
> ***Ce** n'**est** donc pas des hommes **qu'**il est ennemi.* (Rousseau)
> ***C'est** demain **que** nous partirons.*

2. Si le complément mis en vedette au moyen de *c'est ... que* est précédé d'une préposition, on doit mettre en tête avec lui cette préposition :

> *C'est **à** vous que je parle. C'est **d'**elle que je parle.*

La tournure *C'est **à** vous **à qui** je parle* est archaïque.

253 *Ce* s'emploie comme **attribut** ou comme **complément** immédiatement devant un pronom relatif :

> *Cette affaire n'est pas **ce** qui me préoccupe, **ce** à quoi je donne mes soins.*
> *Prenez **ce** qui vous convient, **ce** dont vous avez besoin.*

Ce, non suivi d'un pronom relatif, est complément dans certains tours anciens : *ce dit-on, et ce, ce disant, ce faisant, pour ce faire, sur ce, de ce non content.*

254 Les démonstratifs prochains **ceci, celui-ci, celle(s)-ci, ceux-ci** s'emploient en opposition avec les démonstratifs lointains *cela, celui-là, celle(s)-là, ceux-là,* pour distinguer nettement l'un de l'autre deux êtres ou objets, deux groupes d'êtres ou d'objets qu'on a devant soi :

> *Ceci est bon marché, **cela** est nettement plus cher.*
> *Voici deux tableaux, préférez-vous **celui-ci** ou **celui-là** ?* (Acad.)

255 Le plus souvent, quand il y a opposition, les démonstratifs prochains désignent l'être ou l'objet, les êtres ou les objets les plus rapprochés ou nommés en dernier lieu ; les démonstratifs lointains désignent l'être ou l'objet, les êtres ou les objets éloignés ou nommés en premier lieu :

> *Île de la Grande-Jatte, une discussion des ouvriers Werck et Pigot, a fini par trois balles que tira **celui-ci** et que reçut **celui-là.*** (F. Fénéon)

S'il n'y a pas opposition, les démonstratifs prochains s'appliquent à ce qui va être dit, à l'être ou à l'objet, aux êtres ou aux objets, qu'on a devant soi, ou dont on parle, ou dont on va parler ; les démonstratifs lointains représentent ce qui a été dit, l'être ou l'objet, les êtres ou les objets dont on a parlé :

> *Dites **ceci** de ma part à votre ami : qu'il se tienne tranquille.*
> (Académie)
> *Il m'a demandé une devise ; je lui ai proposé **celle-ci** : « Toujours plus haut. »*
> *Que votre ami se tienne tranquille : dites-lui **cela** de ma part.*
> (Académie)
> *Ils montèrent dans la Ford de Pellemont. **Celui-ci** était citoyen suisse et il avait obtenu un permis de circuler.* (P. Modiano)

Remarques

1. *Celui-là, ceux-là* s'emploie au lieu de *celui, ceux,* lorsque la relative qui les détermine est rejetée après la principale :

> ***Ceux-là** font bien qui font ce qu'ils doivent.* (La Bruyère)

2. *Ça* est une forme réduite de *cela.* Au XVIIe siècle, il était de la langue populaire ; c'est au XIXe et au XXe siècle qu'il s'est imposé dans l'usage général, tout en restant cependant moins « soigné » que *cela* :

> *Je suis roi. **Ça** suffit.* (Hugo)
> ***Ça** pourrait devenir dangereux pour elle.* (A. Maurois)

3. *Cela, ça,* dans la langue familière, désignent parfois des personnes :

> *Ouvrons aux deux enfants. Nous les mêlerons tous. **Cela** nous grimpera le soir sur les genoux.* (Hugo)

D. LES PRONOMS RELATIFS

1. Définition

256 Les pronoms **relatifs** servent à joindre à un nom ou à un pronom qu'ils représentent une proposition dite *relative*, qui explique ou détermine ce nom ou ce pronom :

> *Un loup survient à jeun **qui** cherchait aventure.* (La Fontaine)
> *Le premier pas, mon fils, **que** l'on fait dans le monde*
> *Est celui **dont** dépend le reste de nos jours.* (Voltaire)

Le nom ou le pronom représenté par le pronom relatif s'appelle **antécédent**.

257 Les pronoms relatifs ont des formes simples et des formes composées :

Formes simples	qui que	des deux genres et des deux nombres.
	quoi :	ordinairement neutre.
	dont où	des deux genres et des deux nombres.

	SINGULIER		PLURIEL	
Formes composées	Masculin	Féminin	Masculin	Féminin
	lequel duquel auquel	laquelle de laquelle à laquelle	lesquels desquels auxquels	lesquelles desquelles auxquelles

N.B.

Outre les formes signalées dans ce tableau, il y a les pronoms relatifs composés *quiconque, qui que, quoi que, qui que ce soit qui, qui que ce soit que, quoi que ce soit qui, quoi que ce soit que*, qui sont des **relatifs indéfinis** :

> ***Quiconque*** *est loup agisse en loup.* (La Fontaine)
> ***Qui que*** *tu sois, ne t'enfle pas d'orgueil.*
> ***Quoi que*** *vous puissiez dire, vous ne le convaincrez pas.*
> *Sur **quoi que ce soit qu'**on l'interroge, il a réponse prête.* (A. Gide)

Dans l'analyse des mots de la subordonnée, on peut considérer globalement chacun des relatifs composés *qui que, quoi que*, etc., mais strictement parlant, c'est le premier élément qui a une fonction particulière de sujet, d'attribut, etc.

Remarques

1. S'emploient sans antécédent : 1° *qui, que, quoi, où*, pris comme relatifs indéfinis ; 2° les relatifs indéfinis *quiconque, qui que, quoi que, qui que ce soit qui* (ou *que*), *quoi que ce soit qui* (ou *que*) :

> ***Qui*** *n'a pas connu l'absence ne sait rien de l'amour.* (Ch. Bobin)
> *Advienne **que** pourra.*
> *Elle a de **quoi** vivre.*
> *Elle n'a pas **où** reposer sa tête.*
> ***Quiconque*** *veut intervenir a la parole.*

2. Le pronom relatif est du même genre, du même nombre et de la même personne que son antécédent :

> *Vous **que** j'ai secourus* (2e pers. masc. plur.).

3. Les formes composées *lequel, duquel,* etc., ne sont que des formes variées du même pronom *lequel,* composé de l'article défini et du pronom interrogatif *quel,* et qui peut se combiner avec *à* ou *de.*

2. Emploi

258 **Qui** est sujet ou complément :

a) Comme **sujet**, il s'applique à des personnes ou à des choses :

> *Un jeune homme, **qui** n'avait pas l'air très intelligent, parla quelques instants avec un monsieur **qui** se trouvait à côté de lui.*
> (R. Queneau)
> *L'arbre **qui** ne porte pas de bons fruits sera coupé.*

Il s'emploie sans antécédent comme relatif indéfini, dans certains proverbes ou dans certaines expressions sentencieuses :

> ***Qui** chante dans le noir avant l'aube fait se lever le jour, surtout si c'était l'heure du lever du soleil. (Cl. Roy)*

De même dans *qui plus est, qui mieux est, qui pis est,* et après *voici, voilà* :

> *Elle est compétente et, **qui** mieux est, très honnête.*
> *Voilà **qui** est fait.*

Remarque

Qui répété s'emploie comme sujet au sens distributif de « celui-ci... celui-là, ceux-ci... ceux-là » :

> *L'auditoire gémit, en voyant dans l'enfer tout ouvert **qui** son père et **qui** sa mère, **qui** sa grand-mère et **qui** sa sœur. (A. Daudet)*

b) Comme **complément**, *qui* est précédé d'une préposition et s'applique à des personnes ou à des choses personnifiées, parfois aussi à des animaux :

> *La femme à **qui** je parle.*
> *Ceux de **qui** je me plains, pour **qui** je travaille.*
> *Rochers à **qui** je me plains. (Académie)*
> *Un chien à **qui** elle fait mille caresses. (Id.)*

Dans les phrases telles que les suivantes, *qui,* relatif indéfini, a sa fonction (sujet ou complément) dans la proposition relative, et cette proposition tout entière est complément du verbe principal ou d'un autre mot de la principale :

> *Aimez **qui** vous aime.*
> *Il le raconte à **qui** veut l'entendre.*
> *Mais malheur à **qui** aura un sursaut. (H. Michaux)*

259 **Que**, relatif, s'applique à des personnes ou à des choses. Il peut être sujet, attribut ou complément.

a) Il est **sujet** dans quelques expressions figées ou dans les propositions infinitives (§ 461, 4°) :

> *Fais ce* **que** *bon te semblera.*
> *Advienne* **que** *pourra.*
> *Coûte* **que** *coûte.*
> *Vaille* **que** *vaille.*
> *Le train* **que** *j'entends siffler.*

Remarque

Avec les verbes impersonnels, *que* introduisant la proposition relative est sujet réel :

> *Les chaleurs* **qu'**il a fait ont été torrides.

b) *Que,* neutre, peut être **attribut** :

> *Vous êtes aujourd'hui ce* **qu'**autrefois je fus. (Corneille)
> *Malheureux* **que** *je suis !*

c) Le relatif *que* est le plus souvent **complément d'objet direct** :

> *Je me sentis étreint d'une sorte de regret absurde pour les enfants* **que** *cette femme aurait pu mettre au monde.* (M. Yourcenar)

Il est **complément circonstanciel** quand il a la valeur de *où, dont, duquel, durant lequel,* etc. :

> *Et, rose, elle a vécu ce* **que** *vivent les roses.* (Malherbe)
> *Du temps* **que** *j'étais écolier.* (Musset)
> *L'hiver* **qu'**il fit si froid.

260 **Quiconque** ne se rapporte à aucun antécédent. Il signifie « celui, quel qu'il soit, qui » : il est donc de la 3e personne du masculin singulier et est normalement sujet :

> **Quiconque** *m'a fait voir cette route a bien fait.* (Musset)
> *Et l'on crevait les yeux à* **quiconque** *passait.* (Hugo)

Remarques

1. Lorsque *quiconque* a nettement rapport à une femme, il veut au féminin l'adjectif dont il commande l'accord :

> *Mesdames, quiconque de vous sera assez* **hardie** *pour médire de moi, je l'en ferai repentir.* (Académie)

2. *Quinconque* est aussi employé au sens de « n'importe qui » (ou de « personne ») :

> *Pourquoi ne les invite-t-il pas à souper, comme ferait* **quiconque** *à sa place ?* (H. de Montherlant)
> *Il est impossible à* **quiconque** *de se procurer quoi que ce soit touchant cet ouvrage.* (G. Duhamel)

261 **Quoi que**, en deux mots, doit être distingué de la conjonction *quoique,* en un mot :

Quoi que signifie « quelque chose que » :

> **Quoi que** *vous fassiez, faites-le avec soin.*

Quoique signifie « bien que » :

> **Quoique** *vous fassiez de grands efforts, vous ne réussirez pas.*

262 **Quoi**, relatif, ne s'applique qu'à des choses. Il s'emploie uniquement comme complément et est presque toujours précédé d'une préposition ; il se rapporte généralement à un antécédent de sens vague (*ce, rien, chose,* etc.) ou à toute une proposition :

> *Il n'y a rien sur **quoi** l'on ait tant disputé.* (Académie)
> *Vous avez cité Cicéron, en **quoi** vous vous êtes trompé.* (Id.)

Remarques

1. *Quoi* s'emploie parfois sans antécédent :

> *Elle a de **quoi** vivre.*
> *Voici de **quoi** il s'agit.*

2. La langue littéraire, reprenant un vieil usage, emploie assez fréquemment *quoi* dans le sens de *lequel* :

> *Il se tue pour une chose à **quoi** il tient.* (A. Malraux)

263 **Lequel** s'applique à des personnes ou à des choses et s'emploie comme sujet ou comme complément :

a) Comme **sujet**, il se rencontre dans la langue juridique ou administrative, et parfois aussi dans la langue courante quand il permet d'éviter l'équivoque :

> *On a entendu trois témoins, **lesquels** ont dit...* (Académie)
> *Un homme s'est levé au milieu de l'assemblée, **lequel** a parlé d'une manière extravagante.* (Id.)

b) Comme **complément**, *lequel,* toujours précédé d'une préposition, renvoie le plus souvent à un nom de chose ou d'animal :

> *La patrie, pour **laquelle** chacun doit se sacrifier, exige ce nouveau sacrifice.* (Académie)

264 **Dont** s'applique à des personnes ou à des choses ; comme complément du sujet, du verbe, de l'attribut ou du complément d'objet direct, il marque, comme ferait le relatif ordinaire introduit par *de,* la possession, la cause, la manière, la matière, etc. :

> *La nature, **dont** nous ignorons les secrets.* (Académie)
> *La maladie **dont** il est mort.* (Id.)

Remarques

1. *Dont* ne peut, en principe, dépendre d'un complément introduit par une préposition. On ne dirait pas, d'ordinaire :

> *Une amie **dont** on se console de la mort.*

2. *Dont* est parfois, simultanément, complément du sujet et du complément d'objet direct (ou de l'attribut) :

> *Il plaignit les pauvres femmes **dont** les époux gaspillent la fortune.* (Flaubert)
> *Vous avez trop de raison pour un âge **dont** l'ingénuité est à la fois le seul attrait et la seule excuse.* (Fromentin)

3. C'est une règle traditionnelle qu'avec les verbes indiquant sortie ou extraction, on emploie comme conjonctif, pour marquer l'origine :

1° **d'où**, quand il s'agit de choses :

> *La ville **d'où** elle vient.*

2° **dont**, quand il s'agit de personnes, de descendance :

> *La famille **dont** je proviens.*

Cependant on met parfois *dont* dans des phrases où il s'agit de choses :

> *Le jardin **dont** vous venez de sortir* (E. Jaloux)
> *Dans la chambre **dont** Justin se retirait.* (G. Duhamel)

Quand la phrase est interrogative ou qu'il n'y a pas d'antécédent exprimé, on met toujours *d'où* :

> *Cet orgueilleux, **d'où** vient-il ?*
> *Rappelez-vous **d'où** vous êtes venue.*

265 **Où**, relatif, ne peut s'appliquer qu'à des choses et est toujours complément circonstanciel de lieu ou de temps :

> *La ville **où** vous habitez, d'**où** vous venez.*
> *Le temps **où** nous sommes.   Dans l'état **où** vous êtes.*

Il s'emploie parfois sans antécédent :

> *Les Fleuves m'ont laissé descendre **où** je voulais.* (Rimbaud)

E. LES PRONOMS INTERROGATIFS

1. Définition

266 Les pronoms **interrogatifs** servent à interroger sur la personne ou la chose dont ils expriment, ou représentent, ou annoncent l'idée :

> ***Qui** donc es-tu, morne et pâle visage (...) ?*
> ***Que** me veux-tu, triste oiseau de passage ?* (Musset)
> *De ces deux chemins **lequel** devons-nous prendre ?*

267 Les formes des pronoms interrogatifs ne sont autres que celles des pronoms relatifs (*dont* et *où* étant exclus).

Où, dans l'interrogation, est toujours adverbe : ***Où** allez-vous ?*

Remarque

On emploie très souvent comme formes d'insistance les périphrases formées par l'adjonction de *est-ce qui, est-ce que,* aux diverses formes du pronom interrogatif :

> *Mais **qui est-ce que** tu entends par là ?* (Molière)
> *Alors votre plat national, **qu'est-ce que** c'est ?* (M. Tournier)

2. Emploi

268 **Qui** interrogatif est ordinairement du masculin singulier. Il sert à interroger sur des personnes, tant dans l'interrogation indirecte que dans l'interrogation directe, et peut être sujet, attribut ou complément :

> ***Qui** vient ?   **Qui** es-tu ?*
> ***Qui** cherches-tu ?   À **qui** parles-tu ?*
> *Je demande **qui** vient, **qui** tu es, **qui** tu cherches, à **qui** tu parles.*

269 **Que** interrogatif est du neutre singulier.

Dans l'interrogation directe, il s'emploie comme sujet (devant certains verbes impersonnels), comme attribut ou comme complément :

> **Que** reste-t-il ?
> **Que** deviendrai-je ?
> **Que** ferai-je ?
> **Que** nous chantez-vous ? (N. Boni)

Dans l'interrogation indirecte, il s'emploie comme attribut ou comme complément d'objet direct après *avoir, savoir, pouvoir,* pris négativement et suivis d'un infinitif :

> Je ne sais **que** devenir.
> Je ne savais **que** répondre. (Chateaubriand)
> Il ne pouvait **que** dire. (La Fontaine)
> Je n'ai **que** faire de vos dons. (Molière)

270 **Quoi** interrogatif est du neutre singulier.

Dans l'interrogation directe, il peut être sujet (phrases elliptiques) ou complément :

> **Quoi** de plus beau ?
> Ah bon. Ils font **quoi**, par exemple ? (J.-L. Benoziglio)
> À **quoi** vous divertissez-vous ?

Dans l'interrogation indirecte, il est toujours complément :

> Je n'aurais pas su **quoi** répondre. (H. Bosco)
> Dites-moi de **quoi** elle se plaint.

271 **Lequel** interrogatif varie en genre et en nombre ; il se dit des personnes et des choses et peut remplir toutes les fonctions, tant dans l'interrogation indirecte que dans l'interrogation directe :

> De ton cœur ou de toi **lequel** est le poète ? (Musset)
> **Lequel** es-tu ?
> **Laquelle** de ces étoffes choisissez-vous ?
> Dites-moi **laquelle** vous plaît, **laquelle** vous choisissez,
> sur **laquelle** vous fixez votre choix.

F. LES PRONOMS INDÉFINIS

1. Définition

272 Les pronoms **indéfinis** servent à désigner d'une manière vague, indéterminée, des personnes ou des choses dont l'idée est exprimée ou non, avant ou après eux :

> **Chacun** est responsable de son destin.
> Voici deux livres : **l'un** est agréable, **l'autre** est utile.

273 Les pronoms indéfinis sont :

1° autre chose   quelque chose   je ne sais qui
   grand-chose   autrui   je ne sais quoi
   peu de chose   chacun(e)   quelqu'un(e)

2° on
   personne   } anciens noms ayant pris un sens indéterminé
   rien

3° aucun(e)   l'un(e)   nul(le)   plusieurs
   d'aucun(e)s   l'autre   pas un(e)   [un(e)] tel(le)
   certain(e)s   l'un(e) et l'autre   plus d'un(e)   tout

Ils passent de la catégorie des *adjectifs* (ou articles) indéfinis dans celle des *pronoms* indéfinis quand ils ne sont pas joints à un nom.

Remarque

Certains adverbes de quantité : *assez, beaucoup, combien, peu, trop*, etc., désignant une quantité indéterminée d'êtres ou d'objets, peuvent être mis au nombre des pronoms indéfinis :

> ***Combien*** *ont disparu !* (Hugo)

De même certaines expressions, comme : *n'importe qui, n'importe quoi, tout le monde, un autre, le même,* peuvent avoir la valeur de pronoms indéfinis.

2. Emploi

274 **Aucun** a signifié autrefois « quelque, quelqu'un ». Il a conservé une valeur positive dans certains emplois :

> *D'aucuns la blâmeront.   Je doute qu'**aucun** d'eux réussisse.*
> *Il travaille mieux qu'**aucun** de ses frères.*

Mais étant le plus souvent accompagné de la négation, *aucun* a pris, par contagion, la valeur négative de « pas un » :

> *De toutes vos raisons, **aucune** ne me convainc.*
> *A-t-elle des ennuis ? **Aucun**.*

275 **Nul** se construit tojours avec une négation ; il est toujours au singulier et ne s'emploie que comme sujet.

Quand il ne renvoie à aucun nom (ou pronom) exprimé, il ne se dit que des personnes et ne peut être que masculin :

> ***Nul*** *ne pouvait s'approcher vraiment de Tirésia.* (P. Fleutiaux)

Quand il renvoie à un nom (ou pronom) exprimé, il se dit des personnes et des choses et s'emploie aux deux genres :

> *Plusieurs explorateurs sont allés dans ces régions ; **nul** n'en est revenu.*
> *De toutes vos erreurs, **nulle** n'est irrémédiable.*

276 **Autrui** ne se dit que des personnes et s'emploie comme complément prépositionnel, parfois aussi comme sujet ou comme objet direct :

> *Ne désirez pas le bien d'**autrui**.*
> ***Autrui** nous est indifférent.* (M. Proust)
> *Il ne faut jamais traiter **autrui** comme un objet.* (A. Maurois)

277 **On** (du lat. *homo,* homme) est régulièrement de la 3ᵉ personne du masculin singulier et ne s'emploie que comme sujet :

> ***On** a souvent besoin d'un plus petit que soi.* (La Fontaine)

Remarques

1. *On* prend parfois un sens bien déterminé et se substitue à *je, tu, nous, vous, il(s), elle(s),* en marquant la modestie, la discrétion, l'ironie, le mépris, etc :

> *Un couplet qu'**on** (= vous) s'en va chantant*
> *Efface-t-il la trace altière*
> *Du pied de nos chevaux marqué dans votre sang ?* (Musset)
> *A-t-**on** (= tu) été sage, mon enfant ?*

2. Quand les circonstances marquent précisément qu'on parle d'une femme, l'attribut de *on* se met au féminin par syllepse :

> *Eh bien, petite, est-on **fâchée** ?* (Maupassant)

3. Il arrive que *on* soit suivi d'un attribut au pluriel :

> *On n'est pas **des esclaves** pour endurer de si mauvais traitements.* (Académie)

4. Comme *on* était originairement un nom, il a gardé la faculté de prendre l'article *l',* surtout quand l'euphonie le demande, principalement après *et, ou, où, que, si,* et parfois après *lorsque* (cet *l'* est regardé aujourd'hui comme simple *consonne euphonique*) :

> *Il faut que **l'on** consente.* (Académie)
> *Puisque **l'on** vieillit tout entier, **l'on** ne vieillit point par rapport à soi-même.* (L. Scutenaire)

278 **Personne**, originairement nom féminin, a pu servir ensuite de pronom indéfini masculin singulier. Il a gardé son sens positif dans certains emplois :

> *Y a-t-il **personne** d'assez hardi ?* (Académie)
> *Je doute que **personne** y réussisse. (*Id.)

Mais *personne,* étant souvent accompagné d'une négation, a pris, par contagion, la valeur négative de « nul homme » :

> *Non, l'avenir n'est à **personne**.* (Hugo)
> *Qui vient ? qui m'appelle ? **Personne**.* (Musset)

Remarque

Quand *personne* désigne évidemment une femme, on lui donne le genre féminin :

> *Personne n'est plus que moi votre **servante**, votre **obligée**.* (Littré)

279 **Quelqu'un**, employé d'une façon absolue, ne se dit que des personnes et uniquement au masculin :

> ***Quelqu'un** est venu.*

Son pluriel *quelques-uns* marque l'indétermination quant au nombre et non plus quant à l'individu :

> **Quelques-uns** *l'affirment.*

Quelqu'un, en rapport avec *en* ou avec un mot pluriel ou collectif, se dit des personnes et des choses et s'emploie aux deux genres et aux deux nombres :

> *J'en connais **quelques-uns** à qui ceci conviendrait bien.*
> *Parmi vos paroissiens (...), en voyez-vous **quelqu'un** ou*
> ***quelqu'une** que je puisse inviter aussi.* (Maupassant)
> *Elle a fait de multiples découvertes, mais **quelques-unes** seule-*
> *ment sont connues ; elle n'en a révélé que **quelques-unes**.*

280 **Rien** a signifié originairement « chose »[1]. Il a gardé une valeur positive dans certains emplois :

> *Y a-t-il **rien** de plus beau ?*
> *Je désespère d'y **rien** comprendre.*
> *Si je vous cachais **rien**.*
> *Elle est partie sans **rien** dire.*

Mais étant le plus souvent accompagné d'une négation, *rien* a pris, par contagion, la valeur négative de « nulle chose » :

> *Qui ne risque **rien** n'a **rien**.*
> *Et comptez-vous pour **rien** Dieu qui combat pour nous ?* (Racine)

281 *L'un(e)... l'autre, les un(e)s... les autres, l'un(e)... un(e) autre, les un(e)s... d'autres* servent à marquer l'opposition :

> *Une porte s'ouvrit et trois Martiens apparurent. **L'un** d'eux était en*
> *civil, **les autres** en uniforme.* (J. Sternberg)

L'un l'autre, les uns les autres, l'un à l'autre, l'un de l'autre, etc., marquent la réciprocité :

> *Nous sommes une famille où l'on se tient **les uns***
> ***les autres**.* (F. Mauriac)
> *Comment font certaines jumelles pour se distinguer elles-mêmes*
> ***l'une de l'autre**.* (L. Scutenaire)

---

1. *Rien,* du lat. *rem,* accusatif de *res,* chose.

Chapitre V

Le Verbe

282 Le **verbe** est un mot qui exprime, soit l'action faite ou subie par le sujet, soit l'existence ou l'état du sujet, soit l'union de l'attribut au sujet :

> L'élève **écrit**.
> Le chêne **est abattu** par le bûcheron.
> Que la lumière **soit** !
> L'homme **est mortel**.

283 Une **locution verbale** est une réunion de mots qui exprime une idée unique et joue le rôle d'un verbe :

> Avoir besoin, avoir peur, avoir raison, avoir envie, ajouter foi, donner lieu, faire défaut, prendre garde, savoir gré, tenir tête, avoir beau, se faire fort, faire savoir, etc.

A. LES ESPÈCES DE VERBES

1. Le verbe copule

284 Le *verbe copule* est le verbe *être* joignant l'attribut au sujet (§ 58) :

Certains verbes d'état ou d'action sont aussi verbes copules quand ils joignent l'attribut au sujet : à l'idée qu'ils expriment par eux-mêmes l'esprit associe alors l'idée du verbe *être* (§ 59) :

2. Les verbes transitifs et intransitifs

285 Au point de vue de leur *objet*, les verbes se divisent en verbes *transitifs* et verbes *intransitifs*.

Dans l'une et dans l'autre catégorie se rencontrent les verbes *pronominaux* ; dans la catégorie des intransitifs, on rencontre les verbes *impersonnels*.

a) *Les verbes transitifs*

286 Les verbes *transitifs* sont ceux qui expriment une action *passant* (latin *transire,* passer) du sujet sur une personne ou sur une chose ; ils appellent un complément d'objet (sans lequel ils auraient un sens incomplet et resteraient comme en l'air).

Ils supposent donc une relation nécessaire entre :
– un être ou une chose qui fait l'action ;
– un être ou une chose qui la reçoit.

1° Ils sont transitifs **directs** quand leur complément d'objet est *direct* (c'est-à-dire sans préposition : § 48) :

2° Ils sont transitifs **indirects** quand leur complément d'objet est *indirect* (c'est-à-dire introduit par une préposition : § 51) :

Remarque
Certains verbes transitifs ont ou peuvent avoir à la fois deux compléments d'objet, l'un direct, l'autre indirect :

b) *Les verbes intransitifs*

Les verbes *intransitifs* sont ceux qui expriment une action ne passant pas du sujet sur une personne ou sur une chose ; ils n'appellent pas de complément d'objet et suffisent avec leur sujet à exprimer l'idée complète de l'action :

Remarque
Pour déterminer, dans une phrase donnée, si un verbe est *transitif* ou *intransitif,* il faut considérer la structure réelle de la proposition : il n'y a pas lieu

d'attribuer au verbe une *nature* transitive ou intransitive ; ce qu'il s'agit d'observer, c'est l'*emploi* transitif ou intransitif qui est fait de ce verbe. Ainsi :

a) Il arrive que l'objet de l'action soit si nettement indiqué par les circonstances qu'il devient inutile de l'exprimer : le verbe est alors *intransitif* :

> Cet homme **boit**.   *Attention, ce chien* **mord**.

b) Un même verbe peut parfois être transitif direct ou transitif indirect, mais généralement avec des sens plus ou moins différents :

> *Elle* **insulte** *les voisins.*   *Elle* **insulte à** *notre misère.*
> *Elle* **manque** *son but.*   *Elle* **manque à** *sa parole.*
> *Elle* **use** *sa santé.*   *Elle* **use de** *patience.*

c) Certains verbes transitifs peuvent devenir intransitifs et vice versa, mais généralement le sens change plus ou moins :

> *Je* **ferme** *la porte.*   *La porte* **ferme** *mal.*
> *Tout* **passe**.   *Je* **passe** *la frontière.*
> *Il* **vit** *dans l'angoisse.*   *Il* **vit** *des jours d'angoisse.*

d) Quelques verbes intransitifs peuvent, en devenant transitifs, avoir pour complément d'objet direct un nom qui, par sa forme ou par son sens, rappelle leur radical :

> **Vivre** *sa vie.*   **Dormez** *votre sommeil.* (Bossuet)

3. Les verbes pronominaux

287 Les *verbes pronominaux* sont ceux qui sont accompagnés des pronoms *me, te, se, nous, vous,* désignant le même être ou objet, les mêmes êtres ou objets que le sujet :

> *Je me cache, tu t'habilles, elle se tait.*

Au point de vue du sens, les verbes pronominaux présentent différentes valeurs :

Sens réfléchi :

> *Il s'aperçoit dans la glace.*

Sens réciproque :

> *Les deux amis s'aperçoivent.*

Pronom sans fonction logique :

> *Mon frère s'aperçoit de son erreur.*

Sens passif :

> *Le clocher s'aperçoit de loin.*

1° Ils sont **réfléchis** lorsque l'action revient, se réfléchit sur le sujet ; le pronom est alors complément d'objet direct ou indirect :

> *Il* **s'aperçoit** *dans la glace.*   *Elle* **se blesse**.
> *Tu* **te nuis**.

2° Ils sont **réciproques** lorsque deux ou plusieurs sujets agissent l'un sur l'autre ou les uns sur les autres :

> *Quand ces deux amis **s'aperçoivent**, ils **se sourient**.*
> *Ils **se querellent**, ils **se battent**, ils **se réconcilient**.*

Le sens réciproque est parfois indiqué par le préfixe *entre* :

> *Ils s'**entr**aident.   Ils s'**entre**-tuent.*

Souvent le sens réciproque est renforcé par une des expressions *l'un l'autre, l'un à l'autre, mutuellement, réciproquement, entre eux* :

> *Ils se félicitent **l'un l'autre**.*
> *Ils se nuisent **l'un à l'autre**.*
> *Ils se gênent **mutuellement**.*
> *Ils se rendent **réciproquement** service.*
> *Ils s'aident **entre eux**.*

3° Certains verbes pronominaux ont un **pronom sans fonction logique**, qui reflète simplement le sujet, sans jouer aucun rôle de complément d'objet direct ou indirect [1] :

s'en aller	*se pâmer*	*s'envoler*	*se prévaloir de*
s'ensuivre	*se douter de*	*se mourir*	*se repentir*
s'écrier	*s'en revenir*	*se connaître à*	etc.
s'évanouir	*se taire*	*se moquer*	
s'en retourner	*se jouer de*	*s'enfuir*	
s'endormir	*s'emparer de*	*se rire de*	

> *Mon frère **s'aperçoit** de son erreur.   Tu **te repens** de ta faute.*
> *Le malade **s'évanouit**.*

4° On emploie fréquemment la forme pronominale dans le **sens passif**, toujours sans indication d'agent [2] :

> *Le clocher **s'aperçoit** de loin.   Le blé **se vend** bien.*

4. Les verbes impersonnels

288 Les verbes *impersonnels* sont ceux qui ne s'emploient qu'à la troisième personne du singulier ; ils ont pour sujet *apparent* le pronom neutre *il* (§ 44).

a) Les verbes impersonnels **proprement dits** expriment des phénomènes de la nature :

> *Il pleut, il tonne, il gèle, il neige, il grêle, il vente*, etc.

On y joint *falloir, y avoir,* et aussi *faire* dans des expressions telles que : *il fait froid, il fait du vent*, etc.

---

1. Ce pronom conjoint s'incorpore en quelque sorte au verbe à la manière d'un préfixe, sans toutefois se souder avec lui : il pourrait s'appeler *pronom censément préfixé*. On ne saurait l'analyser à part : il est un élément constitutif de la forme verbale.
2. Ici non plus le pronom conjoint ne s'analyse pas à part.

Remarque

Certains de ces verbes s'emploient parfois figurément avec un sujet personnel :

> *Boulets, mitraille, obus, mêlés aux flocons blancs,*
> **pleuvaient**. (Hugo)
> *Des pétales* **neigent** *sur le tapis.* (A. Gide)

b) Un grand nombre de verbes personnels peuvent être **pris impersonnellement** :

> *Il* **est arrivé** *un malheur.   Il* **convient** *de partir.*

Remarques

1. Le verbe *être* se combine avec des adjectifs pour former de nombreuses locutions impersonnelles : *Il est possible, douteux, nécessaire, utile, bon, juste, heureux, faux, rare,* etc.
2. On peut employer comme *impersonnels* les verbes pronominaux de sens passif :

> *Il* **se vend** *beaucoup de blé dans cette région.*
> *Il* **se débite** *bien des sottises.*

B. LES FORMES DU VERBE

289 Dans une forme verbale, on distingue :

1° Le **radical**, généralement invariable, qui exprime l'idée fondamentale du verbe :

> **Chant**er, nous **chant**ons, **gém**ir.

2° La **désinence** (ou **terminaison**), essentiellement variable, qui marque les modifications de personne, de nombre, de mode et de temps :

> *Je chant*e, *nous chant*ons, *que je chant*asse.

290 Les formes du verbe varient non seulement d'après le *nombre* et d'après la *personne,* mais encore d'après la *voix,* d'après le *mode* et d'après le *temps.*

1. Les nombres

291 Le verbe varie en **nombre**, c'est-à-dire suivant que le sujet est au *singulier* ou au *pluriel.*

> *Je travaill*e, *nous travaill*ons.

2. Les personnes

292 Le verbe varie aussi en **personne**, c'est-à-dire suivant que le sujet désigne :

1° La personne ou les personnes qui parlent (1re personne) :

Je travaille, nous travaillons.

2° La personne ou les personnes à qui l'on parle (2e personne) :

Tu travailles, vous travaillez.

3° La personne ou les personnes de qui l'on parle, la chose ou les choses dont on parle (3e personne) :

Elle travaille, elles travaillent.

3. Les voix

293 On appelle **voix** les formes que prend le verbe pour exprimer le rôle du sujet dans l'action, le sens du déroulement de l'action. On distingue :

1° La voix **active**, indiquant que le sujet *fait* l'action ; celle-ci est considérée à partir de l'agent qui la déclenche :

*Le chien **conduit** l'aveugle.*

2° La voix **passive**, indiquant que le sujet *subit* l'action ; celle-ci est considérée à partir de l'être ou de l'objet qui l'éprouve.

*L'aveugle **est conduit** par le chien.*

N.B.

Des grammairiens distinguent en outre la voix *réfléchie* ou *pronominale,* indiquant que l'action, faite par le sujet, se réfléchit, revient sur lui : *Je me blesse ;* mais on n'a là qu'un cas particulier de la voix active.

Pour les différentes valeurs de la forme pronominale, voir le § 287.

1. En principe, on peut tourner par le passif un verbe transitif ayant un complément d'objet direct : le complément d'objet direct du verbe actif devient le sujet du verbe passif, et le sujet du verbe actif devient le complément d'agent du verbe passif :

Le juge interroge l'accusé. L'accusé est interrogé par le juge.

Toutefois quand le sujet du verbe actif est *on,* ce pronom disparaît dans la phrase mise au passif, qui dès lors ne comporte pas de complément d'agent :

On interroge l'accusé. L'accusé fut interrogé.

2. Les verbes intransitifs ne peuvent être mis au passif. Toutefois *obéir, désobéir, pardonner* font exception :

*Vous **serez obéi**.* (Racine)
*Vous **êtes pardonnée**.*

On notera aussi que certains verbes intransitifs peuvent avoir un passif impersonnel :

*Il en **sera parlé**.*

3. Les verbes pronominaux ne peuvent se mettre au passif :

Il se vante.

4. Les modes

294 Les **modes** sont les diverses manières de concevoir et de présenter l'action [1] exprimée par le verbe.

Ils sont *personnels* ou *impersonnels*.

a) *Les modes personnels*

Il y a quatre modes **personnels**, qui admettent la distinction des personnes grammaticales :

1° L'**indicatif**, qui présente l'action comme réelle :

> *Mon frère* **mange**.

2° Le **conditionnel**, qui présente l'action comme éventuelle ou comme dépendant d'une condition [2] :

> *Mon frère* **mangerait** *toute la journée !*
> *Je* **mangerais** *si j'en avais le temps.*

3° L'**impératif**, qui présente l'action sous la forme d'un ordre, d'une exhortation, d'une prière :

> ***Mangez***.

4° Le **subjonctif**, qui présente l'action comme simplement envisagée dans la pensée, ou avec un sentiment particulier (comme dans le désir, le souhait, la volonté, etc.) :

> *Vivement que je* **mange** *!   Je veux que tu* **manges**.

b) *Les modes impersonnels*

Il y a deux modes **impersonnels**, qui n'admettent pas la distinction des personnes grammaticales :

1° L'**infinitif**, forme nominale du verbe, exprimant simplement le nom de l'action :

> ***Manger***.

2° Le **participe**, forme adjective du verbe, exprimant l'action à la manière d'un adjectif :

> *Mon frère* **mangeant** *sans arrêt, il ne cesse de grossir.*
> *Son manteau* **mangé** *des mites lui donnait un curieux air.*

---

1. Strictement parlant : *l'action, l'existence ou l'état.* Nous allégeons l'expression.
2. De nombreux grammairiens placent désormais le conditionnel à l'intérieur du mode indicatif. Ils le considèrent, dans son emploi général, comme un futur particulier (futur dans le passé ou futur hypothétique). Ils s'appuient entre autres sur le fait que le conditionnel est exclu dans les propositions circonstancielles de condition introduites par *si.* L'emploi du conditionnel pour marquer une volonté adoucie, un désir ou un conseil est alors considéré comme particulier.

Outre ces deux modes impersonnels on peut distinguer le **gérondif**, dont la forme est celle du participe présent, généralement précédé de *en*. Cette forme adverbiale du verbe exprime, par rapport à un verbe principal, une action simultanée et indiquant une circonstance :

> En ***mangeant*** *bien, vous grandirez.*

5. Les temps

a) *Passé, présent et futur*

295 Les **temps** sont les formes que prend le verbe pour indiquer à quel moment de la durée on situe l'action dans l'une des trois époques : *présent, passé, futur.*

```
                           Présent
  --------------- Passé ------  ------ Futur ---------------
  ────────────────────────────────┼────────────────────────→
```

On distingue les temps suivants :

• *Par rapport au moment présent :*

a) Pendant :

> **Présent :** *Il **chante** en ce moment.*

b) Avant :

> **Imparfait :** *Elle **chantait** quand je suis entré.*
> **Passé simple :** *Elle **chanta** alors sa dernière composition.*
> **Passé composé :** *Elle **a chanté** ce matin, hier.*

c) Après :

> **Futur simple :** *Il **chantera** demain.*

Après le moment présent, mais action terminée avant tel moment à venir :

> **Futur antérieur :** *Dès qu'il **aura chanté**, il partira.*

• *Par rapport à tel moment du passé :*

a) Avant :

> **Passé antérieur :** *Dès qu'elle **eut chanté**, elle partit.*
> **Plus-que-parfait :** *Il **avait chanté** quand vous êtes entré.*

b) Après :

> **Futur du passé :** *Je croyais qu'elle **chanterait**.*

Après tel moment du passé, mais action terminée avant tel moment à venir :

> **Futur antérieur du passé :** *Je croyais qu'il **aurait chanté** avant votre départ.*

Le *futur du passé* et le *futur antérieur du passé* présentent les formes du *mode* conditionnel, mais ces formes servent alors à situer un fait dans la durée : elles ont donc une valeur de *temps*.

N.B.
Pour des précisions sur le sens de chacun de ces temps, voir §§ 351 et suivants.

296 b) *Les temps dans chaque mode*

1. L'*indicatif* possède dix temps : le présent, l'imparfait, le passé simple, le passé composé, le plus-que-parfait, le passé antérieur, le futur simple, le futur antérieur, le futur du passé (qui a les mêmes formes que le conditionnel présent) et le futur antérieur du passé (qui a les mêmes formes que le conditionnel passé).
2. Le *conditionnel* possède deux temps : le présent (dont les formes marquent aussi le futur) et le passé. Le plus-que-parfait du subjonctif *(j'eusse aimé)* a parfois le sens du conditionnel passé.
3. L'*impératif* possède deux temps : le présent (dont les formes marquent aussi le futur) et le passé.
4. Le *subjonctif* possède quatre temps : le présent (dont les formes marquent aussi le futur), l'imparfait, le passé et le plus-que-parfait.
5. L'*infinitif* possède trois temps : le présent (dont la forme peut marquer aussi le futur), le passé et le futur (rare : *devoir aimer*).
6. Le *participe* possède trois temps : le présent, le passé et le futur (rare : *devant aimer*).

297 c) *Les temps simples et composés*

Les temps **simples** sont ceux dans lesquels le verbe ne présente, à chaque personne, qu'un seul mot. Ils se trouvent dans la conjugaison active et dans la conjugaison pronominale (dans la conjugaison passive, uniquement au participe passé employé seul) :

> *Je chante, je chantais, je me lève,* etc.

Les temps **composés** sont ceux dans lesquels le participe passé (simple) est joint à différentes formes des verbes *avoir* ou *être* : ils se trouvent dans la conjugaison active, dans la conjugaison passive et dans la conjugaison pronominale (dans la conjugaison passive, à tous les temps, sauf le participe passé employé seul) :

> *J'ai chanté, que j'eusse chanté, je suis loué, j'avais été loué, je suis venue.*

Remarque

Il y a des temps *surcomposés*, dans lesquels le participe passé (simple) est joint à un temps composé d'*avoir* (parfois d'*être*) :

> *Après que vous **avez eu parlé**, il s'est retiré.* (Académie)
> *Quand j'**ai été partie**.*

d) *L'aspect du verbe*

L'**aspect** du verbe est le caractère de l'action envisagée dans son développement, c'est-à-dire dans la durée et dans les parties de la durée où elle se déroule ; les aspects se marquent souvent par des locutions verbales formées d'un *auxiliaire d'aspect* et d'un infinitif (§ 300).

En représentant sur la ligne du temps :

— par P l'instant présent ;
— par une ligne ondulée le déroulement de l'action ;

et en enfermant entre deux parenthèses ( ) le segment de la durée où se tient la pensée,

on peut figurer de la manière suivante les principaux aspects :

1° Aspect instantané (action instantanée) :

> *Un éclair* **brille**.

2° Aspect duratif (action qui dure) :

> *Je* **suis en train de bêcher**.

3° Aspect inchoatif ou ingressif (action qui commence) :

> *Il* **s'endort**.

4° Aspect itératif (action qui se répète) :

> *Elle* **buvote** *son vin*.

5° Aspect accompli (action achevée) :

> *Je* **finis d'écrire**.

6° Aspect imperfectif (action non achevée) :

> *J'***écrivais**.

7° Proximité soit dans le passé, soit dans le futur :

> *Je* **viens d'écrire** *; je* **vais partir**.

N.B.

Il va de soi qu'un aspect donné peut se rencontrer à d'autres personnes, à d'autres temps et à d'autres modes que ceux qu'on observe dans les exemples donnés ci-dessus ; par exemple : *Nous étions en train de bêcher ; tu seras en train de bêcher ; qu'il soit en train de bêcher.*

C. LES VERBES AUXILIAIRES

299 Les verbes **auxiliaires** sont des verbes qui, dépouillant leur signification propre, servent à former les temps composés.

Les verbes auxiliaires par excellence sont **avoir** et **être** :

> J'**ai** chanté, il **avait** parlé, je **suis** venu, tu **étais** parti.

Remarque

Le verbe *être* n'est pas auxiliaire :

1° Quand il relie l'attribut au sujet :

> L'homme **est** mortel.

2° Quand il signifie « exister, se trouver, aller, appartenir » ; dans ces divers
sens, il peut avoir un complément :

> Je pense, donc je **suis**.   Ma mère **est** au bureau.
> J'**ai été** à Rome.   Cette maison **est** à moi.

300 À côté des auxiliaires *avoir* et *être,* il faut mentionner quelques verbes qui sont auxiliaires lorsque, suivis d'un infinitif, ils servent à marquer certains aspects du développement de l'action (§ 298) ou à
exprimer certaines nuances de mode :

> Je **vais** partir (futur proche).
> Il **vient de** partir (passé récent).
> Une femme **vint à** passer. (fait fortuit).
> C'est lui qui **doit** avoir commis ce crime (fait probable), etc.

301 Se conjuguent avec **être** :

1° Tous les temps des verbes **passifs** [1] :

> Je **suis** blâmée.   Ils **ont été** reçus.

2° Les temps composés de tous les verbes **pronominaux** :

> Il s'**est** trompé.   Ils se **sont** évanouis.

3° Les temps composés de quelques verbes **intransitifs** exprimant,
pour la plupart, un mouvement ou un changement d'état :

aller	échoir	naître	rester	venir
arriver	éclore	partir	retourner	revenir
décéder	entrer	repartir	sortir	parvenir
devenir	mourir	rentrer	tomber	survenir

> Je **suis** arrivée hier.
> Elles **sont** rentrées depuis peu.
> Ils **sont** tombés de haut.

---

1. Strictement parlant, dans les formes passives, *être* n'est pas un auxiliaire, car
il n'abandonne pas sa valeur ordinaire de verbe servant à joindre l'attribut au
sujet ; d'autre part, il ne perd pas sa valeur temporelle. Comparez : *Je* **suis**
blâmé, je **suis** *parti*. Dans la première phrase, *suis* joint *blâmé* au sujet et marque un présent : ce n'est pas un auxiliaire. Dans la seconde, *suis* ne joint plus
l'attribut au sujet et n'a plus sa valeur de présent : c'est un auxiliaire qui sert
à marquer un passé.

302 Se conjuguent avec **avoir** :

1° Les verbes **avoir** et **être** :

> J'**ai** eu, j'**ai** été.

2° Tous les verbes **transitifs** (directs ou indirects) :

> Mais j'**ai** fait un pas, un seul pas en avant. Et cette fois, sans se soulever, l'Arabe **a** tiré son couteau qu'il m'**a** présenté dans le soleil. (A. Camus)
> Ils **ont** obéi à leurs parents.

3° La plupart des verbes **intransitifs** :

> Elle **a** parlé.   J'**ai** couru.   J'**ai** tremblé.

4° Tous les verbes **impersonnels** proprement dits :

> Il **a** plu, il **a** neigé.

Remarque

Avec les verbes pris impersonnellement (§ 288, b), on emploie le même auxiliaire que dans la conjugaison personnelle de ces verbes :

> Il **est** arrivé un malheur.   Il **aurait** convenu de partir.

303 C'est une règle traditionnelle que certains verbes intransitifs ou pris intransitivement se conjuguent avec *avoir* quand ils expriment l'action — et avec *être* quand ils expriment l'état résultant de l'action accomplie :

aborder	cesser	décroître	disparaître	monter
accourir	changer	dégénérer	embellir	paraître
accroître	croître	déménager	empirer	passer
apparaître	déborder	descendre	expirer	ressusciter
baisser	déchoir	diminuer	grandir	vieillir, etc.

> La voiture **a** passé à six heures.
> La voiture **est** passée depuis dix minutes.
> Depuis lors elle **a** déchu de jour en jour.
> Il y a longtemps qu'il **est** déchu de ce droit.

N.B.

En fait, la plupart de ces verbes ne se conjuguent qu'avec *avoir* : Il **a** changé, déchu, embelli, grandi, vieilli... ; quand ils prennent *être,* c'est que le participe passé est employé comme un simple adjectif : Il **est** changé, déchu, embelli, grandi, vieilli...

D'autre part, pour plusieurs de ces verbes (*descendre, monter, passer, ressusciter...*), l'usage, sans distinguer l'action d'avec l'état, a fait prévaloir l'auxiliaire *être* : Je **suis** passé, monté, descendu à six heures, sauf s'ils sont construits transitivement (*J'ai descendu vos valises*).

D. LA CONJUGAISON

1. Les conjugaisons principales

304 C'est une tradition de diviser les verbes en quatre classes ou **conjugaisons,** d'après les terminaisons **-er, -ir, -oir, -re,** de l'infinitif présent.

Parmi les verbes en *-ir,* les uns allongent leur radical par l'insertion de la syllabe *-iss-* :

au présent (plur.) de l'indicatif : *Nous fin-**iss**-ons,* etc. ;
à l'imparfait de l'indicatif : *Je fin-**iss**-ais,* etc. ;
au présent (plur.) de l'impératif : *Fin-**iss**-ons, fin-**iss**-ez ;*
au présent du subjonctif : *Que je fin-**iss**-e,* etc. ;
au présent du participe : *Fin-**iss**-ant.*

Les autres verbes en *-ir* ne présentent pas cet allongement :

> *Nous sent-ons, je sent-ais,* etc.

Ainsi, en dédoublant la conjugaison en *-ir,* on a cinq classes :

1re conjugaison :   Type : **aimer.**
2e conjugaison A :   Type : **finir.**
             B :   Type : **sentir.**
3e conjugaison :   Type : **recevoir.**
4e conjugaison :   Type : **rendre.**

305 Les verbes en *-er* constituent la vraie conjugaison régulière en français ; ce sont de beaucoup les plus nombreux : on en compte environ 4.000, c'est-à-dire à peu près les neuf dixièmes des verbes que possède le français.

Les verbes en *-ir* dont le participe présent est en *-issant* ne dépassent guère le nombre de 300.

Le reste comprend : une trentaine de verbes en *-ir* dont le participe présent n'est pas en *-issant,* une trentaine en *-oir* et une centaine en *-re.*

Les verbes de création nouvelle sont formés sur la conjugaison en *-er* : *formater, vampiriser, flipper,* etc. ; rarement sur la conjugaison en *-ir (-issant) : amerrir, alunir ;* c'est pourquoi ces deux conjugaisons sont dites **vivantes.** Quant à la conjugaison en *-ir* (sans *-iss-*), en *-oir* ou en *-re,* non seulement elle ne s'enrichit plus d'aucun verbe nouveau, mais elle s'appauvrit peu à peu ; c'est pourquoi elle est appelée conjugaison **morte** [1].

---

1. D'après cela, il paraîtrait logique de ne présenter comme tableaux de conjugaison (les tableaux des verbes *avoir* et *être* mis à part) que celui des verbes en *-er* (type : **aimer**) et celui des verbes en *-ir,* avec insertion de *-iss-* à certaines formes (type : **finir**).
   Pour les autres verbes, dont beaucoup subissent des modifications de radical à certaines personnes, à certains temps, à certains modes, on pourrait admettre des groupements selon certaines particularités communes, mais cela ne présenterait, au point de vue pédagogique, qu'une utilité discutable. Le plus pratique serait encore, semble-t-il, de faire observer les similitudes existant, dans la conjugaison de ces verbes, entre certaines formes (§§ 321 et suiv.).
   N.B.
   C'est une vieille tradition que celle qui répartit les verbes en quatre conjugaisons (en *-er,* en *-ir,* en *-oir,* en *-re*), d'après la désinence de l'infinitif. Sans doute on peut préférer d'autres principes de classement. Mais, suivant l'opinion de certains, ils peuvent prêter, eux aussi, à bien des critiques et l'on voit les grammairiens hésiter entre plusieurs critères : la désinence de la première ou de la troisième personne de l'indicatif présent, le passé simple ou le participe passé passif, la fixité ou la modification du radical, etc. Devant une telle complication, devant la confusion et le désaccord qui en résultent, plus d'un professeur préfère s'en tenir, pour des raisons de commodité pédagogique, à la division qui fut longtemps en honneur.

a) *Les tableaux*

306

Verbe AVOIR

Indicatif		**Impératif**	
Présent	*Passé composé*	*Présent*	*Passé* (rare)
J'ai	J'ai eu	Aie	Aie eu
Tu as	Tu as eu	Ayons	Ayons eu
Il a	Il a eu	Ayez	Ayez eu
Nous avons	Nous avons eu		
Vous avez	Vous avez eu		
Ils ont	Ils ont eu		

Subjonctif	
Présent	*Passé*
Que	Que
j'aie	j'aie eu
tu aies	tu aies eu
il ait	il ait eu
nous ayons	nous ayons eu
vous ayez	vous ayez eu
ils aient	ils aient eu

Imparfait	*Plus-que-parfait*
J'avais	J'avais eu
Tu avais	Tu avais eu
Il avait	Il avait eu
Nous avions	Nous avions eu
Vous aviez	Vous aviez eu
Ils avaient	Ils avaient eu

Imparfait	*Plus-que-parfait*
Que	Que
j'eusse	j'eusse eu
tu eusses	tu eusses eu
il eût	il eût eu
nous eussions	nous eussions eu
vous eussiez	vous eussiez eu
ils eussent	ils eussent eu

Passé simple	*Passé antérieur*
J'eus	J'eus eu
Tu eus	Tu eus eu
Il eut	Il eut eu
Nous eûmes	Nous eûmes eu
Vous eûtes	Vous eûtes eu
Ils eurent	Ils eurent eu

Infinitif	
Présent	*Passé*
Avoir	Avoir eu

Futur simple	*Futur antérieur*
J'aurai	J'aurai eu
Tu auras	Tu auras eu
Il aura	Il aura eu
Nous aurons	Nous aurons eu
Vous aurez	Vous aurez eu
Ils auront	Ils auront eu

Participe	
Présent	*Passé*
Ayant	Eu, eue
	Ayant eu

Conditionnel	
Présent [1]	*Passé* [2]
J'aurais	J'aurais eu
Tu aurais	Tu aurais eu
Il aurait	Il aurait eu
Nous aurions	Nous aurions eu
Vous auriez	Vous auriez eu
Ils auraient	Ils auraient eu

1. Ces formes sont aussi celles du *futur du passé* de l'indicatif.
2. Mêmes formes au *futur antérieur du passé* de l'indicatif. Une 2ᵉ forme du conditionnel passé *J'eusse eu* n'est autre que celle du plus-que-parfait du subjonctif.

Verbe ÊTRE

Indicatif

Présent	Passé composé
Je suis	J'ai été
Tu es	Tu as été
Il est	Il a été
Nous sommes	Nous avons été
Vous êtes	Vous avez été
Ils sont	Ils ont été

Imparfait	Plus-que-parfait
J'étais	J'avais été
Tu étais	Tu avais été
Il était	Il avait été
Nous étions	Nous avions été
Vous étiez	Vous aviez été
Ils étaient	Ils avaient été

Passé simple	Passé antérieur
Je fus	J'eus été
Tu fus	Tu eus été
Il fut	Il eut été
Nous fûmes	Nous eûmes été
Vous fûtes	Vous eûtes été
Ils furent	Ils eurent été

Futur simple	Futur antérieur
Je serai	J'aurai été
Tu seras	Tu auras été
Il sera	Il aura été
Nous serons	Nous aurons été
Vous serez	Vous aurez été
Ils seront	Ils auront été

Conditionnel

Présent [1]	Passé [2]
Je serais	J'aurais été
Tu serais	Tu aurais été
Il serait	Il aurait été
Nous serions	Nous aurions été
Vous seriez	Vous auriez été
Ils seraient	Ils auraient été

Impératif

Présent	Passé (rare)
Sois	Aie été
Soyons	Ayons été
Soyez	Ayez été

Subjonctif

Présent	Passé
Que	Que
je sois	j'aie été
tu sois	tu aies été
il soit	il ait été
nous soyons	nous ayons été
vous soyez	vous ayez été
ils soient	ils aient été

Imparfait	Plus-que-parfait
Que	Que
je fusse	j'eusse été
tu fusses	tu eusses été
il fût	il eût été
nous fussions	nous eussions été
vous fussiez	vous eussiez été
ils fussent	ils eussent été

Infinitif

Présent	Passé
Être	Avoir été

Participe

Présent	Passé
Étant	Été
	Ayant été

1. Ces formes sont aussi celles du *futur du passé* de l'indicatif.
2. Mêmes formes au *futur antérieur du passé* de l'indicatif. Une 2e forme du conditionnel passé *J'eusse été* n'est autre que celle du plus-que-parfait du subjonctif.

Verbes en -er : Type : AIMER

Indicatif		Impératif	
Présent	*Passé composé*	*Présent*	*Passé* (rare)
J'aime	J'ai aimé	Aime	Aie aimé
Tu aimes	Tu as aimé	Aimons	Ayons aimé
Il aime	Il a aimé	Aimez	Ayez aimé
Nous aimons	Nous avons aimé		
Vous aimez	Vous avez aimé		
Ils aiment	Ils ont aimé		

		Subjonctif	
Imparfait	*Plus-que-parfait*	*Présent*	*Passé*
		Que	Que
J'aimais	J'avais aimé	j'aime	j'aie aimé
Tu aimais	Tu avais aimé	tu aimes	tu aies aimé
Il aimait	Il avait aimé	il aime	il ait aimé
Nous aimions	Nous avions aimé	nous aimions	nous ayons aimé
Vous aimiez	Vous aviez aimé	vous aimiez	vous ayez aimé
Ils aimaient	Ils avaient aimé	ils aiment	ils aient aimé

Passé simple	*Passé antérieur*	*Imparfait*	*Plus-que-parfait*
		Que	Que
J'aimai	J'eus aimé	j'aimasse	j'eusse aimé
Tu aimas	Tu eus aimé	tu aimasses	tu eusses aimé
Il aima	Il eut aimé	il aimât	il eût aimé
Nous aimâmes	Nous eûmes aimé	nous aimassions	nous eussions aimé
Vous aimâtes	Vous eûtes aimé	vous aimassiez	vous eussiez aimé
Ils aimèrent	Ils eurent aimé	ils aimassent	ils eussent aimé

Futur simple	*Futur antérieur*
J'aimerai	J'aurai aimé
Tu aimeras	Tu auras aimé
Il aimera	Il aura aimé
Nous aimerons	Nous aurons aimé
Vous aimerez	Vous aurez aimé
Ils aimeront	Ils auront aimé

Infinitif	
Présent	*Passé*
Aimer	Avoir aimé

Participe	
Présent	*Passé*
Aimant	Aimé, -ée
	Ayant aimé

Conditionnel

Présent[1]	*Passé*[2]
J'aimerais	J'aurais aimé
Tu aimerais	Tu aurais aimé
Il aimerait	Il aurait aimé
Nous aimerions	Nous aurions aimé
Vous aimeriez	Vous auriez aimé
Ils aimeraient	Ils auraient aimé

1. Ces formes sont aussi celles du *futur du passé* de l'indicatif.
2. Mêmes formes au *futur antérieur du passé* de l'indicatif. Une 2e forme du conditionnel passé *J'eusse aimé* n'est autre que celle du plus-que-parfait du subjonctif.

Verbes en *-ir*

(avec participe présent en **-issant**) : **Type : FINIR**

Indicatif	**Impératif**

Présent	Passé composé	Présent	Passé (rare)
Je finis	J'ai fini	Finis	Aie fini
Tu finis	Tu as fini	Fin-**iss**-ons	Ayons fini
Il finit	Il a fini	Fin-**iss**-ez	Ayez fini
Nous fin-**iss**-ons	Nous avons fini		
Vous fin-**iss**-ez	Vous avez fini		
Ils fin-**iss**-ent	Ils ont fini	**Subjonctif**	

Imparfait	Plus-que-parfait	Présent	Passé
		Que	Que
Je fin-**iss**-ais	J'avais fini	je fin-**iss**-e	j'aie fini
Tu fin-**iss**-ais	Tu avais fini	tu fin-**iss**-es	tu aies fini
Il fin-**iss**-ait	Il avait fini	il fin-**iss**-e	il ait fini
Nous fin-**iss**-ions	Nous avions fini	nous fin-**iss**-ions	nous ayons fini
Vous fin-**iss**-iez	Vous aviez fini	vous fin-**iss**-iez	vous ayez fini
Ils fin-**iss**-aient	Ils avaient fini	ils fin-**iss**-ent	ils aient fini

Passé simple	Passé antérieur	Imparfait	Plus-que-parfait
		Que	Que
Je finis	J'eus fini	je finisse	j'eusse fini
Tu finis	Tu eus fini	tu finisses	tu eusses fini
Il finit	Il eut fini	il finît	il eût fini
Nous finîmes	Nous eûmes fini	nous finissions	nous eussions fini
Vous finîtes	Vous eûtes fini	vous finissiez	vous eussiez fini
Ils finirent	Ils eurent fini	ils finissent	ils eussent fini

Futur simple	Futur antérieur		
Je finirai	J'aurai fini	**Infinitif**	
Tu finiras	Tu auras fini	Présent	Passé
Il finira	Il aura fini	Finir	Avoir fini
Nous finirons	Nous aurons fini		
Vous finirez	Vous aurez fini		
Ils finiront	Ils auront fini	**Participe**	

		Présent	Passé
Conditionnel		Fin-**iss**ant	Fini, -ie
			Ayant fini

Présent [1]	Passé [2]
Je finirais	J'aurais fini
Tu finirais	Tu aurais fini
Il finirait	Il aurait fini
Nous finirions	Nous aurions fini
Vous finiriez	Vous auriez fini
Ils finiraient	Ils auraient fini

1. Ces formes sont aussi celles du *futur du passé* de l'indicatif.
2. Mêmes formes au *futur antérieur du passé* de l'indicatif. Une 2ᵉ forme du conditionnel passé *J'eusse fini* n'est autre que celle du plus-que-parfait du subjonctif.

Verbes en -*ir*

(dont le part. prés. n'est pas en -**issant**) : Type : **SENTIR**

Indicatif		Impératif	
Présent	*Passé composé*	*Présent*	*Passé* (rare)
Je sens	J'ai senti	Sens	Aie senti
Tu sens	Tu as senti	Sentons	Ayons senti
Il sent	Il a senti	Sentez	Ayez senti
Nous sentons	Nous avons senti		
Vous sentez	Vous avez senti		
Ils sentent	Ils ont senti		

Subjonctif

Imparfait	*Plus-que-parfait*	*Présent*	*Passé*
		Que	Que
Je sentais	J'avais senti	je sente	j'aie senti
Tu sentais	Tu avais senti	tu sentes	tu aies senti
Il sentait	Il avait senti	il sente	il ait senti
Nous sentions	Nous avions senti	nous sentions	nous ayons senti
Vous sentiez	Vous aviez senti	vous sentiez	vous ayez senti
Ils sentaient	Ils avaient senti	ils sentent	ils aient senti

Passé simple	*Passé antérieur*	*Imparfait*	*Plus-que-parfait*
		Que	Que
Je sentis	J'eus senti	je sentisse	j'eusse senti
Tu sentis	Tu eus senti	tu sentisses	tu eusses senti
Il sentit	Il eut senti	il sentît	il eût senti
Nous sentîmes	Nous eûmes senti	nous sentissions	nous eussions senti
Vous sentîtes	Vous eûtes senti	vous sentissiez	vous eussiez senti
Ils sentirent	Ils eurent senti	ils sentissent	ils eussent senti

Futur simple	*Futur antérieur*	Infinitif	
Je sentirai	J'aurai senti	*Présent*	*Passé*
Tu sentiras	Tu auras senti	Sentir	Avoir senti
Il sentira	Il aura senti		
Nous sentirons	Nous aurons senti		
Vous sentirez	Vous aurez senti		
Ils sentiront	Ils auront senti		

Participe

		Présent	*Passé*
		Sentant	Senti, -ie
			Ayant senti

Conditionnel

Présent [1]	*Passé* [2]
Je sentirais	J'aurais senti
Tu sentirais	Tu aurais senti
Il sentirait	Il aurait senti
Nous sentirions	Nous aurions senti
Vous sentiriez	Vous auriez senti
Ils sentiraient	Ils auraient senti

1. Ces formes sont aussi celles du *futur du passé* de l'indicatif.
2. Mêmes formes au *futur antérieur du passé* de l'indicatif. Une 2e forme du conditionnel passé *J'eusse senti* n'est autre que celle du plus-que-parfait du subjonctif.

Verbes en *-oir*

Type : RECEVOIR

Indicatif		Impératif	
Présent	*Passé composé*	*Présent*	*Passé* (rare)
Je reçois	J'ai reçu	Reçois	Aie reçu
Tu reçois	Tu as reçu	Recevons	Ayons reçu
Il reçoit	Il a reçu	Recevez	Ayez reçu
Nous recevons	Nous avons reçu		
Vous recevez	Vous avez reçu		
Ils reçoivent	Ils ont reçu		

Subjonctif

Imparfait	*Plus-que-parfait*	*Présent*	*Passé*
		Que	Que
Je recevais	J'avais reçu	je reçoive	j'aie reçu
Tu recevais	Tu avais reçu	tu recoives	tu aies reçu
Il recevait	Il avait reçu	il reçoive	il ait reçu
Nous recevions	Nous avions reçu	nous recevions	nous ayons reçu
Vous receviez	Vous aviez reçu	vous receviez	vous ayez reçu
Ils recevaient	Ils avaient reçu	ils reçoivent	ils aient reçu

Passé simple	*Passé antérieur*	*Imparfait*	*Plus-que-parfait*
		Que	Que
Je reçus	J'eus reçu	je reçusse	j'eusse reçu
Tu reçus	Tu eus reçu	tu reçusses	tu eusses reçu
Il reçut	Il eut reçu	il reçût	il eût reçu
Nous reçûmes	Nous eûmes reçu	nous reçussions	nous eussions reçu
Vous reçûtes	Vous eûtes reçu	vous reçussiez	vous eussiez reçu
Ils reçurent	Ils eurent reçu	ils reçussent	ils eussent reçu

Futur simple	*Futur antérieur*	Infinitif	
Je recevrai	J'aurai reçu	*Présent*	*Passé*
Tu recevras	Tu auras reçu	Recevoir	Avoir reçu
Il recevra	Il aura reçu		
Nous recevrons	Nous aurons reçu		
Vous recevrez	Vous aurez reçu		
Ils recevront	Ils auront reçu		

Participe

		Présent	*Passé*
Conditionnel		Recevant	Reçu, -ue
			Ayant reçu

Présent[1]	*Passé*[2]
Je recevrais	J'aurais reçu
Tu recevrais	Tu aurais reçu
Il recevrait	Il aurait reçu
Nous recevrions	Nous aurions reçu
Vous recevriez	Vous auriez reçu
Ils recevraient	Ils auraient reçu

1. Ces formes sont aussi celles du *futur du passé* de l'indicatif.
2. Mêmes formes au *futur antérieur du passé* de l'indicatif. Une 2ᵉ forme du conditionnel passé *J'eusse reçu* n'est autre que celle du plus-que-parfait du subjonctif.

Verbes en -re

Type : RENDRE

Indicatif		Impératif	
Présent	*Passé composé*	*Présent*	*Passé* (rare)
Je rends	J'ai rendu	Rends	Aie rendu
Tu rends	Tu as rendu	Rendons	Ayons rendu
Il rend	Il a rendu	Rendez	Ayez rendu
Nous rendons	Nous avons rendu		
Vous rendez	Vous avez rendu		
Ils rendent	Ils ont rendu	**Subjonctif**	
		Présent	*Passé*
Imparfait	*Plus-que-parfait*	Que	Que
Je rendais	J'avais rendu	je rende	j'aie rendu
Tu rendais	Tu avais rendu	tu rendes	tu aies rendu
Il rendait	Il avait rendu	il rende	il ait rendu
Nous rendions	Nous avions rendu	nous rendions	nous ayons rendu
Vous rendiez	Vous aviez rendu	vous rendiez	vous ayez rendu
Ils rendaient	Ils avaient rendu	ils rendent	ils aient rendu
Passé simple	*Passé antérieur*	*Imparfait*	*Plus-que-parfait*
Je rendis	J'eus rendu	Que	Que
Tu rendis	Tu eus rendu	je rendisse	j'eusse rendu
Il rendit	Il eut rendu	tu rendisses	tu eusses rendu
Nous rendîmes	Nous eûmes rendu	il rendît	il eût rendu
Vous rendîtes	Vous eûtes rendu	nous rendissions	nous eussions rendu
Ils rendirent	Ils eurent rendu	vous rendissiez	vous eussiez rendu
		ils rendissent	ils eussent rendu
Futur simple	*Futur antérieur*		
Je rendrai	J'aurai rendu	**Infinitif**	
Tu rendras	Tu auras rendu	*Présent*	*Passé*
Il rendra	Il aura rendu	Rendre	Avoir rendu
Nous rendrons	Nous aurons rendu		
Vous rendrez	Vous aurez rendu	**Participe**	
Ils rendront	Ils auront rendu	*Présent*	*Passé*
		Rendant	Rendu, -ue
Conditionnel			Ayant rendu
Présent [1]	*Passé* [2]		
Je rendrais	J'aurais rendu		
Tu rendrais	Tu aurais rendu		
Il rendrait	Il aurait rendu		
Nous rendrions	Nous aurions rendu		
Vous rendriez	Vous auriez rendu		
Ils rendraient	Ils auraient rendu		

1. Ces formes sont aussi celles du *futur du passé* de l'indicatif.
2. Mêmes formes au *futur antérieur du passé* de l'indicatif. Une 2e forme du conditionnel passé *J'eusse rendu* n'est autre que celle du plus-que-parfait du subjonctif.

Conjugaison des verbes intransitifs qui prennent l'auxiliaire *être*

N.B.

Les verbes dont il s'agit ici comprennent :

1° quelques verbes intransitifs exprimant pour la plupart un mouvement ou un changement d'état (§ 301, 3°) ;
2° certains verbes intransitifs exprimant l'état résultant de l'action accomplie (voir des précisions : § 303).

VERBE TYPE : **TOMBER**	
TEMPS SIMPLES	**TEMPS COMPOSÉS**

Indicatif

Présent :	Je tombe	*Passé composé :*	Je suis tombé
Imparfait :	Je tombais	*Plus-que-parfait :*	J'étais tombé
Passé simple :	Je tombai	*Passé antérieur :*	Je fus tombé
Futur simple :	Je tomberai	*Futur antérieur :*	Je serai tombé

Conditionnel

Présent [1] :	Je tomberais	*Passé* [2] :	Je serais tombé

Impératif

Présent :	Tombe	*Passé :*	Sois tombé

Subjonctif

Présent :	Que je tombe	*Passé :*	Que je sois tombé
Imparfait :	Que je tombasse	*Plus-que-parf. :*	Que je fusse tombé

Infinitif

Présent :	Tomber	*Passé :*	Être tombé
		Futur (rare) :	Devoir tomber

Participe

Présent :	Tombant	*Passé :*	Tombé, -ée.
			Étant tombé
		Futur (rare) :	Devant tomber

1. Ces formes sont aussi celles du *futur du passé de l'indicatif*.
2. Mêmes formes au *futur antérieur du passé*. Une seconde forme du conditionnel passé *Je fusse tombé* n'est autre que celle du plus-que-parfait du subjonctif.

b) *Remarques orthographiques*

314 La **1ʳᵉ personne du singulier** se termine :

— Par **-e** à l'indicatif présent de tous les verbes en *-er* et des verbes *assaillir, couvrir* (et ses composés), *cueillir* (et ses composés), *défaillir, offrir, ouvrir* (et ses composés), *souffrir, tressaillir* ; ainsi qu'aux temps simples du subjonctif de tous les verbes (sauf *que je sois*) :

> *Je march**e**, j'ouvr**e**, que je cèd**e**, que je vinss**e**.*

— Par **-s** à l'indicatif présent et au passé simple de tous les verbes autres que les verbes en *-er*, ainsi qu'à l'imparfait de l'indicatif et au conditionnel de tous les verbes :

> *Je fini**s**, je reçoi**s**, je rend**s** ; je dormi**s**, je reçu**s**, je senti**s** ;*
> *je pensai**s**, je disai**s**, je chanterai**s**, je croirai**s**.*

Remarque

Dans *je peux, je vaux* (et composés), *je veux*, on a un *x*.

— Par **-ai** dans *j'ai*, ainsi qu'au futur simple de tous les verbes et au passé simple de tous les verbes en *-er* :

> *J'aimer**ai**, je prendr**ai**, j'aim**ai**.*

315 La **2ᵉ personne du singulier** se termine par **-s** :

> *Tu chante**s**, tu fu**s**, tu lirai**s**.*

Excepté : Dans *tu peux, tu vaux* (et composés), *tu veux*, où l'on a un *x*, et à l'impératif des verbes en *-er* (sauf *aller*) et des verbes *assaillir, couvrir* (et ses composés), *cueillir* (et ses composés), *défaillir, offrir, ouvrir* (et ses composés), *souffrir, tressaillir, savoir, vouloir*, où l'on a un *e* :

> *Plant**e**, couvr**e**, sach**e**.*

Remarque

La 2ᵉ personne du singulier de l'impératif de tous les verbes en *-er*, et des verbes *assaillir, couvrir*, etc., prend un *s* final devant les pronoms *en, y*, non suivis d'un infinitif :

> *Plante**s**-en, pense**s**-y, va**s**-y.* (Remarquez le trait d'union.)

Mais devant les pronoms *en, y*, suivis d'un infinitif et devant la préposition *en*, on n'a ni *s* final ni trait d'union :

> ***Ose** en dire du bien.   **Va** y mettre ordre.*
> ***Va** en savoir des nouvelles.* (Académie)
> ***Laisse** y porter remède.   **Parle** en maître.*

Dans *va-t'en, retourne-t'en*, etc., on remarquera l'apostrophe : le *t*, en effet, n'est pas une consonne euphonique, comme dans *aime-t-il* (§ 345, Rem. 3), c'est le pronom *te* dont l'*e* est élidé (comparez : *allez-vous-en*). Vu l'apostrophe, on se dispense de mettre le second trait d'union.

316 La **3ᵉ personne du singulier** se termine par **-t** :

> *Il finit, il part, il venait, il ferait.*

Excepté :

1° Dans *il a, il va, il vainc, il convainc.*

2° À l'indicatif présent des verbes en *-er* (sauf *aller*) et des verbes *assaillir, couvrir,* etc. (§ 314, 1°) :

> *Elle envoie, elle couvre, elle offre.*

3° Au subjonctif présent de tous les verbes (sauf *qu'il ait, qu'il soit*) :

> *Qu'il plante, qu'il tienne, qu'il reçoive, qu'il rende.*

4° Au futur simple de tous les verbes :

> *Elle chantera, elle finira, elle rendra.*

5° Au passé simple de tous les verbes en *-er* :

> *Il chanta, il alla.*

6° À l'indicatif présent des verbes en *-dre* (sauf *-indre, -soudre*) :

> *Elle rend, elle fond, elle mord.* Mais : *Elle plaint, elle résout,* etc.

317 La **1ʳᵉ personne du pluriel** se termine par **-ons** :

> *Nous plantons, nous suivrons, nous rendrions ;*

sauf au passé simple de tous les verbes et à l'indicatif présent du verbe *être*, où la finale est **-mes** :

> *Nous eûmes, nous plantâmes, nous sommes.*

318 La **2ᵉ personne du pluriel** se termine par **-ez** :

> *Vous avez, vous chantez, vous lisiez, que vous veniez ;*

sauf au passé simple de tous les verbes et à l'indicatif présent de *être, dire, redire, faire* (et composés), où la finale est **-tes** :

> *Vous êtes, vous dites, vous faites.*

319 La **3ᵉ personne du pluriel** se termine par **-ent** :

> *Ils chantent, ils finissaient, ils suivraient ;*

sauf au futur simple de tous les verbes et à l'indicatif présent de *avoir, être, faire* (et ses composés), *aller*, où la finale est **-ont** :

> *Ils planteront, ils recevront, ils ont, ils sont, ils font, ils contrefont, ils vont.*

c) *Les finales des temps*

320 En général, les finales des temps sont semblables dans la conjugaison des verbes en *-er* et dans celle des autres verbes ; elles ne diffèrent qu'au singulier de l'indicatif présent, du passé simple et de l'impératif présent, comme le fait voir le tableau suivant :

		SINGULIER			PLURIEL		
		1^{re}pers.	2e pers.	3e pers.	1^{re}pers.	2e pers.	3e pers.
INDICATIF							
Présent	vb. en *-er*	*e*	*es*	*e*	*ons*	*ez*	*ent*
	autres vb.	*s*	*s*	*t* (ou *d*)	*ons*	*ez*	*ent*
Imparfait	tous les vb.	*ais*	*ais*	*ait*	*ions*	*iez*	*aient*
Passé s.	vb. en *-er*	*ai*	*as*	*a*	*âmes*	*âtes*	*èrent*
	autres vb.	*is* / *us*	*is* / *us*	*it* / *ut*	*îmes* / *ûmes*	*îtes* / *ûtes*	*irent* / *urent*
Futur s.	tous les vb.	*rai*	*ras*	*ra*	*rons*	*rez*	*ront*
CONDITIONNEL							
Présent	tous les vb.	*rais*	*rais*	*rait*	*rions*	*riez*	*raient*
IMPÉRATIF							
Présent	vb. en *-er*	—	*e*	—	*ons*	*ez*	—
	autres vb.	—	*s*	—	*ons*	*ez*	—
SUBJONCTIF							
Présent	tous les vb.	*e*	*es*	*e*	*ions*	*iez*	*ent*
Imparfait	vb. en *-er*	*asse*	*asses*	*ât*	*assions*	*assiez*	*assent*
	autres vb.	*isse* / *usse*	*isses* / *usses*	*ît* / *ût*	*issions* / *ussions*	*issiez* / *ussiez*	*issent* / *ussent*

INFINITIF					
présent		*er*	*ir*	*oir*	*re*
PARTICIPE					
Présent (et gér.)	tous les vb.		*ant*		
passé	vb. en *-er*		*é*		
	autres vb.		*i, u, s, t*		

d) *Similitudes entre certaines formes verbales*

Il y a entre certaines formes verbales des similitudes bonnes à remarquer, dans l'étude du mécanisme de la conjugaison.

322 À la 2ᵉ personne du singulier de l'**indicatif présent** et de l'**impératif présent**, on a des formes semblables. Toutefois, dans les verbes en *-er* et dans certains verbes en *-ir* (*assaillir, couvrir, cueillir*, etc. : § 314, 1°), la 2ᵉ personne du singulier a un *s* final à l'indicatif présent, et elle n'en a pas à l'impératif présent (à moins que ce ne soit devant les pronoms *en, y,* non suivis d'un infinitif : § 315, Rem.) :

> *Tu finis. Finis. Tu reçois. Reçois. Tu rends. Rends*
> Mais : *Tu aimes. Aime.*

323 À la 1ʳᵉ et à la 2ᵉ personne du pluriel de l'**indicatif présent** et de l'**impératif présent**, on a des formes semblables ; excepté *avoir* et *être* (qui empruntent au subjonctif présent les deux personnes du pluriel de leur impératif présent), *savoir* et *vouloir* :

> *Nous aimons. Aimons Vous aimez. Aimez.*
> Mais : *Que nous ayons. Ayons. Que vous ayez. Ayez.*
> *Que nous soyons. Soyons. Que vous soyez. Soyez.*
> *Sachons, sachez. Veuillons, veuillez* (§ 349, *vouloir*).

324 Le pluriel de l'**indicatif présent**, de l'**impératif présent**, du **subjonctif présent**, ainsi que l'**indicatif imparfait** et le **participe présent** ont le même radical (il n'y a que quelques exceptions : *faire, savoir, vouloir, pouvoir...*) :

> *Nous **recev**ons. **Recev**ons. Que nous **recev**ions. Nous **recev**ions.*
> ***Recev**ant. Nous **plaign**ons. **Plaign**ons. Que nous **plaign**ions. Nous **plaign**ions. **Plaign**ant.*

325 La 1ʳᵉ personne du singulier du **subjonctif imparfait** présente la forme de la 2ᵉ personne du singulier du **passé simple** augmentée de *-se* :

> *Tu aimas. Que j'aimas-se. Tu pris. Que je pris-se.*
> *Tu reçus. Que je reçus-se. Tu vins. Que je vins-se.*

326 Dans le **futur simple** et dans le **conditionnel présent**, généralement on retrouve la forme de l'**infinitif**, à laquelle se sont ajoutées les désinences *-ai, -as, -a, -ons, -ez, -ont*, pour le futur simple, et *-ais, -ais, -ait, -ions, -iez, -aient*, pour le conditionnel présent :

> *J'aimer-ai, tu aimer-as... J'aimer-ais, tu aimer-ais...*
> *Je finir-ai, tu finir-as... Je finir-ais, tu finir-ais...*

Remarques

1. Dans les verbes autres que les verbes en *-er,* on observe de fréquentes altérations du radical : *Ten-ir, je tiendr-ai, je tiendr-ais. Sav-oir, je saur-ai, je saur-ais. Pouv-oir, je pourr-ai, je pourr-ais.*

2. Dans les verbes en *-re*, l'*e* final de l'infinitif a disparu devant les désinences *-ai, as,...* ou *-ais, -ais...* : *Rendre, je rendr-ai, je rendr-ais.*
3. Les désinences du futur simple et du conditionnel présent ne sont autres que les formes du présent ou de l'imparfait de l'indicatif du verbe *avoir* (*avons, avez, avais, avait, avions, aviez, avaient,* ont été réduits, à *ons, ez, ais, ait, ions, iez, aient*); ainsi *j'aimerai, j'aimerais,* étaient, à l'origine : *aimer ai* (c.-à-d. j'ai à aimer), *aimer ais* (c.-à-d. j'avais à aimer).

e) *Remarques sur la conjugaison de certains verbes*

Verbes en *-er*

327 Les verbes en **-cer** prennent une cédille sous le *c* devant *a* et *o*, afin de conserver au *c* la même prononciation [s] qu'à l'infinitif :

> *Nous avançons, je plaçais, il acquiesça.*

328 Les verbes en **-ger** prennent un *e* après le *g* devant *a* et *o*, afin de conserver au *g* la même prononciation [ʒ] qu'à l'infinitif :

> *Je partageais, songeant, nous mangeons.*

329 Les verbes qui ont un **e muet** [ə] à l'avant-dernière syllabe de l'infinitif changent cet [ə] en [ɛ] (écrit *è*) devant une syllabe muette :

> *Semer, je sème, je sèmerai.*

Le plus grand nombre des verbes en **-eler** et en **-eter** redoublent la consonne *l* ou *t* devant un *e* muet [ə] :

> *Becqueter, je becquette.* (Académie).
> *Bourreler, je bourrelle.* (Id.)
> *Caqueter, je caquette.* (Id.)
> *Colleter, je collette.* (Id.)
> *Épousseter, j'époussette.* (Id.)
> *Étiqueter, j'étiquette.* (Id).
> *Harceler, je harcelle.* (Id.)
> *Souffleter, je soufflette.* (Littré)
> *Voleter, je volette.* (Id.)

Au lieu de redoubler *l* ou *t,* les verbes suivants, selon l'Académie, changent le [ə] écrit *e* en [ɛ] écrit *è* devant une syllabe muette [1] :

acheter	receler	démanteler	congeler	marteler
racheter	ciseler	écarteler	dégeler	modeler
celer	corseter	fureter	regeler	peler
déceler	crocheter	geler	haleter	

> *J'achète. Elle cisèle. Tu furètes. Nous crochèterons. Il halète.*

---

1. Les propositions de rectification orthographique avancées en 1990 étendent cette règle à l'ensemble des verbes en *-eler* et en *-eter,* à l'exception d'*appeler* et de *jeter* et des verbes de leur famille (Annexe A, § 511).

330 Les verbes qui ont un [e] (écrit *é*) à l'avant-dernière syllabe de l'infinitif changent cet [e] en [ɛ] écrit *è* devant une syllabe muette *finale*. (Au futur et au conditionnel, ils gardent donc, dans l'écriture, l'*é* avec accent aigu, mais cet *é* se prononce [ɛ] [1] :

> *Altérer, j'altère, j'altérerai.*
> *Révéler, je révèle, je révélerais.*

Remarque

Les verbes en **-éer** conservent l'*é* dans toute leur conjugaison :

> *Créer, je crée, je créerai.*

331 Les verbes en **-yer** changent l'*y* en *i* devant un *e* muet :

> *Employer, j'emploie, j'emploierai.*

Les verbes en **-ayer** *peuvent* conserver l'*y* dans toute leur conjugaison :

> *Payer, je paye* (pron. [pɛj]) ou *je paie* (pron. [pɛ]).

Remarque

Les verbes en **-eyer** conservent toujours l'*y* : *Je grasseye.*

332 Dans les verbes qui se terminent au participe présent par **-iant, -yant, -llant** (*l* mouillés), **-gnant,** — sauf *avoir* — on a, aux deux premières personnes du pluriel de l'indicatif imparfait et du subjonctif présent un **i** après l'*i*, ou après l'*y*, ou après l'*l* mouillé, ou après l'*n* mouillé du radical :

Crier, cri-ant.	*Nous cri**i**ons, vous cri**i**ez, que nous cri**i**ons, que vous cri**i**ez.*
Rire, ri-ant.	*Nous ri**i**ons, vous ri**i**ez, que nous ri**i**ons, que vous ri**i**ez.*
Envoyer, envoy-ant.	*Nous envo**yi**ons, vous envo**yi**ez, que nous envo**yi**ons, que vous envo**yi**ez.*
Travailler, travaill-ant.	*Nous travail**li**ons, vous travail**li**ez, que nous travail**li**ons, que vous travail**li**ez.*
Régner, régn-ant.	*Nous ré**gni**ons, vous ré**gni**ez, que nous ré**gni**ons, que vous ré**gni**ez.*

Verbes en *-ir*

333 **Bénir** a deux participes passés :

a) **Bénit, bénite**, se dit de certaines *choses* consacrées par une bénédiction rituelle, mais s'emploie uniquement comme *adjectif* (épithète ou attribut) :

> *De l'eau **bénite**. Du pain **bénit**.*
> *Un chapelet **bénit**.*
> *Je veux qu'une branche **bénite** orne ma chambre.* (Fr. Jammes)

---

1. Ces mêmes propositions suggèrent d'aligner l'écriture sur la prononciation, et donc d'écrire -è ce qui se prononce [ɛ]. Cet usage est d'ailleurs adopté par l'Académie depuis 1992, qui ne donne plus que les formes avec è.

b) **Béni, bénie,** s'emploie :

1° Dans tous les cas où le mot n'indique pas une bénédiction rituelle :

> C'était le jour **béni** de ton premier baiser. (Mallarmé)
> J'ai ressenti au contraire un sentiment de force et
> d'accomplissement. Le même qu'hier, quand elle a affronté et **béni**
> sa sœur. Pourquoi **béni** ? C'est le mot qui jaillit de ses
> entrailles. (H. Bauchau)
> Ce roi est **béni** par son peuple. (Littré)

2° Même dans les cas où il s'agit d'une bénédiction rituelle, chaque fois que le mot est appliqué à des *personnes* et chaque fois qu'il est pris, non pas comme adjectif, mais comme *verbe*[1] :

> Le prêtre a **béni** les cierges.   Le mariage a été **béni**.
> Un chapelet **béni** par le pape. (M. Barrès)

334 **Fleurir,** au sens propre, fait à l'imparfait de l'indicatif *fleurissais,* et au participe présent ou adjectif verbal *fleurissant* :

> Les pommiers **fleurissaient**.
> Un pré plein d'herbe et **fleurissant**. (La Fontaine)

Dans le sens figuré de « prospérer », il fait souvent *florissait* à l'imparfait de l'indicatif, et presque toujours *florissant* au participe présent ; l'adjectif verbal est toujours *florissant* :

> Les sciences et les beaux-arts **fleurissaient** ou **florissaient** sous
> le règne de ce prince. (Académie)
> Dans le cours d'un règne **florissant**. (Racine)
> Une santé **florissante**.

335 **Haïr** perd le tréma au singulier de l'indicatif présent et de l'impératif présent :

> Je hais, [ʒəɛ], tu hais, il hait. Hais.

Au passé simple et à l'imparfait du subjonctif, à cause du tréma, on écrit sans accent circonflexe : *nous haïmes, vous haïtes, qu'il haït* [ai] (formes d'ailleurs à peu près inusitées).

Verbes en *-oir* et en *-re*

336 Les participes passés **dû, redû, mû, crû** (de *croître*), **recrû** (de *recroître*) ont l'accent circonflexe au masculin singulier seulement :

> L'honneur **dû**.   **Mû** par l'intérêt.   La rivière a **crû**.
> Mais : La somme *due*.   Ils sont *mus* par l'intérêt.
> La rivière est *crue*. (Académie)

Remarque

On écrit sans circonflexe : *accru, décru, ému, indu, promu, recru* (au sens de « très fatigué, harassé »).

---

1. Dans des cas où il s'agit d'une bénédiction rituelle, on trouve parfois, il est vrai, *bénit* employé comme *verbe,* mais seulement au sens passif : *Les drapeaux ont été bénits.* (Académie)

337 Les verbes en **-indre** et en **-soudre** ne gardent le *d* que devant un *r*, c'est-à-dire au futur simple et au conditionnel présent (donc en particulier, pas de *d* au singulier du présent de l'indicatif ou de l'impératif) :

> *Peindre, je peins, tu peins, il peint ; peins ;*
> *je peindrai ; je peindrais.*
> *Résoudre, je résous, tu résous, il résout ; résous ;*
> *Je résoudrai ; je résoudrais.*

Dans les verbes en *-indre*, les consonnes *-nd-* se changent en *-gn-* (c'est-à-dire [ɲ]) devant une voyelle :

> *Peindre, nous peignons, je peignais, peignant,* etc.

338 **Battre, mettre** et leurs composés ne gardent qu'un *t* au singulier du présent de l'indicatif et de l'impératif :

> *Mettre, je mets, tu mets, il met ; mets.*

339 Au singulier du présent de l'indicatif et de l'impératif, la consonne finale du radical de l'indicatif se maintient :

1° Dans les verbes en **-dre** (autres que les verbes en *-indre* et en *-soudre*) :

> *Prendre, je prends, tu prends, il prend ; prends.*
> *Répondre, je réponds, tu réponds, il répond ; réponds.*
> *Répandre, je répands, tu répands, il répand ; répands.*
> *Mordre, je mords, tu mords, il mord ; mords.*
> *Moudre, je mouds, tu mouds, il moud ; mouds.*

2° Dans **vaincre, rompre** et dans les composés de ces verbes :

> *Vaincre, je vaincs, tu vaincs, il vainc ; vaincs.*
> *Rompre, je romps, tu romps, il rompt ; romps.*

340 Les verbes en **-aître** et en **-oître** ont l'accent circonflexe sur l'*i* du radical chaque fois que cette voyelle est suivie d'un *t* [1] :

> *Il paraît, je paraîtrai, tu paraîtras,* etc.
> *Il accroît, j'accroîtrai,* etc.

Mais sans accent circonflexe : *Je parais. tu parais,* etc. ; *j'accrois, tu accrois,* etc. ; *je décrois, tu décrois,* etc.

Remarque

Croître a l'accent circonflexe non seulement quand *i* est suivi d'un *t*, mais chaque fois qu'une confusion serait possible avec une forme correspondante de *croire* (excepté *crus, crue, crues* : § 336) :

> *Je croîs, tu croîs, il croît en sagesse.*
> *Je crûs, tu crûs, il crût, nous crûmes, vous crûtes, ils crûrent en science.*

Mais sans accent circonflexe : *Les ruisseaux sont crus, la rivière est crue, les rivières sont crues.*

On écrit au passé simple : *J'accrus, tu accrus, il accrut, nous accrûmes, vous accrûtes, ils accrurent.* De même : *Je décrus, tu décrus,* etc. ; *je recrus, tu recrus,* etc. Et au participe passé : *accru, décru* (§ 336, Rem.).

---

1. Sauf si l'on choisit d'appliquer les rectifications orthographiques (Annexe A, § 511).

341 En général, dans les verbes en **-ire** (sauf *rire, sourire* et *écrire*), le pluriel du présent de l'indicatif, l'imparfait de l'indicatif, le présent du subjonctif, le passé simple, l'imparfait du subjonctif, ont un *s* sonore [z] entre le radical et la terminaison :

> *Conduire, condui-**s**-ant, nous condui-**s**-ons, je condui-**s**-ais, que je condui-**s**-e, je condui-**s**-is, que je condui-**s**-isse.*

Rire, sourire ne prennent aucune consonne entre le radical et la désinence :

> *Ri-ant, nous ri-ons, que nous ri-ions,* etc.

Écrire et ses composés ont un *v* entre le radical et la désinence aux temps indiqués ci-dessus :

> *Nous écri-**v**-ons, que je décri-**v**-e, il souscri-**v**-ait.*

f) *La conjugaison passive*

342 Pour conjuguer un verbe au passif, on fait suivre du participe passé simple de ce verbe tous les temps du verbe *être*.

VERBE TYPE : **ÊTRE AIMÉ**			
Indicatif			
Présent :	Je suis aimé	*Passé composé :*	J'ai été aimé
Imparfait :	J'étais aimé	*Plus-que-parfait :*	J'avais été aimé
Passé simple :	Je fus aimé	*Passé antérieur :*	J'eus été aimé
Futur simple :	Je serai aimé	*Futur antérieur :*	J'aurai été aimé
Conditionnel			
Présent [1] :	Je serais aimé	*Passé* [2] :	J'aurais été aimé
Impératif			
Présent :	Sois aimé		
Subjonctif			
Présent :	Que je sois aimé	*Passé :*	Que j'aie été aimé
Imparfait :	Que je fusse aimé	*Plus-que-parf. :*	Que j'eusse été aimé
Infinitif			
Présent :	Être aimé	*Passé :*	Avoir été aimé
		Futur (rare) :	Devoir être aimé
Participe			
Présent :	Étant aimé	*Passé :*	Aimé, -e.
			Ayant été aimé
		Futur (rare) :	Devant être aimé
1. Ces formes sont aussi celles du *futur du passé de l'indicatif.*			
2. Mêmes formes au *futur antérieur du passé.* Une seconde forme du conditionnel passé *J'eusse été aimé* n'est autre que celle du plus-que-parfait du subjonctif.			

VERBE TYPE : **S'ENVOLER**

Indicatif

Présent :	Je m'envole	*Passé composé :*	Je me suis envolé
Imparfait :	Je m'envolais	*Plus-que-parfait :*	Je m'étais envolé
Passé simple :	Je m'envolai	*Passé antérieur :*	Je me fus envolé
Futur simple :	Je m'envolerai	*Futur antérieur :*	Je me serai envolé

Conditionnel

Présent [1] :	Je m'envolerais	*Passé* [2] :	Je me serais envolé

Impératif

Présent :	Envole-toi

Subjonctif

Présent :	Que je m'envole	*Passé :*	Que je me sois envolé
Imparfait :	Que je m'envolasse	*Plus-que-parf. :*	Que je me fusse envolé

Infinitif

Présent :	S'envoler	*Passé :*	S'être envolé
		Futur (rare) :	Devoir s'envoler

Participe

Présent :	S'envolant	*Passé :*	Envolé, -e.
			S'étant envolé
		Futur (rare) :	Devant s'envoler

1. Ces formes sont aussi celles du *futur du passé de l'indicatif.*
2. Mêmes formes au *futur antérieur du passé.* Une seconde forme du conditionnel passé *Je me fusse repenti* n'est autre que celle du plus-que-parfait du subjonctif.

Remarques

1. Pour les différentes valeurs des verbes pronominaux, voir § 287.

2. Les verbes pronominaux prennent toujours, aux temps composés, l'auxiliaire *être* (§ 301, 2°) :

> Je me **suis** trompé.   Ils se **sont** battus.   Elle s'**est** évanouie.

3. Le pronom représentant le sujet du verbe pronominal se place avant le verbe ; aux temps composés, il se place avant l'auxiliaire. Ce pronom est atone.

À l'impératif, ce pronom se place après le verbe : *Souviens-**toi**, Repentons-**nous**.* Il est alors tonique (sauf s'il perd son accent tonique au profit d'un monosyllabe faisant corps avec la forme verbale : *Souviens-toi bien. Repentons-nous donc !*).

h) *La conjugaison impersonnelle*

VERBE TYPE : **NEIGER**			
Indicatif			
Présent :	Il neige	*Passé composé :*	Il a neigé
Imparfait :	Il neigeait	*Plus-que-parfait :*	Il avait neigé
Passé simple :	Il neigea	*Passé antérieur :*	Il eut neigé
Futur simple :	Il neigera	*Futur antérieur :*	Il aura neigé
Conditionnel			
Présent [1] *:*	Il neigerait	*Passé* [2] *:*	Il aurait neigé
Subjonctif			
Présent :	Qu'il neige	*Passé :*	Qu'il ait neigé
Imparfait :	Qu'il neigeât	*Plus-que-parf. :*	Qu'il eût neigé
Infinitif			
Présent :	Neiger	*Passé :*	Avoir neigé
Participe			
Présent [3] *:*	Neigeant	*Passé :*	Neigé.
			Ayant neigé

1. Ces formes sont aussi celles du *futur du passé de l'indicatif.*
2. Mêmes formes au *futur antérieur du passé.* Une seconde forme du conditionnel passé *Il eût neigé* n'est autre que celle du plus-que-parfait du subjonctif.
3. Usité seulement lorsque le verbe impersonnel est pris figurément. (Voir § 288, a, Rem.)

i) *La conjugaison interrogative*

345 Seuls le mode *indicatif* et le mode *conditionnel* peuvent prendre la forme interrogative.

Remarques

1. Devant le pronom sujet en inversion, à la 1re personne du singulier, l'*e* s'écrit *é* et se prononce [ɛ] [1].

> *Aimé-je ? Cueillé-je ? Puissé-je.*

2. On n'admet pas, en général, l'inversion du sujet *je* à la 1re personne du singulier de l'indicatif présent, dans la conjugaison interrogative des verbes autres que les verbes en *-er,* sauf pour quelques verbes très usités :

> *Ai-je ? Dis-je ? Dois-je ? Fais-je ? Puis-je ? Suis-je ?*
> *Sais-je ? Vais-je ? Vois-je ? Veux-je ?*
> **Tiens-je** *tellement à laisser un poème, un piège ?* (F. Ponge)

> Au lieu de *cours-je ? mens-je ?* etc., on dira : *Est-ce que je cours ?* etc.

---

1. Les rectifications orthographiques de 1990 proposent d'écrire *aimè-je* (Annexe A, § 511).

3. Devant les sujets, *il, elle, on,* en inversion, lorsque le verbe se termine par *e* ou *a,* on intercale la consonne euphonique [1] *t* (entre traits d'union) :

> Chante-***t***-il ? Ira-***t***-elle ? Viendra-***t***-on ?

346 Verbe AIMER conjugué interrogativement

Indicatif :

Présent :	Aimé-je ? aimes-tu, ... ou :	Est-ce que j'aime ?
Imparfait :	Aimais-je ?	Est-ce que j'aimais ?
Passé simple :	Aimai-je ?	Est-ce que j'aimai ?
Futur simple :	Aimerai-je ?	Est-ce que j'aimerai ?
Passé composé :	Ai-je aimé ?	Est-ce que j'ai aimé ?
Plus-que-parf. :	Avais-je aimé ?	Est-ce que j'avais aimé ?
Passé antér. :	Eus-je aimé ?	Est-ce que j'eus aimé ?
Futur antér. :	Aurai-je aimé ?	Est-ce que j'aurai aimé ?

Conditionnel :

Présent :	Aimerais-je ?	ou :	Est-ce que j'aimerais ?
Passé :	Aurais-je aimé ?		Est-ce que j'aurais aimé
	Eussé-je aimé ?		(... j'eusse aimé) ?

2. La conjugaison des verbes irréguliers et des verbes défectifs

347 a) *Les verbes irréguliers*

On appelle verbes *irréguliers :*

1° Ceux qui, tout en gardant le même radical à tous les temps, présentent à certaines formes des particularités de terminaisons, par exemple :

> *Cueill-ir.* Ind. pr. *Je cueill-**e*** (comme *j'aim-**e***).

2° Ceux dont le radical ne reste pas le même à tous les temps, par exemple : *tenir :*

a) Radic. **tien-** :	Indic. pr. :	*Je tiens, tu tiens, il tient, ils tiennent.*
	Impér. pr. :	*tiens.*
	Subj. pr. :	*Que je tienne, que tu tiennes, qu'il tienne, qu'ils tiennent.*
b) Radic. **ten-** :	Indic. pr. :	*Nous tenons, vous tenez.*
	Imparf. :	*Je tenais, tu tenais,* etc.
	Impér. pr. :	*Tenons, tenez.*
	Subj. pr. :	*Que nous tenions, que vous teniez.*
	Part. pr. :	*Tenant.*
	Part. pas. :	*Tenu.*
c) Radic. **tiend-** :	Futur s. :	*Je tiendrai, tu tiendras,* etc.
	Cond. pr. :	*Je tiendrais, tu tiendrais,* etc.
d) Radic. **tin-** :	Passé s. :	*Je tins, tu tins,* etc.
	Subj. imparf. :	*Que je tinsse, que tu tinsses,* etc.

---

1. « Euphonique », du moins selon le sentiment de l'usager ordinaire. La grammaire historique enseigne que ce *t* est dû à l'analogie avec des formes telles que *dit*-il, *sort*-il, *aimait*-il.

b) *Les verbes défectifs*

On appelle verbes *défectifs* ceux qui ne sont pas usités à certains temps ou à certaines personnes ; par exemple :

— *Absoudre* n'a ni passé simple ni subjonctif imparfait.
— *S'ensuivre* n'est usité qu'à l'infinitif et aux troisièmes personnes de chaque temps.
— *Gésir* ne s'emploie plus qu'au présent et à l'imparfait de l'indicatif et au participe présent.

349 **c)** *Liste alphabétique des verbes irréguliers et des verbes défectifs*

N.B.

On se dispense d'indiquer ici le *conditionnel :* chaque fois que le futur simple existe, le conditionnel existe aussi.

Abattre
Comme *battre.*

Absoudre
Ind. pr. : *J'absous, tu absous, il absout, nous absolvons, vous absolvez, ils absolvent.* • Imparf. : *J'absolvais.* • Passé s. (manque). • Fut. : *J'absoudrai.* • Impér. : *Absous, absolvons, absolvez.* • Subj. pr. : *Que j'absolve.* • Subjonct. imparf. (manque). • Part. pr. : *Absolvant.* • Part. pas. : *Absous, absoute.*

Abstenir (s')
Comme *tenir,* mais les temps composés prennent *être.*

Abstraire
Comme *traire.*

Accourir
Comme *courir.*

Accroire
N'est usité qu'à l'infin., précédé du verbe *faire : Il m'en fait accroire.*

Accroître
Ind. pr. : *J'accrois, tu accrois, il accroît, nous accroissons, vous accroissez, ils accroissent.* • Imparf. : *J'accroissais.* • Passé s. : *J'accrus, tu accrus, il accrut, nous accrûmes, vous accrûtes, ils accrurent.* • Fut. : *J'accroîtrai.* • Impér. : *Accrois, accroissons, accroissez.* • Subj. pr. : *Que j'accroisse.* • Subj. imp. : *Que j'accrusse.* • Part. pr. : *Accroissant.* •

Part. pas. : *Accru, accrue* (§ 340, Rem.). • Aux temps composés, il prend *avoir* ou *être* selon la nuance de la pensée (§ 303).

Accueillir
Comme *cueillir.*

Acquérir
Ind. pr. : *J'acquiers, tu acquiers, il acquiert, nous acquérons, vous acquérez, ils acquièrent.* • Imparf. : *J'acquérais.* • Passé s. : *J'acquis.* • Fut. : *J'acquerrai.* • Impér. : *Acquiers, acquérons, acquérez.* • Subj. pr. : *Que j'acquière, que tu acquières, qu'il acquière, que nous acquérions, que vous acquériez, qu'ils acquièrent.* • Subj. imp. : *Que j'acquisse.* • Part. pr. : *Acquérant.* • Part. pas. : *Acquis, acquise.*

Adjoindre
Comme *craindre.*

Admettre
Comme *mettre.*

Advenir
Comme *tenir,* mais n'est usité qu'à l'infinitif et aux troisièmes personnes, et prend *être* aux temps composés. • *Advenant* s'emploie dans les contrats, etc. au sens de « s'il arrive ».

Aller
Ind. pr. : *Je vais, tu vas, il va, nous allons, vous allez, ils vont.* • Imparf. : *J'allais.* • Passé s. : *J'allai.* • Fut. : *J'irai.* • Impér. : *Va*

(pour *vas-y*, voir § 315, Rem.), *allons, allez.* • Subj. pr. : *Que j'aille, que tu ailles, qu'il aille, que nous allions, que vous alliez, qu'ils aillent.* • Subj. imp. : *Que j'allasse.* • Part. pr. : *Allant.* • Part. pas. : *Allé, allée.* • Les temps composés prennent *être.*
S'en aller. • Comme *aller : Je m'en vais,* etc. • Remarquez : Impér. : *Va-t'en, allons-nous-en, allez-vous-en.* • Aux temps comp., l'auxil. *être* se place entre *en* et *allé : Je m'en suis allé,* etc.

Apercevoir
Comme *recevoir.*

Apparaître
Comme *paraître.*

Apparoir
(= être évident, être manifeste). Terme de justice usité seulement à l'infin., et impersonnellement, à la 3e pers. de l'ind. pr. : *Il a fait apparoir de son bon droit.* • *Ainsi qu'il appert de tel acte.*

Appartenir
Comme *tenir.*

Appendre
Comme *rendre.*

Apprendre
Comme *prendre.*

Assaillir
Ind. pr. : *J'assaillis, tu assaillis, il assaillit, nous assaillons, vous assaillez, ils assaillent.* • Imparf. : *J'assaillais, nous assaillions.* • Passé s. : *J'assaillis.* • Fut. : *J'assaillirai.* • Impér. : *Assaille, assaillons, assaillez.* • Subj. pr. : *Que j'assaille, que nous assaillions, que vous assailliez, qu'ils assaillent.* • Subj. imp. : *Que j'assaillisse.* • Part. pr. : *Assaillant.* • Part. pas. : *Assailli, assaillie.*

Asseoir
Ind. pr. : *J'assieds, tu assieds, il assied, nous asseyons, vous asseyez, ils asseyent* (ou : *J'assois, tu assois, il assoit, nous assoyons, vous assoyez, ils assoient*). • Imparf. : *J'asseyais, nous asseyions* (ou : *J'assoyais, nous assoyions*). • Passé s. : *J'assis.* • Fut. : *J'assiérai* (ou : *J'assoirai*). • Impér. : *Assieds, asseyons, asseyez* (ou : *Assois, assoyons, assoyez*). • Subj. pr. : *Que j'asseye, que nous asseyions, qu'ils asseyent* (ou : *Que j'assoie, que nous assoyions, qu'ils assoient*). • Subj. imp. : *Que j'assisse.* • Part. pr. : *Asseyant* (ou : *Assoyant*). • Part. pas. : *Assis, assise.*

Astreindre
Comme *craindre.*

Atteindre
Comme *craindre.*

Attendre
Comme *rendre.*

Attraire
Comme *traire,* mais ne s'emploie plus guère qu'à l'infin.

Battre
Ind. pr. : *Je bats, tu bats, il bat, nous battons, vous battez, ils battent.* • Imparf. : *Je battais.* • Passé s. : *Je battis.* • Fut. : *Je battrai.* • Impér. : *Bats, battons, battez.* • Subj. pr. : *Que je batte.* • Subj. imp. : *Que je battisse.* • Part. pr. : *Battant.* • Part. pas. : *Battu, battue.*

Boire
Ind. pr. : *Je bois, tu bois, il boit, nous buvons, vous buvez, ils boivent.* • Imparf. : *Je buvais.* • Passé s. : *Je bus.* • Fut. : *Je boirai.* • Impér. : *Bois, buvons, buvez.* • Subj. pr. : *Que je boive, que tu boives, qu'il boive, que nous buvions, que vous buviez, qu'ils boivent.* • Subj. imp. : *Que je busse.* • Part. pr. : *Buvant.* • Part. pas. : *Bu, bue.*

Bouillir
Ind. pr. : *Je bous, tu bous, il bout, nous bouillons, vous bouillez, ils bouillent.* • Imparf. : *Je bouillais, nous bouillions.* • Passé s. : *Je bouillis.* • Fut. : *Je bouillirai.* • Impér. : *Bous, bouillons, bouillez.* • Subj. pr. : *Que je bouille, que nous bouillions, que vous bouilliez, qu'ils bouillent.* • Subj. imp. : *Que je bouillisse.* • Part. pr. : *Bouillant.* • Part. pas. : *Bouilli, bouillie.*

Braire
Ne s'emploie guère qu'à l'infin. et aux troisièmes personnes du prés. de l'indic., du fut. et du condit. : *Il brait, ils braient.* • *Il braira, ils brairont.* • *Il brairait, ils brairaient.* • Les formes suivantes sont rares : Imparf. : *Il brayait, ils brayaient.* • Part. pr. : *Brayant.* • Part. pas. : *Brait* (dans les temps composés : *Il a brait,* etc.) (sans fém. ni plur.).

Bruire

N'est guère usité qu'à l'infin., à la 3e p. du sg. de l'ind. pr. : *Il bruit* • aux 3es pers. de l'imparf. : *Il bruissait, ils bruissaient* (*il bruyait, ils bruyaient* sont archaïques) • et au part. pr. : *Bruissant* (*bruyant* ne s'emploie plus que comme adjectif).

Ceindre

Comme *craindre*.

Chaloir

(= importer). • Ne s'emploie plus qu'impersonnellement, dans les expressions : *il ne m'en chaut, il ne m'en chaut guère, peu me chaut*.

Choir

Ne s'emploie plus qu'en poésie ou par plaisanterie, à l'infin., au fut. : *Je cherrai* • et au part. pas. : *Chu, chue*.

Circoncire

Comme *suffire*, mais le part. pas. est en *-s* : *Circoncis, circoncise*.

Circonscrire

Comme *écrire*.

Circonvenir

Comme *tenir*.

Clore

N'est usité qu'à l'infin. et aux formes suivantes : Ind. pr. : *Je clos, tu clos, il clôt*, (rare : *ils closent*). • Fut. (rare) : *Je clorai, tu cloras*, etc. • Impér. : *Clos.* • Subj. pr. (rare) : *Que je close*, etc. • Part. pas. : *Clos, close*.

Combattre

Comme *battre*.

Commettre

Comme *mettre*.

Comparaître

Comme *connaître*.

Comparoir

Terme de procédure usité seulement à l'infin. (mot archaïque, remplacé par *comparaître*). • *Comparant* s'emploie comme adjectif ou comme nom.

Complaire

Comme *plaire*.

Comprendre

Comme *prendre*.

Compromettre

Comme *mettre*.

Concevoir

Comme *recevoir*.

Conclure

Ind. prés. : *Je conclus, tu conclus, il conclut, nous concluons, vous concluez, ils concluent.* • Imparf. : *Je concluais, nous concluions.* • Passé s. : *Je conclus.* • Fut. : *Je conclurai.* • Impér. : *Conclus, concluons, concluez.* • Subj. pr. : *Que je conclue, que nous concluions.* • Subj. imp. : *Que je conclusse.* • Part. pr. : *Concluant.* • Part. pas. : *Conclu, conclue.*

Concourir

Comme *courir*.

Condescendre

Comme *rendre*.

Conduire

Ind. pr. : *Je conduis, tu conduis, il conduit, nous conduisons, vous conduisez, ils conduisent.* • Imparf. : *Je conduisais.* • Passé s. : *Je conduisis.* • Fut. : *Je conduirai.* • Impér. : *Conduis, conduisons, conduisez.* • Subj. pr. : *Que je conduise.* • Subj. imp. : *Que je conduisisse.* • Part. pr. : *Conduisant.* • Part. pas. : *Conduit, conduite.*

Confire

Comme *suffire*, sauf le part. pas. : *Confit, confite.*

Confondre

Comme *rendre*.

Conjoindre

Comme *craindre*.

Connaître

Ind. pr. : *Je connais, tu connais, il connaît, nous connaissons, vous connaissez, ils connaissent.* • Imparf. : *Je connaissais.* • Passé s. : *Je connus.* • Fut. : *Je connaîtrai.* • Imp. : *Connais, connaissons, connaissez.* • Subj. pr. : *Que je connaisse.* • Subj. imp. : *Que je connusse.* • Part. pr. : *Connaissant.* • Part. pas. : *Connu, connue.*

Conquérir

Comme *acquérir*.

Consentir

Comme *mentir*.

Construire

Comme *conduire*.

Contenir

Comme *tenir*.

Contraindre

Comme *craindre*.

Contredire
Comme *dire*, sauf à la 2e pers. du plur. de l'ind. pr. et de l'impér., où l'on a : *contredisez*.

Contrefaire
Comme *faire*.

Contrevenir
Comme *tenir*.

Convaincre
Comme *vaincre*.

Convenir
Comme *tenir*. • Dans le sens de « être approprié à, plaire, être à propos », il se conjugue avec *avoir* aux temps composés. Dans le sens de « tomber d'accord, faire un accord », il se conjugue avec *être*.

Correspondre
Comme *rendre*.

Corrompre
Comme *rompre*.

Coudre
Ind. pr. : *Je couds, tu couds, il coud, nous cousons, vous cousez, ils cousent.* • Imparf. : *Je cousais.* • Passé s. : *Je cousis.* • Fut. : *Je coudrai.* • Impér. : *Couds, cousons, cousez.* • Subj. pr. : *Que je couse.* • Subj. imp. : *Que je cousisse.* • Part. pr. : *Cousant.* • Part. pas. : *Cousu, cousue.*

Courir
Ind. pr. : *Je cours, tu cours, il court, nous courons, vous courez, ils courent.* • Imparf. : *Je courais.* • Passé s. : *Je courus.* • Fut. : *Je courrai.* • Impér. : *Cours, courons, courez.* • Subj. pr. : *Que je coure, que tu coures, qu'il coure, que nous courions, que vous couriez, qu'ils courent.* • Subj. imp. : *Que je courusse.* • Part. pr. : *Courant.* • Part. pas. : *Couru, courue.*

Couvrir
Ind. pr. : *Je couvre, tu couvres, il couvre, nous couvrons, vous couvrez, ils couvrent.* • Imparf. : *Je couvrais.* • Passé s. : *Je couvris.* • Fut. : *Je couvrirai.* • Impér. : *Couvre, couvrons, couvrez.* • Subj. pr. : *Que je couvre.* • Subj. imp. : *Que je couvrisse.* • Part. pr. : *Couvrant.* • Part. pas. : *Couvert, couverte.*

Craindre
Ind. pr. : *Je crains, tu crains, il craint, nous craignons, vous crai-gnez, ils craignent.* • Imparf. : *Je craignais, nous craignions.* • Passé s. : *Je craignis.* • Fut. : *Je craindrai.* • Impér. : *Crains, craignons, crai-gnez.* • Subj. pr. : *Que je craigne, que nous craignions.* • Subj. imp. : *Que je craignisse.* • Part. pr. : *Crai-gnant.* • Part. pas. : *Craint, crainte.*

Croire
Ind. pr. : *Je crois, tu crois, il croit, nous croyons, vous croyez, ils croient.* • Imparf. : *Je croyais, nous croyions.* • Passé s. : *Je crus.* • Fut. : *Je croirai.* • Impér. : *Crois, croyons, croyez.* • Subj. pr. : *Que je croie, que tu croies, qu'il croie, que nous croyions, que vous croyiez, qu'ils croient.* • Subj. imp. : *Que je crusse.* • Part. pr. : *Croyant.* • Part. pas. : *Cru, crue.*

Croître
Ind. pr. : *Je croîs, tu croîs, il croît, nous croissons, vous croissez, ils croissent.* • Imparf. : *Je croissais.* • Passé s. : *Je crûs, tu crûs, il crût, nous crûmes, vous crûtes, ils crû-rent.* • Fut. : *Je croîtrai.* • Impér. : *Croîs, croissons, croissez.* • Subj. pr. : *Que je croisse.* • Subj. imp. : *Que je crusse* (on ne voit pas pour-quoi l'Académie écrit cette forme sans accent circonflexe). • Part. pr. : *Croissant.* • Part. pas. : *Crû* (plur. : *crus* : §§ 336 et 340, Rem.), *crue* (plur. : *crues*). • Aux temps composés, il prend tantôt *avoir*, tantôt *être* (§ 303).

Cueillir
Ind. pr. : *Je cueille, tu cueilles, il cueille, nous cueillons, vous cueil-lez, ils cueillent.* • Imparf. : *Je cueil-lais, nous cueillions.* • Passé s. : *Je cueillis.* • Fut. : *Je cueillerai.* • Impér. : *Cueille, cueillons, cueillez.* • Subj. pr. : *Que je cueille, que nous cueillions.* • Subj. imp. : *Que je cueillisse.* • Part. pr. : *Cueillant.* • Part. pas. : *Cueilli, cueillie.*

Cuire
Comme *conduire*.

Débattre
Comme *battre*.

Décevoir
Comme *recevoir*.

Déchoir
Ind. pr. : *Je déchois, tu déchois, il déchoit (archaïque : il déchet),*

nous déchoyons, vous déchoyez, ils déchoient. • Imparf. : (inusité). • Passé s. : *Je déchus.* • Fut. : *Je déchoirai* (archaïq. : *je décherrai*). • Impér. : (inusité). • Subj. pr. : *Que je déchoie, que nous déchoyions, que vous déchoyiez, qu'ils déchoient.* • Subj. imp. : *Que je déchusse.* • Part. pr. : (inusité). • Part. pas. : *Déchu, déchue.* • Aux temps composés, il prend *avoir* ou *être* selon la nuance de la pensée (§ 303).

Déclore
Selon l'Académie, ne s'emploie qu'à l'infin. • Selon Littré, *déclore* n'a que les temps et les personnes qui suivent : Ind. pr. : *Je déclos, tu déclos, il déclôt* (sans plur.). • Fut. : *Je déclorai.* • Condit. : *Je déclorais.* • Subj. pr. : *Que je déclose, que tu décloses, qu'il déclose, que nous déclosions, que vous déclosiez, qu'ils déclosent.* • Infin. : *Déclore.* • Part. pas. : *Déclos, déclose.*

Découdre
Comme *coudre.*

Découvrir
Comme *couvrir.*

Décrire
Comme *écrire.*

Décroître
Comme *accroître.* • Aux temps composés, il se conjugue avec *avoir* ou avec *être* selon la nuance de la pensée (§ 303).

Dédire (se)
Comme *dire,* sauf à la 2e pers. de l'ind. et de l'impér. : *Vous vous dédisez, dédisez-vous.* • Aux temps composés, il se conjugue avec *être.*

Déduire
Comme *conduire.*

Défaillir
Comme *assaillir.* • Selon l'Académie, *défaillir* n'est plus guère usité qu'au plur. du prés. de l'ind., à l'imparf., au passé s., au passé comp., à l'infin. et au part. pr.

Défaire
Comme *faire.*

Défendre
Comme *rendre.*

Démentir
Comme *mentir,* mais il a un part. pas. féminin : *démentie.*

Démettre
Comme *mettre.*

Démordre
Comme *rendre.*

Départir
Comme *mentir,* mais son part. pas. : *Départi* a un féminin : *départie.*

Dépeindre
Comme *craindre.*

Dépendre
Comme *rendre.*

Déplaire
Comme *plaire.*

Désapprendre
Comme *prendre.*

Descendre
Comme *rendre.* • Aux temps composés, il prend *avoir* ou *être* selon la nuance de la pensée (§ 303).

Desservir
Comme *servir.*

Déteindre
Comme *craindre.*

Détendre
Comme *rendre.*

Détenir
Comme *tenir.*

Détordre
Comme *rendre.*

Détruire
Comme *conduire.*

Devenir
Comme *tenir,* mais aux temps composés, il se conjugue avec *être.*

Dévêtir
Comme *vêtir.*

Devoir
Ind. pr. : *Je dois, tu dois, il doit, nous devons, vous devez, ils doivent.* • Imparf. : *Je devais.* • Passé s. : *Je dus.* • Fut. : *Je devrai.* • Impér. (très peu usité) : *Dois, devons, devez.* • Subj. pr. : *Que je doive, que nous devions.* • Subj. imp. : *Que je dusse.* • Part. pr. : *Devant.* • Part. pas. : *Dû* (plur. : *dus* : § 336), *due* (plur. : *dues*).

Dire
Ind. pr. : *Je dis, tu dis, il dit, nous disons, vous dites, ils disent.* • Imparf. : *Je disais.* • Passé s. : *Je dis.* • Fut. : *Je dirai.* • Impér. : *Dis, disons, dites.* • Subj. pr. : *Que je dise.* • Subj. imp. : *Que je disse.* • Part. pr. : *Disant.* • Part. pas. : *Dit, dite.*

Disconvenir

Comme *tenir*. • Aux temps composés, dans le sens de « ne pas convenir d'une chose », il prend *être* : *Il n'est pas disconvenu de cette vérité*. Dans le sens de « ne pas convenir à », il prend *avoir* : *Cette mesure a disconvenu à beaucoup de gens*.

Discourir

Comme *courir*.

Disjoindre

Comme *craindre*.

Disparaître

Comme *connaître*.

Dissoudre

Comme *absoudre*.

Distendre

Comme *rendre*.

Distraire

Comme *traire*.

Dormir

Ind. pr. : *Je dors, tu dors, il dort, nous dormons, vous dormez, ils dorment*. • Imparf. : *Je dormais*. • Passé s. : *Je dormis*. • Fut. : *Je dormirai*. • Impér. : *Dors, dormons, dormez*. • Subj. pr. : *Que je dorme*. • Subj. imp. : *Que je dormisse*. • Part. pr. : *Dormant*. • Part. pas. : Dormi [le fém. *dormie* est rare : *Trois nuits mal dormies* (Musset)].

Ébattre (s')

Comme *battre*. Les temps composés prennent *être*.

Échoir

Usité seulement à l'infin. et aux formes suivantes : Ind. pr. : *Il échoit* (*il échet* est archaïque), *ils échoient*. • Passé s. : *Il échut*. • Fut. : *Il échoira, ils échoiront* (*il écherra, ils écherront* : formes archaïques). • Condit. : *Il échoirait, ils échoiraient* (*il écherrait, ils écherraient* : formes archaïques). • Part. pr. : *Échéant*. • Part. pas. : *Échu, échue*. • Les temps composés se conjuguent avec *être*.

Éclore

N'est guère usité, dit l'Académie, qu'à l'infin. et aux 3e pers. de quelques temps : *Il éclot* (on ne voit pas pourquoi l'Académie écrit cette forme sans accent circonflexe), *ils éclosent. Il est éclos. Il éclora. Il éclorait. Qu'il éclose. Éclos*. • Selon Littré, *éclore* a les temps suivants : Ind. pr. : *J'éclos, tu éclos, il éclôt, nous éclosons, vous éclosez, ils éclosent*. • Imparf. : *J'éclosais*. • Fut. : *J'éclorai*. • Condit. : *J'éclorais*. • Subj. pr. : *Que j'éclose*. • Part. pas. : *Éclos, éclose*. • Les temps composés prennent *être*.

Éconduire

Comme *conduire*.

Écrire

Ind. pr. : *J'écris, tu écris, il écrit, nous écrivons, vous écrivez, ils écrivent*. • Imparf. : *J'écrivais*. • Passé s. : *J'écrivis*. • Fut. : *J'écrirai*. • Impér. : *Écris, écrivons, écrivez*. • Subj. pr. : *Que j'écrive*. • Subj. imp. : *Que j'écrivisse*. • Part. pr. : *Écrivant*. • Part. pas. : *Écrit, écrite*.

Élire

Comme *lire*.

Émettre

Comme *mettre*.

Émouvoir

Comme *mouvoir*, mais le part. pas. : *Ému* s'écrit sans circonflexe (§ 336, Rem.).

Empreindre

Comme *craindre*.

Enceindre

Comme *craindre*.

Enclore

Ind. pr. : *J'enclos, tu enclos, il enclot* (on ne voit pas pourquoi l'Académie écrit cette forme sans circonflexe), *nous enclosons, vous enclosez, ils enclosent*. • Imparf. (rare) : *J'enclosais*. • Passé s. (manque). • Fut. : *J'enclorai*. • Impér. : *Enclos*. • Subj. pr. : *Que j'enclose*. • Subj. imp. : (manque). • Part. pr. (rare) : *Enclosant*. • Part. pas. : *Enclos, enclose*.

Encourir

Comme *courir*.

Endormir

Comme *dormir*.

Enduire

Comme *conduire*.

Enfreindre

Comme *craindre*.

Enfuir (s')

Comme *fuir*. • Aux temps composés, il prend *être*.

Enjoindre

Comme *craindre*.

Enquérir (s')
Comme *acquérir*. • Aux temps composés, il prend *être*.

Ensuivre (s')
Comme *suivre*, mais n'est usité qu'à l'infin. et aux 3es pers. de chaque temps. • Aux temps composés, il se conjugue avec *être*.

Entendre
Comme *rendre*.

Entremettre (s')
Comme *mettre*. • Aux temps composés, il se conjugue avec *être*.

Entreprendre
Comme *prendre*.

Entretenir
Comme *tenir*.

Entrevoir
Comme *voir*.

Entrouvrir
Comme *couvrir*.

Envoyer
Ind. pr. : *J'envoie, tu envoies, il envoie, nous envoyons, vous envoyez, ils envoient*. • Imparf. : *J'envoyais, nous envoyions*. • Passé s. : *J'envoyai*. • Fut. : *J'enverrai*. • Impér. : *Envoie, envoyons, envoyez*. • Subj. pr. : *Que j'envoie, que nous envoyions*. • Subj. imp. : *Que j'envoyasse*. • Part. pr. : *Envoyant*. • Part. pas. : *Envoyé, envoyée*.

Épandre
Comme *rendre*.

Éprendre (s)
Comme *prendre*. • Aux temps composés, il se conjugue avec *être*.

Équivaloir
Comme *valoir*, mais le part. pas. : *Équivalu* n'a ni féminin ni pluriel.

Éteindre
Comme *craindre*.

Étendre
Comme *tendre*.

Étreindre
Comme *craindre*.

Exclure
Comme *conclure*.

Extraire
Comme *traire*.

Faillir
N'est plus guère usité qu'à l'infin., au passé s., au fut., au condit. et aux temps composés. • Ind. pr. (archaïque) : *Je faux, tu faux, il faut, nous faillons, vous faillez, ils faillent*. • Imparf. (archaïque) : *Je faillais, nous faillions*. • Passé s. : *Je faillis*. • Fut. : *Je faillirai* (archaïque : *Je faudrai*). • Subj. pr. : *Que je faille, que nous faillions*. • Subj. imp. (archaïque) : *Que je faillisse*. • Part. pr. (archaïque) : *Faillissant*. • Part. pas. : *Failli, faillie*. • Dans le sens de « faire faillite », *faillir* se conjugue sur *finir*.

Faire
Ind. pr. : *Je fais, tu fais, il fait, nous faisons, vous faites, ils font*. • Imparf. : *Je faisais*. • Passé s. : *Je fis*. • Fut. : *Je ferai*. • Impér. : *Fais, faisons, faites*. • Subj. pr. : *Que je fasse*. • Subj. imp. : *Que je fisse*. • Part. pr. : *Faisant*. • Part. pas. : *Fait, faite*.

Falloir
Verbe impersonnel. Ind. pr. : *Il faut*. • Imparf. : *Il fallait*. • Passé s. : *Il fallut*. • Fut. : *Il faudra*. • Subj. pr. : *Qu'il faille*. • Subj. imp. : *Qu'il fallût*. • Part. pr. : *Fallant* (rare). • Part. pas. : *Fallu* (sans fém. ni plur.).

Feindre
Comme *craindre*.

Fendre
Comme *rendre*.

Férir
(= frapper). • N'est plus usité qu'à l'infin. dans l'expression *sans coup férir*, et au part. pas. : *Féru, férue*, qui s'emploie comme adjectif et signifie au propre : « qui est blessé, frappé de qq. ch. » et au figuré : « qui est épris de ».

Fleurir
Au sens propre, se conjugue régulièrement sur *finir*. • Au sens figuré de « prospérer », fait souvent *florissait* à l'imparf. de l'ind. et presque toujours *florissant* au part. pr. L'adj. verbal est toujours *florissant* (§ 334).

Fondre
Comme *rendre*.

Forfaire
N'est guère usité qu'à l'infin. et aux temps composés : *J'ai forfait à l'honneur*, etc.

Frire
N'est guère usité qu'à l'infin., au sing. de l'ind. pr. : *Je fris, tu fris, il frit ;* • au part. pas : *Frit, frite ;* • et

aux temps composés : *J'ai frit, j'avais frit,* etc. • Rares : Fut. : *Je frirai.* • Condit. : *Je frirais.* • Impér. sg. : *Fris.* • On supplée les autres formes au moyen des temps du verbe *faire* et de l'infinitif *frire* : *Nous faisons frire,* etc.

Fuir
Ind. pr. : *Je fuis, tu fuis, il fuit, nous fuyons, vous fuyez, ils fuient.* • Imparf. : *Je fuyais, nous fuyions.* • Passé s. : *Je fuis.* • Fut. : *Je fuirai.* • Impér. : *Fuis, fuyons, fuyez.* • Subj. pr. : *Que je fuie, que tu fuies, qu'il fuie, que nous fuyions, que vous fuyiez, qu'ils fuient.* • Subj. imp. (rare) : *Que je fuisse.* • Part. pr. : *Fuyant.* • Part. pas. : *Fui, fuie.*

Geindre
Comme *craindre.*

Gésir
(= être couché). • Ne s'emploie plus qu'à l'ind. pr. : *Je gis, tu gis, il gît (ci-gît), nous gisons, vous gisez, ils gisent ;* • à l'imparf. : *Je gisais,* etc. ; • au part. pr. : *Gisant.*

Haïr
Ind. pr. : *Je hais, tu hais, il hait, nous haïssons, vous haïssez, ils haïssent.* • Imparf. : *Je haïssais.* • Passé s. (rare) : *Je haïs, nous haïmes, vous haïtes, ils haïrent.* • Futur : *Je haïrai.* • Impér. : *Haïs, haïssons, haïssez.* • Subj. pr. : *Que je haïsse.* • Subj. imp. (rare) : *Que je haïsse, que tu haïsses, qu'il haït.* • Part. pr. : *Haïssant.* • Part. pas. : *Haï, haïe.*

Inclure
Comme *conclure,* sauf part. pas. : *Inclus, incluse,* qui est le plus souvent précédé de *ci.*

Induire
Comme *conduire.*

Inscrire
Comme *écrire.*

Instruire
Comme *conduire.*

Interdire
Comme *dire,* sauf à la 2ᵉ p. du plur. de l'ind. pr. et de l'impér., où l'on a : *interdisez.*

Intervenir
Comme *venir.* Il prend l'auxiliaire *être.*

Introduire
Comme *conduire.*

Issir
(= sortir). • Ne subsiste plus qu'au part. pas. : *Issu, issue,* qui s'emploie seul ou avec *être* : *Un prince issu du sang des rois. Il est issu d'une famille noble.*

Joindre
Comme *craindre.*

Lire
Ind. pr. : *Je lis, tu lis, il lit, nous lisons, vous lisez, ils lisent.* • Imparf. : *Je lisais.* • Passé s. : *Je lus.* • Fut. : *Je lirai.* • Impér. : *Lis, lisons, lisez.* • Subj. pr. : *Que je lise.* • Subj. imp. : *Que je lusse.* • Part. pr. : *Lisant.* • Part. pas. : *Lu, lue.*

Luire
Ind. pr. : *Je luis, tu luis, il luit, nous luisons, vous luisez, ils luisent.* • Imparf. : *Je luisais.* • Passé s. (peu usité) : *Je luisis.* • Fut. : *Je luirai.* • Impér. : *Luis, luisons, luisez.* • Subj. pr. : *Que je luise.* • Subj. imp. (peu usité) : *Que je luisisse.* • Part. pr. : *Luisant.* • Part. pas. : *Lui* (sans fém. ni plur.).

Maintenir
Comme *tenir.*

Maudire
Ind. pr. : *Je maudis, tu maudis, il maudit, nous maudissons, vous maudissez, ils maudissent.* • Imparf. : *Je maudissais.* • Passé s. : *Je maudis.* • Fut. : *Je maudirai.* • Impér. : *Maudis, maudissons, maudissez.* • Subj. pr. : *Que je maudisse.* • Subj. imp. : *Que je maudisse.* • Part. pr. : *Maudissant.* • Part. pas. : *Maudit, maudite.*

Méconnaître
Comme *connaître.*

Médire
Comme *dire,* sauf à la 2ᵉ p. du plur. de l'ind. pr. et de l'impér. où l'on a : *médisez.* Le part. pas. *médit* n'a ni fém. ni plur.

Mentir
Ind. pr. : *Je mens, tu mens, il ment, nous mentons, vous mentez, ils mentent.* • Imparf. : *Je mentais.* • Passé s. : *Je mentis.* • Fut. : *Je mentirai.* • Impér. : *Mens,*

mentons, mentez. • Subj. pr. : *Que je mente.* • Subj. imp. : *Que je mentisse.* • Part. pr. : *Mentant.* • Part. pas. : *Menti* (sans fém., ni plur.).

Méprendre (se)
Comme *prendre.* • Aux temps composés, il se conjugue avec *être.*

Messeoir
n'est plus en usage à l'infin. ; il s'emploie dans les mêmes temps que *seoir* (= convenir).

Mettre
Ind. pr. : *Je mets, tu mets, il met, nous mettons, vous mettez, ils mettent.* • Imparf. : *Je mettais.* • Passé s. : *Je mis.* • Fut. : *Je mettrai.* • Impér. : *Mets, mettons, mettez.* • Subj. pr. : *Que je mette.* • Subj. imp. : *Que je misse.* • Part. pr. : *Mettant.* • Part. pas. : *Mis, mise.*

Mordre
Comme *rendre.*

Morfondre (se)
Comme *rendre.* • Aux temps composés, il se conjugue avec *être.*

Moudre
Ind. pr. : *Je mouds, tu mouds, il moud, nous moulons, vous moulez, ils moulent.* • Imparf. : *Je moulais.* • Passé s. : *Je moulus.* • Fut. : *Je moudrai.* • Impér. : *Mouds, moulons, moulez.* • Subj. pr. : *Que je moule.* • *Subj. imp. :* *Que je moulusse.* • Part. pr. : *Moulant.* • Part. pas. : *Moulu, moulue.*

Mourir
Ind. pr. : *Je meurs, tu meurs, il meurt, nous mourons, vous mourez, ils meurent.* • Imparf. : *Je mourais.* • Passé s. : *Je mourus.* • Fut. : *Je mourrai.* • Impér. : *Meurs, mourons, mourez.* • Subj. pr. : *Que je meure, que tu meures, qu'il meure, que nous mourions, que vous mouriez, qu'ils meurent.* • Subj. imp. : *Que je mourusse.* • Part. pr. : *Mourant.* • Part. pas. : *Mort, morte.* • Aux temps composés, il se conjugue avec *être.*

Mouvoir
Ind. pr. : *Je meus, tu meus, il meut, nous mouvons, vous mouvez, ils meuvent.* • Imparf. : *Je mouvais.* • Passé s. (rare) : *Je mus.* • Fut. : *Je mouvrai.* • Impér. :

Meus, mouvons, mouvez. • Subj. pr. : *Que je meuve.* • Subj. imp. (rare) : *Que je musse.* • Part. pr. : *Mouvant.* • Part. pas. : *Mû* (plur. : *mus :* § 336), *mue* (plur. *mues*).

Naître
Ind. pr. : *Je nais, tu nais, il naît, nous naissons, vous naissez, ils naissent.* • Imparf. : *Je naissais.* • Passé s. : *Je naquis.* • Fut. : *Je naîtrai.* • Impér. : *Nais, naissons, naissez.* • Subj. pr. : *Que je naisse.* • Subj. imp. : *Que je naquisse.* • Part. pr. : *Naissant.* • Part. pas. : *Né, née.* • Aux temps composés, il se conjugue avec *être.*

Nuire
Comme *conduire,* mais le part. pas. : *Nui* s'écrit sans *t* et n'a pas de féminin.

Obtenir
Comme *tenir.*

Occire (= tuer)
Ne s'emploie plus que par badinage à l'infin., au part. pas. : *Occis, occise* et aux temps composés.

Offrir
Comme *couvrir.*

Oindre
Comme *craindre,* mais ne s'emploie plus guère qu'à l'infin. et au part. pas. : *Oint, ointe.*

Omettre
Comme *mettre.*

Ouïr
N'est plus guère usité qu'à l'infinitif et au part. pas. : *Ouï, ouïe,* surtout dans : *J'ai ouï dire.*

Ouvrir
Comme *couvrir.*

Paître
Ind. pr. : *Je pais, tu pais, il paît, nous paissons, vous paissez, ils paissent.* • Imparf. : *Je paissais.* • Passé s. (manque). • Fut. : *Je paîtrai.* • Impér. : *Pais, paissons, paissez.* • Subj. pr. : *Que je paisse.* • Subj. imp. (manque). • Part. pr. : *Paissant.* • Part. pas. (manque).

Paraître
Comme *connaître.*

Parcourir
Comme *courir.*

Parfaire
Comme *faire.*

Partir
Comme *mentir,* mais son part. pas : *Parti* a un féminin et un pluriel. • Aux temps composés, *partir* se conjugue avec l'auxiliaire *être. Partir,* employé anciennement au sens de « partager », ne s'emploie plus que dans l'expression *avoir maille à partir avec qqn* (*maille :* petite pièce de monnaie qui valait la moitié du denier). • Le part. pas. : *Parti,* en termes de blason, se dit soit de l'écu divisé perpendiculairement en parties égales, soit d'une aigle à deux têtes.

Parvenir
Comme *tenir,* mais les temps composés se conjuguent avec *être.*

Peindre
Comme *craindre.*

Pendre
Comme *rendre.*

Percevoir
Comme *recevoir.*

Perdre
Comme *rendre.*

Permettre
Comme *mettre.*

Plaindre
Comme *craindre.*

Plaire
Ind. pr. : *Je plais, tu plais, il plaît, nous plaisons, vous plaisez, ils plaisent.* • Imparf. : *Je plaisais.* • Passé s. : *Je plus.* • Fut. : *Je plairai.* • Impér. : *Plais, plaisons, plaisez.* • Subj. pr. : *Que je plaise.* • Subj. imp. : *Que je plusse.* • Part. pr. : *Plaisant.* • Part. pas. : *Plu* (sans fém. ni plur.).

Pleuvoir
Verbe impersonnel (voir pourtant § 288, *a,* Rem.). • Ind. pr. : *Il pleut.* • Imparf. : *Il pleuvait.* • Passé s. : *Il plut.* • Fut. : *Il pleuvra.* • Subj. pr. : *Qu'il pleuve.* • Subj. imp. : *Qu'il plût.* • Part. pr. : *Pleuvant.* • Part. pas. : *Plu* (sans fém. ni plur.).

Poindre
Dans le sens de « commencer à paraître », se conjugue comme *craindre,* mais ne s'emploie plus guère qu'à l'infin. et à la 3ᵉ p. du sing. de l'ind. pr. et du fut. : *Le jour point, poindra.* • Au sens de « piquer », il ne s'emploie plus guère que dans la locution proverbiale : *Oignez vilain, il vous poindra ; poignez vilain, il vous oindra.*

Pondre
Comme *rendre.*

Pourfendre
Comme *rendre.*

Poursuivre
Comme *suivre.*

Pourvoir
Comme *voir,* sauf au passé s. : *Je pourvus ;* • au fut. : *Je pourvoirai ;* • au condit. : *Je pourvoirais ;* • et au subj. imp. : *Que je pourvusse.*

Pouvoir
Ind. prés. : *Je peux* (ou *je puis*), *tu peux, il peut, nous pouvons, vous pouvez, ils peuvent.* • Imparf. : *Je pouvais.* • Passé s. : *Je pus.* • Fut. : *Je pourrai.* • Impér. (manque). • Subj. pr. : *Que je puisse.* • Subj. imp. : *Que je pusse.* • Part. pr. : *Pouvant.* • Part. pas. : *Pu* (sans fém. ni plur.).

Prédire
Comme *dire,* sauf à la 2ᵉ p. du plur. de l'ind. pr. et de l'impér., où l'on a : *prédisez.*

Prendre
Ind. pr. : *Je prends, tu prends, il prend, nous prenons, vous prenez, ils prennent.* • Imparf. : *Je prenais.* • Passé s. : *Je pris.* • Fut. : *Je prendrai.* • Impér. : *Prends, prenons, prenez.* • Subj. pr. : *Que je prenne, que tu prennes, qu'il prenne, que nous prenions, que vous preniez, qu'ils prennent.* • Subj. imp. : *Que je prisse.* • Part. pr. : *Prenant.* • Part. pas. : *Pris, prise.*

Prescrire
Comme *écrire.*

Pressentir
Comme *sentir.*

Prétendre
Comme *rendre.*

Prévaloir
Comme *valoir,* sauf au subj. pr. : *Que je prévale, que tu prévales, qu'il prévale, que nous prévalions, que vous prévaliez, qu'ils prévalent.* • Le part. pas. : *Prévalu* n'a ni fém. ni plur.

Prévenir
Comme *tenir.*

Prévoir
Comme *voir*, sauf au fut. : *Je prévoirai ;* • et au condit. : *Je prévoirais.*

Produire
Comme *conduire.*

Promettre
Comme *mettre.*

Promouvoir
Ne s'emploie qu'à l'infin., au part. pr. : *Promouvant* et aux temps composés. • Le part. pas. : *Promu* s'écrit sans accent circonflexe (§ 336, Rem.).

Proscrire
Comme *écrire.*

Provenir
Comme *tenir,* mais aux temps composés, il se conjugue avec *être.*

Quérir (ou *querir*). • Ne s'emploie plus qu'à l'infin. après *aller, venir, envoyer.*

Rabattre
Comme *battre.*

Rapprendre
Comme *prendre.*

Rasseoir
Comme *asseoir.*

Ravoir
N'est guère usité qu'à l'infin. Le fut. et le condit. : *Je raurai, je raurais,* appartiennent à la langue familière.

Réapparaître
Comme *connaître.*

Rebattre
Comme *battre.*

Recevoir
Voir § 311.

Reclure
N'est usité qu'à l'infin. et au part. pas. : *Reclus, recluse.*

Reconduire
Comme *conduire.*

Reconnaître
Comme *connaître.*

Reconquérir
Comme *acquérir.*

Reconstruire
Comme *conduire.*

Recoudre
Comme *coudre.*

Recourir
Comme *courir.*

Recouvrir
Comme *couvrir.*

Récrire
Comme *écrire.*

Recroître
Comme *accroître.* • Pour le part. pas. : *Recrû* (plur. : *recrus*), *recrue,* voir § 336. • Aux temps composés, *recroître* prend *avoir* ou *être* selon la nuance de la pensée (§ 303).

Recueillir
Comme *cueillir.*

Recuire
Comme *conduire.*

Redescendre
Comme *rendre.* • Aux temps composés, il prend *avoir* ou *être* selon la nuance de la pensée (§ 303).

Redevenir
Comme *venir,* mais les temps composés se conjuguent avec *être.*

Redevoir
Comme *devoir.*

Redire
Comme *dire.*

Réduire
Comme *conduire.*

Réélire
Comme *lire.*

Refaire
Comme *faire.*

Refendre
Comme *fendre.*

Refondre
Comme *rendre.*

Rejoindre
Comme *craindre.*

Relire
Comme *lire.*

Reluire
Comme *luire.*

Remettre
Comme *mettre.*

Remordre
Comme *rendre.*

Renaître
Comme *naître,* mais n'a pas de part. pas. : il ne peut donc avoir de temps composés.

Rendormir
Comme *dormir,* mais le féminin du part. pas. est courant : *Rendormi, rendormie.* • Aux temps composés, *se rendormir* se conjugue avec *être.*

Rendre
Voir § 312.

Renvoyer
Comme *envoyer*.

Repaître
Comme *paître*, mais il a un passé s. : *Je repus ;* • un subj. imp. : *Que je repusse ;* • et un part. pas. : *Repu, repue.*

Répandre
Comme *rendre*.

Reparaître
Comme *connaître*.

Repartir
(= partir de nouveau). Comme *partir.* (Les temps composés prennent *être*).

Repartir
(= répondre). • Comme *partir*, mais les temps composés prennent *avoir*. • Ne pas confondre avec *répartir* (= partager), qui se conjugue régulièrement sur *finir*.

Repeindre
Comme *craindre*.

Rependre
Comme *rendre*.

Repentir (se)
Comme *sentir*. • Aux temps composés, se conjugue avec *être*.

Répondre
Comme *rendre*.

Reprendre
Comme *prendre*.

Reproduire
Comme *conduire*.

Requérir
Comme *acquérir*.

Résoudre
Ind. pr. : *Je résous, tu résous, il résout, nous résolvons, vous résolvez, ils résolvent.* • Imparf. : *Je résolvais.* • Passé s. : *Je résolus.* • Fut. : *Je résoudrai.* • Impér. : *Résous, résolvons, résolvez.* • Subj. pr. : *Que je résolve.* • Subj. imp. : *Que je résolusse.* • Part. pr. : *Résolvant.* • Part. pas. : *Résolu, résolue.* (Une autre forme du part. pas. : *Résous*, signifiant *changé*, est rarement employée : son féminin *résoute* est même à peu près inusité).

Ressentir
Comme *mentir*, mais son part. pas. : *Ressenti* a un féminin : *ressentie*.

Resservir
Comme *servir*.

Ressortir
1. (= sortir d'un lieu où l'on vient d'entrer, former relief, résulter). • Comme *mentir*, mais les temps composés prennent *être*. • 2. Ne pas confondre avec *ressortir* (= être du ressort de), qui se conjugue régulièrement sur *finir* : *Ces affaires ressortissent, ressortissaient à tel tribunal.*

Ressouvenir (se)
Comme *tenir*, mais les temps composés prennent *être*.

Restreindre
Comme *craindre*.

Résulter
N'est usité qu'à l'infin. et à la 3e p. des autres temps. • Aux temps composés, il se conjugue avec *avoir* quand on veut marquer l'action : *Du mal en a résulté ;* • avec *être* quand on veut marquer l'état : *Il en est résulté du mal* (§ 303).

Reteindre
Comme *craindre*.

Retendre
Comme *rendre*.

Retenir
Comme *tenir*.

Retordre
Comme *rendre*.

Retraduire
Comme *conduire*.

Retraire
Comme *traire*.

Revaloir
Comme *valoir*.

Revendre
Comme *rendre*.

Revenir
Comme *tenir*, mais les temps composés prennent *être*.

Revêtir
Comme *vêtir*.

Revivre
Comme *vivre*.

Revoir
Comme *voir*.

Rire
Ind. pr. : *Je ris, tu ris, il rit, nous rions, vous riez, ils rient.* • Imparf. : *Je riais, nous riions.* • Passé s. : *Je ris, nous rîmes, vous rîtes, ils rirent.* • Fut. : *Je rirai.* • Impér. : *Ris, rions, riez.* • Subj. pr. : *Que je*

rie, que nous riions. • Subj. imp. (rare) : *Que je risse*. • Part. pr. : *Riant*. • Part. pas. : *Ri* (sans fém. ni plur.).

Rompre
Ind. pr. : *Je romps, tu romps, il rompt, nous rompons, vous rompez, ils rompent.* • Imparf. : *Je rompais.* • Passé s. : *Je rompis.* • Fut. : *Je romprai.* • Impér. : *Romps, rompons, rompez.* • Subj. pr. : *Que je rompe.* • Subj. imp. : *Que je rompisse.* • Part. pr. : *Rompant.* • Part. pas. : *Rompu, rompue.*

Rouvrir
Comme *couvrir*.

Saillir
1. (= jaillir). • Ne s'emploie guère qu'à l'infin. et aux 3es personnes : Ind. pr. : *Il saillit, ils saillissent.* • Imparf. : *Il saillissait, ils saillissaient.* • Passé s. : *Il saillit, ils saillirent.* • Fut. : *Il saillira, ils sailliront.* • Impér. (manque). • Subj. pr. : *Qu'il saillisse, qu'ils saillissent.* • Subj. imp. : *Qu'il saillît, qu'ils saillissent.* • Part. pr. : *Saillissant.* • Part. pas. : *Sailli, saillie.*

Saillir
2. (= être en saillie). • Ne s'emploie qu'aux 3es personnes : Ind. pr. : *Il saille, ils saillent.* • Imparf. : *Il saillait, ils saillaient.* • Passé s. : *Il saillit, ils saillirent.* • Fut. : *Il saillera, ils sailleront.* • Impér. (manque). • Subj. pr. : *Qu'il saille, qu'ils saillent.* • Subj. imp. : *Qu'il saillît, qu'ils saillissent.* • Part. pr. : *Saillant.* • Part. pas. : *Sailli, saillie.*

Satisfaire
Comme *faire*.

Savoir
Ind. pr. : *Je sais, tu sais, il sait, nous savons, vous savez, ils savent.* • Imparf. : *Je savais.* • Passé s. : *Je sus.* • Fut. : *Je saurai.* • Impér. : *Sache, sachons, sachez.* • Subj. pr. : *Que je sache.* • Subj. imp. : *Que je susse.* • Part. pr. : *Sachant.* • Part. pas. : *Su, sue.*

Secourir
Comme *courir*.

Séduire
Comme *conduire*.

Sentir
Comme *mentir*, mais son part. pas. : *Senti* a un féminin : *sentie*.

Seoir
1. (= convenir). • N'est usité qu'au part. pr. et aux 3es pers. : il n'a pas de temps composés. Ind. pr. : *Il sied, ils siéent.* • Imparf. : *Il seyait, ils seyaient.* • Passé s. (manque). • Fut. : *Il siéra, ils siéront.* • Condit. : *Il siérait, ils siéraient.* • Impér. (manque). • Subj. pr. (rare) : *Qu'il siée, qu'ils siéent.* • Subj. imp. (manque). • Part. pr. : *Seyant.* (*Séant* s'emploie comme adjectif : *Il n'est pas séant de faire cela.*)

Seoir
2. (= être assis, siéger). • Ne s'emploie plus guère qu'au part. pr. : *Séant ;* et au part. pas. : *Sis, sise.* • Pas de temps composés. • *Se seoir* (= s'asseoir) n'est plus employé qu'en poésie et dans le langage familier, dans ces formes de l'impér. : *Sieds-toi, seyez-vous.*

Servir
Ind. pr. : *Je sers, tu sers, il sert, nous servons, vous servez, ils servent.* • Imparf. : *Je servais.* • Passé s. : *Je servis.* • Fut. : *Je servirai.* • Impér. : *Sers, servons, servez.* • Subj. pr. : *Que je serve.* • Subj. imp. : *Que je servisse.* • Part. pr. : *Servant.* • Part. pas. : *Servi, servie.*

Sortir
1. Comme *mentir*, mais son part. pas. : *Sorti* a un fémin. : *sortie.* • Aux temps composés, *sortir*, transitif, se conjugue avec *avoir* : *J'ai sorti la voiture.* Dans le sens intransitif, il se conjugue avec *être.* • 2. *Sortir*, terme de droit signifiant « produire », se conjugue comme *finir*, mais ne s'emploie qu'aux 3es personnes : Ind. pr. : *La sentence sortit son effet, les sentences sortissent leur effet,* etc. • Aux temps composés, ce verbe se conjugue avec *avoir.*

Souffrir
Comme *couvrir*.

Soumettre
Comme *mettre*.

Sourdre
N'est plus guère usité qu'à l'infin. et aux 3es pers. de l'ind. pr. : *Il sourd, ils sourdent.* • Les formes

suivantes sont archaïques : Imparf. : *Il sourdait.* • Passé s. : *Il sourdit.* • Fut. : *Il sourdra.* • Condit. : *Il sourdrait.* • Subj. pr. : *Qu'il sourde.* • Subj. imp. : *Qu'il sourdît.* • Part. pr. : *Sourdant.*

Sourire
Comme *rire.*

Souscrire
Comme *écrire.*

Soustraire
Comme *traire.*

Soutenir
Comme *tenir.*

Souvenir (se)
Comme *tenir.* Aux temps composés, il se conjugue avec *être.*

Subvenir
Comme *tenir.*

Suffire
Ind. pr. : *Je suffis, tu suffis, il suffit, nous suffisons, vous suffisez, ils suffisent.* • Imparf. : *Je suffisais.* • Passé s. : *Je suffis.* • Fut. : *Je suffirai.* • Impér. : *Suffis, suffisons, suffisez.* • Subj. pr. : *Que je suffise.* • Subj. imp. : *Que je suffisse.* • Part. pr. : *Suffisant.* • Part. pas. : *Suffi* (sans fém. ni plur.).

Suivre
Ind. pr. : *Je suis, tu suis, il suit, nous suivons, vous suivez, ils suivent.* • Imparf. : *Je suivais.* • Passé s. : *Je suivis.* • Fut. : *Je suivrai.* • Impér. : *Suis, suivons, suivez.* • Subj. pr. : *Que je suive.* • Subj. imp. : *Que je suivisse.* • Part. pr. : *Suivant.* • Part. pas. : *Suivi, suivie.*

Surfaire
Comme *faire.*

Surprendre
Comme *prendre.*

Surseoir
Ind. pr. : *Je surseois, tu surseois, il surseoit, nous sursoyons, vous sursoyez, ils surseoient.* • Impér. : *Je sursoyais, nous sursoyions.* • Passé s. : *Je sursis.* • Fut. : *Je surseoirai.* • Condit. : *Je surseoirais.* • Impér. : *Surseois, sursoyons, sursoyez.* • Subj. pr. : *Que je sursoie, que nous sursoyions.* • Subj. imp. : *Que je sursisse.* • Part. pr. : *Sursoyant.* • Part. pas. : *Sursis,* fém. inusité.

Survenir
Comme *tenir.* • Aux temps composés, il se conjugue avec *être.*

Survivre
Comme *vivre.*

Suspendre
Comme *rendre.*

Taire
Ind. pr. : *Je tais, tu tais, il tait, nous taisons, vous taisez, ils taisent.* • Imparf. : *Je taisais.* • Passé s. : *Je tus.* • Fut. : *Je tairai.* • Impér. : *Tais, taisons, taisez.* • Subj. pr. : *Que je taise.* • Subj. imp. : *Que je tusse.* • Part. pr. : *Taisant.* • Part. pas. : *Tu, tue.*

Teindre
Comme *craindre.*

Tendre
Comme *rendre.*

Tenir
Ind. pr. : *Je tiens, tu tiens, il tient, nous tenons, vous tenez, ils tiennent.* • Imparf. : *Je tenais.* • Passé s. : *Je tins, nous tînmes, vous tîntes, ils tinrent.* • Fut. : *Je tiendrai.* • Impér. : *Tiens, tenons, tenez.* • Subj. pr. : *Que je tienne, que nous tenions.* • Subj. imp. : *Que je tinsse.* • Part. pr. : *Tenant.* • Part. pas. : *Tenu, tenue.*

Tistre ou tître (= tisser)
N'est usité qu'au part. pas. : *Tissu, tissue,* et aux temps composés. Il ne s'emploie guère qu'au figuré : *C'est lui qui a tissu cette intrigue.*

Tondre
Comme *rendre.*

Tordre
Comme *rendre.*

Traduire
Comme *conduire.*

Traire
Ind. pr. : *Je trais, tu trais, il trait, nous trayons, vous trayez, ils traient.* • Imparf. : *Je trayais, nous trayions.* • Passé s. (manque). • Fut. : *Je trairai.* • Impér. : *Trais, trayons, trayez.* • Subj. pr. : *Que je traie, que nous trayions.* • Subj. imp. (manque). • Part. pr. : *Trayant.* • Part. pas. : *Trait, traite.*

Transcrire
Comme *écrire.*

Transmettre
Comme *mettre.*

Transparaître
Comme *connaître*.

Tressaillir
Comme *assaillir*.

Vaincre
Ind. pr. : *Je vaincs, tu vaincs, il vainc, nous vainquons, vous vainquez, ils vainquent.* • Imparf. : *Je vainquais.* • Passé s. : *Je vainquis.* • Fut. : *Je vaincrai.* • Impér. : *Vaincs, vainquons, vainquez.* • Subj. pr. : *Que je vainque.* • Subj. imp. : *Que je vainquisse.* • Part. pr. : *Vainquant.* • Part. pas. : *Vaincu, vaincue.*

Valoir
Ind. pr. : *Je vaux, tu vaux, il vaut, nous valons, vous valez, ils valent.* • Imparf. : *Je valais.* • Passé s. : *Je valus.* • Fut. : *Je vaudrai.* • Impér. : *Vaux* (rare), *valons, valez.* • Subj. pr. : *Que je vaille, que tu vailles, qu'il vaille, que nous valions, que vous valiez, qu'ils vaillent.* • Subj. imp. : *Que je valusse.* • Part. pr. : *Valant.* • Part. pas. : *Valu, value.*

Vendre
Comme *rendre*.

Venir
Comme *tenir*, mais aux temps composés, il prend *être*.

Vêtir
Ind. pr. : *Je vêts, tu vêts, il vêt, nous vêtons, vous vêtez, ils vêtent.* • Imparf. : *Je vêtais.* • Passé s. : *Je vêtis.* • Fut. : *Je vêtirai.* • Impér. : *Vêts, vêtons, vêtez.* • Subj. pr. : *Que je vête, que nous vêtions.* • Subj. imp. : *Que je vêtisse.* • Part. pr. : *Vêtant.* • Part. pas. : *Vêtu, vêtue.*

Vivre
Ind. pr. : *Je vis, tu vis, il vit, nous vivons, vous vivez, ils vivent.* • Imparf. : *Je vivais.* • Passé s. : *Je vécus.* • Fut. : *Je vivrai.* • Impér. : *Vis, vivons, vivez.* • Subj. pr. : *Que je vive.* • Subj. imp. : *Que je vécusse.* • Part. pr. : *Vivant.* • Part. pas. : *Vécu, vécue.*

Voir
Ind. pr. : *Je vois, tu vois, il voit, nous voyons, vous voyez, ils voient.* • Imparf. : *Je voyais, nous voyions.* • Passé s. : *Je vis.* • Fut. : *Je verrai.* • Impér. : *Vois, voyons, voyez.* • Subj. pr. : *Que je voie, que tu voies, qu'il voie, que nous voyions, que vous voyiez, qu'ils voient.* • Subj. imp. : *Que je visse.* • Part. prés. : *Voyant.* • Part. pas. : *Vu, vue.*

Vouloir
Ind. pr. : *Je veux, tu veux, il veut, nous voulons, vous voulez, ils veulent.* • Imparf. : *Je voulais.* • Passé s. : *Je voulus.* • Fut. : *Je voudrai.* • Impér. : *Veuille, veuillons, veuillez* [*Veux, voulons, voulez* ne s'emploient que pour exhorter à s'armer d'une ferme volonté. • On dit : *n'en veuille (veuillons, veuillez) pas à...*, mais souvent aussi : *n'en veux (voulons, voulez) pas à...*]. • Subj. pr. : *Que je veuille, que tu veuilles, qu'il veuille, que nous voulions, que vous vouliez, qu'ils veuillent.* • Subj. imp. : *Que je voulusse.* • Part. pr. : *Voulant.* • Part. pas. : *Voulu, voulue.*

E. LA SYNTAXE DES MODES ET DES TEMPS

N.B.

Dans les pages qui vont suivre, on représentera, pour figurer la valeur des différents temps :

— par une ligne horizontale (ligne du temps) la succession des instants de la durée qui s'écoule ;
— par P l'instant présent ;
— par deux parenthèses les limites du segment de la durée où se tient la pensée ;
— par une ligne pointillée ce qui se passe non dans la réalité, mais dans le champ de la pensée.

1. L'indicatif

350 L'**indicatif** est le mode de l'action considérée dans sa réalité.

a) *Le présent*

351 **Emploi général**

Dans le sens strict, le présent indique que le fait a lieu au moment même de la parole :

> J'*écris* en ce moment.

Emplois particuliers

Nous pouvons rendre mobile l'instant présent et le situer en un point quelconque de la ligne du temps. Nous pouvons aussi étendre en quelque sorte l'instant présent et le faire déborder plus ou moins sur le passé et sur l'avenir.

Ainsi, dans des emplois particuliers le présent peut exprimer :

1° Un fait permanent ou habituel, que nous pouvons, à quelque moment de la durée où nous nous plaçons, regarder comme présent :

> La terre **tourne**.

> Je me **lève** chaque matin
> à six heures.

2° Un fait situé dans un passé récent ou dans un futur proche :

> Votre père ?
> Je le **quitte** à l'instant.

> Un instant ! J'**arrive**.

3° Un fait futur présenté comme conséquence directe et infaillible d'un autre :

> Un pas de plus, tu **es** morte !

4° Un fait passé qu'on présente comme s'il était en train de se produire au moment où l'on parle : c'est le « présent historique », employé pour donner l'impression qu'on voit l'action se dérouler maintenant :

> Nous marchions.
> Une fusillade **éclate**.

5° Un fait futur après *si* conditionnel :

> Si vous **partez** demain,
> je vous suivrai.

b) *L'imparfait*

Emploi général

En général, l'imparfait montre une action en train de se dérouler dans une portion du passé, mais sans faire voir le début ni la fin de cette action ; elle la montre en partie accomplie, mais non achevée :

*Le soir **tombait**.*

Remarque

L'imparfait permet de faire voir, dans le passé, comme dans un tableau continu, plusieurs actions se déroulant ensemble, ou plusieurs états existant ensemble : c'est pourquoi il convient à la *description* :

*Je **suais** à grosses gouttes,*
*et pourtant j'**étais** transi,*
*j'**avais** le frisson.*
*Mes cheveux **se dressaient**.*
*Je **sentais** le brûlé.* (A. Daudet)

Emplois particuliers

Dans des emplois particuliers, l'imparfait peut marquer :

1° Un fait permanent ou habituel dans le passé :

Les citoyens romains
***dédaignaient** le commerce.*

*Il **quittait** l'hôpital*
tous les jours vers
cinq heures. (M. Thiry)

2° Un futur prochain ou un passé récent par rapport à tel moment du passé :

Je pris courage : dans deux
*heures du renfort **arrivait**.*

*Nous **sortions** à peine*
qu'un orage éclata.

3° Un fait qui devait être la conséquence immédiate et infaillible d'un autre fait (qui ne s'est pas produit) :

Un pas de plus, je
***tombais** dans le précipice.*

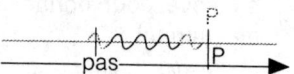

4° Un fait qui a eu lieu à un moment précis du passé :

Le 6 juin 1944, les Américains
***débarquaient** en Normandie.*

5° Une action présente que l'on semble se hâter de rejeter dans le passé :

*Je **venais** présenter ma note.*

6° Un fait présent ou futur après *si* marquant l'hypothèse :

*Si j'**avais** de l'argent (aujourd'hui, demain), je vous en donnerais.*

c) *Le passé simple*

353 **Emploi général**

Le passé simple exprime un fait passé considéré depuis son début et dont le déroulement a pris fin ; il ne marque aucunement le contact que ce fait, en lui-même ou par ses conséquences, peut avoir avec le présent :

*Le rat de ville **invita** le rat des champs.*

Remarques

1. Comme il montre le déroulement de l'action depuis son début jusqu'à sa fin, le passé simple permet de faire voir plusieurs actions dans leur succession et de faire apparaître la progression des événements : c'est pourquoi il convient particulièrement à la *narration* de faits passés :

*Les étoiles **s'éteignirent.** Blanquette **redoubla** de coups de cornes, le loup de coups de dents... Une lueur pâle **parut** dans l'horizon... Le chant d'un coq enroué **monta** d'une métairie.* (A. Daudet)

Il arrive fréquemment que, dans un récit, on interrompe le déroulement des actions pour faire voir quelque chose qui n'appartient qu'au décor ; on passe donc du *passé simple* à l'*imparfait* :

*Déjà ! **dit** la petite chèvre ; et elle **s'arrêta** fort étonnée. En bas, des champs étaient noyés de brume. Le clos de M. Seguin disparaissait dans le brouillard, et de la maisonnette on ne voyait plus que le toit avec un peu de fumée. Elle **écouta** les clochettes d'un troupeau qu'on ramenait et se **sentit** l'âme toute triste.* (A. Daudet)

2. Le passé simple ne s'emploie que dans la langue écrite ; depuis le XVIIᵉ siècle, il a été peu à peu supplanté par le passé composé. Il ne survit que dans le sud de la France.

Emploi particulier

Le passé simple s'emploie parfois comme équivalent du présent pour exprimer une vérité générale ; il est alors accompagné d'un complément de temps :

*Un bienfait reproché **tint** toujours lieu d'offense.* (Racine)

d) *Le passé composé*

Emploi général

Le passé composé exprime un fait passé, achevé au moment où l'on parle, et que l'on considère comme relié au présent (parfois le fait a eu lieu dans une période non encore entièrement écoulée, parfois il a une suite ou des résultats dans le présent).

Cela se comprend mieux si l'on considère qu'une phrase comme « j'*ai lu* un livre » avait originairement la valeur de « j'ai [maintenant] un livre lu », « je suis [maintenant] dans la situation d'avoir lu un livre ».

J'*ai écrit* ce matin.

Je vous *ai rencontré* l'an dernier.

Emplois particuliers

Dans des emplois particuliers, le passé composé sert à exprimer :

1° Une vérité générale ; il est alors accompagné d'un complément de temps :

Attention ! On *a* vite *fait* une erreur.

2° Un fait répété ou habituel :

Quand elle *a* bien *travaillé*, on la félicite.

3° Avec la valeur du futur antérieur, un fait non encore accompli, mais présenté comme s'il l'était déjà :

J'*ai fini* dans dix minutes.

4° Avec la valeur du futur antérieur, un fait à venir, après *si* marquant l'hypothèse :

Si, dans deux heures, la fièvre *a monté*, vous me rappellerez.

e) *Le passé antérieur*

Emploi général

Le passé antérieur exprime un fait passé entièrement achevé au moment où un autre fait passé a commencé ; souvent les deux faits se suivent immédiatement, mais ils peuvent ne pas être contigus.

Le passé antérieur s'emploie généralement dans des propositions subordonnées, après une conjonction de temps et se trouve combiné avec un passé simple, dans la principale (parfois avec un passé composé, ou un imparfait, ou un plus-que-parfait) :

*Quand il **eut écrit**,*
il sortit.

Longtemps après qu'il
***eut écrit**, il sortit.*

Emploi particulier

Le passé antérieur se trouve parfois dans des propositions principales exprimant une action faite rapidement ; dans cet emploi, il est toujours accompagné d'un complément de temps : *bientôt, vite,* etc. :

*On **eut** bientôt **rejoint***
le fuyard.

f) *Le plus-que-parfait*

Emploi général

Le plus-que-parfait exprime, comme le passé antérieur, un fait passé qui a eu lieu avant un autre fait passé, mais il ne montre pas le début de la situation dont il s'agit (tandis que le passé antérieur le montre) :

*Il **avait écrit** sa lettre*
quand sa mère entra.

Emplois particuliers

Dans des emplois particuliers, le plus-que-parfait peut exprimer :

1° Un fait répété ou habituel :

*Quand il **avait déjeuné**, il sortait.*

2° Avec la valeur d'un passé composé, un fait passé qu'on recule dans le passé :

*J'**étais venue** vous*
présenter ma note.

3° Un fait situé dans le passé, après *si* marquant l'hypothèse :

*Si vous m'**aviez appelée**,*
je serais venue.

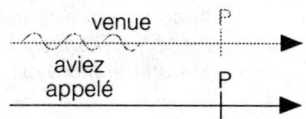

g) *Le futur simple*

357 **Emploi général**

Le futur simple sert, en général, à exprimer un fait à venir :

> *Je vous **paierai** aujourd'hui, demain, plus tard.*

Emplois particuliers

Dans des emplois particuliers, le futur simple peut marquer :

1° Un fait présent que, par politesse, on présente comme s'il ne devait se produire que plus tard :

> *Je vous **demanderai** une*
> *bienveillante attention.*
> *Vous m'**excuserez**, s'il vous plaît.*

2° Avec *avoir* ou *être,* un fait présent que l'on considère comme simplement probable : on se place, en pensée, dans l'avenir, à un moment où l'opinion qu'on a se trouvera vérifiée :

> *Notre ami est absent : il*
> ***aura** encore sa migraine.*

3° Un fait présent contre lequel on s'indigne en le considérant comme prolongé dans le futur :

> *Quoi ! les gens **se moqueront***
> *de moi !* (La Fontaine)

4° Un ordre, un souhait, une prière, dont on veut atténuer ou renforcer le caractère impératif :

> *Vous **reviendrez** demain.*
> *Tu ne le **feras** plus, n'est-ce pas ?*
> *Père et mère **honoreras**.*

5° Parfois (surtout dans les exposés historiques) un fait passé, mais postérieur à un présent que le narrateur a situé en imagination dans le passé :

> *L'ancien maître de chapelle*
> *retourna souvent aux assemblées*
> *de Mme Récamier. Il y **verra** un soir*
> *le général Moreau...* (É. Herriot)

h) *Le futur antérieur*

Emploi général

Le futur antérieur exprime un fait qui, à tel moment maintenant à venir, sera accompli ; il marque l'antériorité à l'égard d'un fait futur :

*Vous récolterez ce que vous **aurez semé.***

Emploi particulier

Le futur antérieur peut exprimer un fait passé, qu'on place en imagination dans l'avenir, à un moment antérieur à un autre moment à venir. En cet emploi, il sert à marquer soit la supposition, soit diverses nuances affectives :

*J'**aurai laissé** mes lunettes au salon, va me les chercher. Vous vous **serez trompé**. Ainsi, j'**aurai peiné** en vain !*

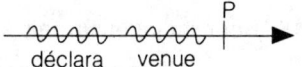

i) *Les deux futurs du passé*

Le futur du passé

Le futur du passé exprime un fait futur par rapport à un moment du passé :

*Elle déclara qu'elle **viendrait**.*

Le futur antérieur du passé

Le futur antérieur du passé exprime un fait qui, à tel moment du passé était à venir, avant un autre fait également à venir :

*Elle déclara qu'elle viendrait, quand on l'**aurait appelée**.*

Remarque

Les formes du futur du passé et du futur antérieur du passé se confondent respectivement avec celles du conditionnel présent et du conditionnel passé. Mais, quant au sens, le futur du passé et le futur antérieur du passé n'ont rien du *mode* conditionnel : *Elle a déclaré qu'elle **viendrait*** n'est que la transcription au passé de *Elle déclare qu'elle **viendra**.*

2. Le conditionnel

360 **Emploi général**

Le **conditionnel** exprime un fait qu'on présente comme imaginaire et dont l'accomplissement dépend d'une condition énoncée ou non. Il peut marquer :

1° Un fait futur dont l'accomplissement dépend d'une condition présentée comme possible (sens potentiel) :

> *Si mes enfants avaient des difficultés* (cela sera peut-être, je n'en sais rien), *je les **aiderais**.*

2° Un fait présent ou passé soumis à une condition non réalisée (sens irréel) :

> *Si j'étais riche* (mais cela n'est pas), *je **ferais** des heureux.*
> *Si j'avais été riche* (mais cela n'a pas été), *j'**aurais fait**
> des heureux.*

Emplois particuliers

Le conditionnel n'exprime pas toujours un fait soumis à une condition. Il s'emploie encore :

1° Pour exprimer une affirmation atténuée :

> *Un accident **aurait eu** lieu à l'usine ; il y **aurait** dix morts.*

2° Pour exprimer une exclamation traduisant l'indignation, l'étonnement :

> *J'**ouvrirais** pour si peu le bec ! Aux dieux ne plaise !* (La Fontaine)
> Comment ! vous ***manqueriez*** *à votre parole !*

3° Pour indiquer un fait simplement imaginaire :

> ***Jouons au cheval*** *: tu **serais** le cheval...*

4° Pour marquer un désir atténué, une volonté adoucie :

> *Je **désirerais** vous parler.*
> ***Voudriez**-vous avancer ?*

5° Pour marquer la supposition, la concession, l'opposition :

> *Rien ne te sert d'être farine ;*
> *Car, quand tu **serais** sac, je n'approcherais pas.* (La Fontaine)
> *Quand même, infâme aussi, lâche comme le reste,*
> *Le tombeau **jetterait** dehors les trépassés.*
> *Je ne fléchirai pas !* (Hugo)

Remarques

1. Le plus-que-parfait du subjonctif peut avoir le sens du conditionnel passé (2ᵉ forme) :

> *Rodrigue, qui l'**eût cru** ?* (Corneille)

2. Pour le *conditionnel-temps,* voir § 359, Rem.

3. L'impératif

Emploi général

L'**impératif** est, d'une façon générale, le mode du commandement, de l'exhortation, de la prière :

> — *Je lui parlerai, je le convaincrai.*
> — *Non, ne **faites** pas ça !* (A. Chedid)
> ***Ayez** pitié des enfants*
> *Ne **négligez** pas les enfants*
> ***Accordez** l'amour aux enfants.* (E. Blasse)

Emplois particuliers

Dans des emplois particuliers, l'impératif peut exprimer :

1° La supposition, la concession :

> ***Haranguez** de méchants soldats.*
> *Ils promettront de faire rage.* (La Fontaine)
> ***Ôtez** leurs grands pieds, leurs godillots de plomb aux figurines de A. Giacometti, ce n'est plus rien.* (F. Ponge)

2° Un ordre, une exhortation que le sujet parlant s'adresse à lui-même :

> ***Dissimulons** encore, comme j'ai commencé.* (Racine)

Remarque

L'impératif passé est d'un emploi restreint ; il indique qu'un fait devra être accompli à tel moment du futur, par rapport auquel il sera passé :

> ***Aie terminé** ce travail demain à midi.*

4. Le subjonctif

Le **subjonctif** exprime, en général, un fait simplement envisagé dans la pensée, avec un sentiment particulier (comme dans le désir, le souhait, la volonté, etc.).

Il se trouve le plus souvent dans des propositions *subordonnées,* mais il s'emploie aussi dans des propositions *indépendantes* ou *principales.*

Le subjonctif indépendant

Le subjonctif, dans la proposition indépendante ou principale, peut exprimer :

1° À la 3ᵉ personne, un ordre ou une défense :

> *Qu'elle **parte** et qu'elle ne **revienne** plus !*

2° Un souhait (avec ou sans *que*) :

> *Que la chance vous* **sourie** *!*
> *Dieu me* **garde** *d'oublier vos bienfaits !*
> **Puissiez**-*vous revenir saine et sauve !*

3° Une concession :

> *Qu'il* **ait agi** *sans mauvaise intention : il n'en mérite pas moins une sanction.*
> *Vous le voulez ?* **Soit** *!*

4° Une supposition :

> *Que je* **vive**, *et je ferai d'autres ouvrages sur mon travail et mes combats.* (G. Duhamel)

5° Une exclamation traduisant l'indignation :

> *Moi, Seigneur, que je* **fuie** *!* (Racine)

Remarques

1. *Que* introduisant les propositions indépendantes ou principales dont il vient d'être question est une particule conjonctionnelle, signe du subjonctif.

2. Le subjonctif exprime une affirmation atténuée dans les expressions négatives *je ne sache pas, je ne sache rien, je ne sache personne* (à la 1re personne du singulier, mais parfois aussi avec le sujet *on*) et dans les expressions *que je sache, qu'on sache, que nous sachions* (en phrase négative), *que tu saches, que vous sachiez* (en phrase interrogative, sans négation) :

> *Je ne* **sache** *pas que ce travail ait paru.* (F. Brunot)
> *On ne* **sache** *pas qu'elle ait jamais protesté autrement.* (A. Billy)
> *Il n'a point été à la campagne, que je* **sache**. (Littré)
> *Est-il venu quelqu'un que vous* **sachiez**, *que tu* **saches** *?* (Id.)

364 Le subjonctif subordonné

N.B.

Les cas que nous allons signaler se retrouveront, mais dissociés, dans la quatrième partie (Propositions subordonnées).

Dans les propositions subordonnées, le subjonctif s'emploie :

1° Après les verbes de forme impersonnelle marquant soit la nécessité, la possibilité, le doute, l'obligation ou un sentiment personnel, soit la certitude ou la vraisemblance et exprimant un sens négatif, interrogatif ou conditionnel (§ 456, b, 1° et 2°).

2° Après les verbes d'opinion, de déclaration, de perception, quand le fait est envisagé simplement dans la pensée (§ 462, b, 1°).

3° Après les verbes exprimant la volonté, le doute ou quelque sentiment (§ 462, b).

4° Après *que* introduisant une subordonnée complément d'objet mise en tête de la phrase avant la principale (§ 462, b, 3°).

3° Dans la subordonnée attribut, ou en apposition, ou complément d'agent, ou complément d'adjectif, si elle exprime un fait envisagé simplement dans la pensée (§§ 458, b ; 460, b ; 483 ; 488, b).

6° Dans la subordonnée complément de nom ou de pronom (subord. *relative*) :

a) marquant un but à atteindre, une conséquence (§ 486, b) ;
b) ayant un antécédent accompagné d'un superlatif relatif ou de *le seul, l'unique,* etc. (§ 486, b, 2°) ;
c) dépendant d'une principale négative, interrogative ou conditionnelle, si la subordonnée relative exprime un fait envisagé simplement dans la pensée (§ 486, Rem. 2).

7° Dans la subordonnée complément circonstanciel :

a) marquant le temps et introduite par *avant que, en attendant que, jusqu'à ce que* (§ 467, b) ;
b) marquant la fausse cause et introduite par *non que, non pas que, ce n'est pas que* (§ 469, Rem.) ;
c) marquant le but (§ 471) ;
d) marquant la conséquence après une principale négative ou interrogative, ou après *assez pour que, trop pour que, trop peu pour que, suffisamment pour que, sans que,* ou encore quand la subordonnée exprime un fait qui est à la fois une conséquence et un but à atteindre (§§ 473, c et 481, d) ;
e) marquant la concession (ou l'opposition) (§ 475) ;
f) marquant la condition (ou la supposition) et introduite par une locution conjonctive composée à l'aide de *que* (voir § 478 ; voir aussi § 477, 3°, Rem. 3).

5. L'infinitif

365 L'**infinitif** exprime purement et simplement l'idée de l'action, sans indication de personne ni de nombre ; il ne fait pas connaître si l'action est réelle ou non.

Outre la valeur purement *verbale,* il peut avoir la valeur d'un *nom.*

Comme verbe

366 C'est surtout dans la proposition infinitive (§ 461, 4°) que l'infinitif s'emploie comme verbe ; mais il se trouve aussi avec la valeur d'une forme personnelle dans certaines propositions indépendantes ou principales.

On distingue :

1° L'infinitif d'*interrogation* :

> Que **faire** ? Où **aller** ?

2° L'infinitif *exclamatif* :

> Hé quoi ! **charger** ainsi cette pauvre bourrique ! (La Fontaine)

3° L'infinitif *de narration* :

> C'est une araignée, tiens bon, serre les jambes !
> Et de **rire** plus fort, de lâcher de vilains mots qui les faisaient se tordre. (Zola)

4° L'infinitif *impératif* :

> Bien **faire** et **laisser** dire.

Comme nom

367 Certains infinitifs peuvent être employés substantivement et prendre l'article :

> Un **parler** étrange.
> Être sobre dans le **boire** et le **manger**.

368 L'infinitif peut remplir toutes les fonctions du nom :

1° Sujet :

> **Promettre** n'est pas tenir.   Il importe de **patienter**.

2° Attribut :

> Mourir n'est pas **mourir**, mes amis, c'est **changer**. (Lamartine)

3° Complément d'objet direct ou indirect :

> Il veut **parler**.   Il craint de **parler**.   Il renonce à **parler**.

4° Complément circonstanciel :

> Elle sème pour **récolter**.

5° Apposition ou complément déterminatif :

> Il n'y a pour l'homme que trois événements : **naître**, **vivre** et **mourir**. (La Bruyère)
> La fureur de **vivre**.

6° Complément de l'adjectif :

> Elle est prête à **partir**.

6. Le participe

369 Le **participe** est la forme adjective du verbe : il tient à la fois de la nature du verbe et de celle de l'adjectif :

> Je l'ai trouvé **errant**.
> Des amours **cachées**.

a) *Le participe présent*

370 Le participe présent peut être regardé tantôt comme *forme verbale* tantôt comme *adjectif*.

Comme forme verbale

371 Comme forme verbale, le participe présent exprime généralement une action en train de s'accomplir à la même époque que l'action exprimée par le verbe qu'il accompagne. Il marque donc une action présente, passée ou future :

> *Je le vois **errant*** (= qui erre).
> *Je l'ai vu **errant*** (= qui errait).
> *Je le verrai **errant*** (qui errera).

N.B.

Il peut se faire que l'indication de l'époque (présente, passée ou future) à laquelle se situe l'action exprimée par le participe présent soit donnée, non par le verbe principal, mais par un élément du contexte :

> *Je vous parlerai de Pascal **s'adonnant**, dès son adolescence, à la recherche scientifique.*
> *Cet ingénieur se voit, **régissant** dans quelques années toute l'activité industrielle de sa région.*

Le participe présent a toujours le sens actif :

> *Une femme **parlant** quatre langues* (= une femme qui parle quatre langues).

Remarque

Certains participes présents s'emploient comme noms :

> *Un débutant, un combattant, un passant, un mourant,* etc.

372 Le participe présent est invariable :

> *Épaisses volutes de fumée **dégageant** une odeur âcre qui prenait à la gorge.* (S. Bemba)

Remarque

Le participe présent est variable, selon l'usage d'autrefois, dans certaines expressions : *les **ayants** cause, les **ayants** droit, toute(s) affaire(s) **cessante(s)**.*

Comme adjectif

373 Comme adjectif, le participe présent a la valeur d'un simple qualificatif et s'accorde en genre et en nombre avec le nom auquel il se rapporte ; il s'appelle alors **adjectif verbal** :

> *Glissez, glissez, brises **errantes**,*
> *Changez en cordes **murmurantes***
> *La feuille et la fibre des bois.* (Lamartine)

374 En général, l'adjectif verbal a le sens actif.

Il a parfois le sens passif ou réfléchi :

> *Couleur **voyante*** (= qui est vue).
> *Personne bien **portante**.*

Parfois il n'est ni actif ni passif :

> *Une rue **passante**.*

375 Un certain nombre d'adjectifs verbaux se distinguent, par l'orthographe, des participes présents correspondants :

ADJ. VERB.	PART. PRÉS.		ADJ. VERB.	PART. PRÉS.
1° **-ent :**	**-ant :**		précédent	précédant
adhérent	adhérant		somnolent	somnolant
affluent	affluant		violent	violant
coïncident	coïncidant	2° **-cant :**		**-quant :**
compétent	compétant		communicant	communiquant
confluent	confluant		convaincant	convainquant
convergent	convergeant		provocant	provoquant
déférent	déférant		suffocant	suffoquant
détergent	détergeant		vacant	vaquant
différent	différant	3° **-gant :**		**-guant :**
divergent	divergeant		délégant	déléguant
émergent	émergeant		extravagant	extravaguant
équivalent	équivalant		intrigant	intriguant
excellent	excellant		fatigant	fatiguant
expédient	expédiant		navigant	naviguant
influent	influant		zigzagant	zigzaguant
négligent	négligeant			

Distinction du participe présent d'avec l'adjectif verbal

376 Le participe présent exprime une *action* qui progresse, nettement délimitée dans la durée, simplement passagère.

L'adjectif verbal exprime un *état,* sans délimitation dans la durée, et indique, en général, une qualité plus ou moins permanente [1].

• La forme en *-ant* est **participe présent** :

1° Quand elle a un complément d'objet direct :

> Imagine qu'un soir
> La lumière s'attarde sur la terre,
> **Ouvrant** ses mains d'orage et donatrices. (Y. Bonnefoy)

---

1. Des théoriciens ont dit que, pour distinguer plus facilement le participe présent (invariable) d'avec l'adjectif verbal (variable), il était bon d'observer que la forme en *-ant* est participe présent quand on peut la remplacer par un temps du verbe précédé de « qui » : *On aime les enfants* **obéissant** *à leurs parents* [c'est-à-dire : **qui obéissent** *à leurs parents*]. Le procédé n'est pas sûr : dans beaucoup de cas, l'adjectif verbal peut, lui aussi, être remplacé par un temps du verbe, précédé de « qui » : *On aime les enfants* **obéissants** [c'est-à-dire : **qui obéissent**].

Mieux vaudrait, semble-t-il, quand on hésite, essayer de faire prendre à la forme en *-ant* l'*e* du féminin (en substituant, s'il y a lieu, au nom masculin un nom féminin) ; quand la transformation est possible, on déduit que la forme en *-ant* est un adjectif verbal ; dans le cas contraire, on a affaire à un participe présent. Mais le plus sûr, c'est encore de consulter le sens et d'appliquer avec discernement ce principe : le participe présent exprime une *action,* l'adjectif verbal, une *qualité,* un *état.*

2° Quand elle a un complément d'objet indirect ou un complément circonstanciel, pourvu qu'on exprime l'action :

> *Des discours* **plaisant** *à chacun.*
> *Des chouettes* **voletant** *d'une tour à l'autre,* **passant** *et* **repassant** *entre la lune et moi, dessinaient sur mes rideaux l'ombre mobile de leurs ailes.* (Chateaubriand)

3° Quand elle est précédée de la négation *ne* (§ 409, *a*, Rem. 1) :

> *Ils restaient interdits, ne* **protestant** *que pour la forme.*

4° Ordinairement quand elle est *suivie* d'un adverbe qui la modifie :

> *Ce sont des enfants très agréables,* **riant** *et* **chantant** *toujours.*

5° Quand elle appartient à un verbe pronominal :

> *Au fond du couloir, elle aperçut des élèves* **se bousculant** *et* **se battant** *même.*

6° Ordinairement quand elle est précédée de la préposition *en* (c'est alors le *gérondif :* § 294, Rem.) :

> *La voiture* **en tournant** *renversa le couple qui traversait.*

À noter en particulier le tour avec *aller* suivi de la forme en *-ant*, précédée ou non de *en* (ce tour sert à marquer la continuité, la progression de l'action) :

> *L'inquiétude* **va croissant**. (Académie)
> *Son mal* **va en empirant**.

7° Dans la proposition participe (§ 392) :

> *La nature* **aidant**, *nous le guérirons.*

• La forme en *-ant* est **adjectif verbal** quand on peut la remplacer par un autre adjectif qualificatif, et notamment :

1° Quand elle est attribut ou simple épithète :

> *La forêt était* **riante**.
> *Les bœufs* **mugissants** *et les brebis* **bêlantes** *venaient en foule.*
> (Fénelon)

2° Ordinairement quand elle est *précédée* d'un adverbe (autre que *ne*) qui la modifie (§ 409, *b*) :

> *Des gazons toujours* **renaissants** *et fleuris.* (Fénelon)

b) *Le participe passé*

Sens

377 Le participe passé peut être regardé tantôt comme *forme verbale*, tantôt comme *adjectif*.

Comme **forme verbale**, le participe passé se trouve dans tous les temps composés :

> *J'ai* **compris**.
> *Ils sont* **partis**.
> *Le coupable sera* **condamné**.

Il se trouve aussi employé seul :

> *Cet ouvrage, **achevé** si hâtivement, ne saurait être bien fait.*

Comme **adjectif**, le participe passé a la valeur d'un simple qualificatif :

> *Un air **emprunté**.*
> *Ces enfants sont bien **élevés**.*

Remarques

1. Le participe passé employé sans auxiliaire a généralement le sens passif :

> *Un directeur **respecté**.*

Il a parfois le sens actif :

> *Un homme **dissimulé*** (= qui dissimule).
> *Une femme **réfléchie*** (= qui réfléchit).

2. Le participe *dit* se soude avec l'article défini pour désigner, en termes de procédure et d'administration, les personnes ou les choses dont on a parlé :

> ***Ledit** preneur. **Ladite** maison. **Audit** lieu.*

Accord du participe passé

Règles générales

378 Le participe passé employé **sans auxiliaire** s'accorde en genre et en nombre avec le mot auquel il se rapporte :

> *Que l'on recueille les chiens **abandonnés**.*

379 Le participe passé conjugué avec **être** s'accorde en genre et en nombre avec le sujet du verbe :

> *Vos raisons seront **admises**.*

La même règle s'applique au participe passé employé soit comme attribut du sujet avec des verbes analogues au verbe *être* (§ 59, *b* et *c*), soit comme attribut du complément d'objet direct :

> *Ils paraissent **charmés**.*
> *Elles demeurent **déconcertées**.*
> *Certains hommes de génie meurent **ignorés** ; la postérité les laisse parfois **ensevelis** dans l'oubli.*

380 Le participe passé conjugué avec **avoir** s'accorde en genre et en nombre avec son complément d'objet direct s'il en est précédé ; il reste invariable s'il en est suivi ou s'il n'a pas de complément d'objet direct :

> *Les efforts que nous avons **faits** ont été stériles.*
> *Toutes ces revendications, je les avais **prévues**.*
> *Nous avons **fait** des efforts.*
> *J'avais **prévu** ces demandes nouvelles.*
> *Elles ont toujours **espéré** ; jamais elles n'ont **douté** du succès.*

Remarques

1. Dans les temps surcomposés, le dernier participe seul peut varier :

   *Ils sont partis dès que je les ai eu **avertis**.*

2. La règle d'accord du participe passé conjugué avec *avoir* reste applicable lorsque le complément d'objet direct a un attribut :

   *Certains poètes que leurs contemporains avaient **crus** grands sont aujourd'hui tombés dans l'oubli.*
   *Ces fleurs, je les ai **trouvées** charmantes.*

Règles particulières

381 **Attendu, non compris**, etc.

a) *Attendu, non compris, y compris, entendu, excepté, ôté, ouï, passé, supposé, vu,* placés devant le nom ou le pronom, s'emploient comme prépositions et restent invariables :

   *Tout a été détruit, **excepté** cette maison.*

b) Quand ces participes sont placés après le nom ou le pronom, ou qu'ils ne le précèdent que par inversion, ils varient :

   *Tout a été détruit, cette maison **exceptée**.*
   Exceptée de la destruction générale, cette maison reste debout.

Remarque

Étant donné, devant le nom, peut rester invariable ou s'accorder avec ce nom :

   ***Étant donné** sa stupidité, on ne pouvait attendre autre chose de lui.* (Académie)
   ***Étant données** les circonstances, sa conversation pourra être instructive.* (R. Martin du Gard)

382 **Ci-annexé, ci-joint, ci-inclus**

a) *Ci-annexé, ci-joint, ci-inclus* sont variables quand ils sont épithètes ou attributs :

   *La lettre **ci-incluse** vous éclairera.*
   *Les pièces que vous trouverez **ci-jointes** sont importantes.*
   *Ces lettres, je vous les renvoie **ci-annexées**.*

b) Ils restent invariables quand on leur donne la valeur adverbiale (comparez : *ci-contre, ci-après,* etc.) :

   *Vous trouverez **ci-inclus** une lettre de votre père.* (Académie)
   ***Ci-joint** l'expédition du jugement.* (Idem)
   *Veuillez trouver **ci-joint** copie de la lettre.*

Remarque

Dans beaucoup de cas, l'accord dépend de l'intention de celui qui parle ou qui écrit. Cependant l'usage est de donner à *ci-annexé, ci-joint, ci-inclus,* la valeur adverbiale :

1° Quand ils sont en tête de la phrase ;
2° Quand, dans le corps de la phrase, ils précèdent un nom sans article ni adjectif démonstratif ou possessif.

383 **Participe passé de certains verbes intransitifs**

a) Des verbes intransitifs comme *coûter, valoir, peser, mesurer, marcher, courir, vivre, dormir, régner*, etc. peuvent être accompagnés d'un complément circonstanciel qu'il faut se garder de prendre pour un complément d'objet direct ; le participe passé de ces verbes reste invariable :

> *Les trois mille francs que ce meuble m'a **coûté**.* (Académie)
> *Ce cheval ne vaut plus la somme qu'il a **valu**.* (Idem)
> *Les vingt minutes que j'ai **marché, couru**.*
> *Les vingt ans qu'elle a **vécu, régné**.*

b) Certains verbes intransitifs peuvent devenir transitifs ; leur participe passé est alors variable. Tels sont notamment :

coûter au sens de : causer, occasionner ;
valoir au sens de : procurer ;
peser au sens de : constater le poids ; examiner ;
courir au sens de : poursuivre en courant ; s'exposer à ;
                        parcourir, etc.

> *Les efforts que ce travail m'a **coûtés**.* (Académie)
> *La gloire que cette action lui a **value**.* (Id.)
> *Les paquets que j'ai **pesés**.*
> *Les dangers que nous avons **courus**.*

384 **Participe passé des verbes impersonnels**

Le participe passé des verbes impersonnels ou pris impersonnellement est toujours invariable :

> *Les sommes qu'il a **fallu** ont paru énormes.*
> *Les chaleurs qu'il a **fait** ont été torrides.*
> *Les inondations qu'il y a **eu** ont causé bien des dégâts.*

385 **Dit, dû, cru, su, pu, etc.**

Les participes *dit, dû, cru, su, pu, voulu,* et autres semblables restent invariables lorsqu'ils ont pour complément d'objet direct un infinitif ou une proposition à sous-entendre après eux :

> *J'ai fait tous les efforts que j'ai **pu** [faire].*
> *Elle m'a donné tous les renseignements qu'elle avait **dit***
> *[sous-entendu : qu'elle me donnerait].*

Remarque

Le participe passé précédé du pronom relatif *que* est invariable lorsque ce pronom est complément d'objet direct d'un verbe placé après le participe ; dans ce cas, le participe a pour complément la proposition qui vient après lui :

> *C'est une faveur qu'il a **espéré** qu'on lui accorderait.*

Semblablement le participe reste invariable quand il est précédé du relatif *que* et suivi d'une relative introduite par *qui* :

> *Nous subissons les chaleurs torrides qu'on avait **prévu** qui arriveraient.*

386 **Participe passé précédé du pronom *l'***

Le participe passé est invariable lorsqu'il a pour complément d'objet direct le pronom neutre *l'* représentant une proposition et signifiant *cela* :

> *Cette intervention est moins difficile que je ne l'avais **estimé***
> (= que je n'avais estimé *cela*, c.-à-d. *qu'elle était difficile*).

387 **Participe passé précédé d'un collectif ou d'un adverbe de quantité**

a) Lorsque le participe passé est précédé d'un complément d'objet direct renvoyant à un ***collectif*** suivi de son complément, l'accord est commandé par le collectif ou par son complément, selon le sens :

> *Il y avait là une bande de voleurs que la police eut bientôt **cernée**.*
> *Il y avait là une bande de voleurs que la police eut bientôt **ligotés**.*

Remarque

Lorsque le complément d'objet direct précédant le participe renvoie à *le peu* suivi de son complément, c'est *le peu* qui règle l'accord s'il domine dans la pensée (il marque *souvent* alors l'insuffisance) :

> *Le peu de confiance que vous m'avez **témoigné** m'a découragé.*

Si *le peu* n'attire pas particulièrement l'attention, c'est le complément de *peu* qui commande l'accord (on peut alors supprimer *peu* sans ruiner le sens ; *le peu* marque simplement la petite quantité) :

> *Le peu de confiance que vous m'avez **témoignée** m'a encouragé.*

b) Lorsque le complément d'objet direct précédant le participe est un ***adverbe de quantité*** suivi de son complément, c'est celui-ci qui commande l'accord :

> *Autant de batailles elle a **livrées**, autant de victoires elle a **remportées**.*
> *Combien de fautes a-t-il **faites** ?*

L'accord n'a pas lieu si le complément de l'adverbe de quantité suit le participe :

> *Combien a-t-il **fait** de fautes ?*

388 **Participe passé suivi d'un infinitif**

a) Le participe passé conjugué avec *avoir* et suivi d'un infinitif s'accorde avec le complément d'objet direct qui précède lorsque ce complément se rapporte au participe :

> *Les violonistes que j'ai **entendus** jouer étaient habiles.*
> (J'ai entendu qui ? — *que*, c.-à-d. les violonistes, qui jouaient.)

b) Mais le participe reste invariable si le complément d'objet direct se rapporte à l'infinitif :

> *Les airs que j'ai **entendu** jouer étaient charmants.*
> (J'ai entendu quoi ? — *jouer que*, c.-à-d. jouer les airs.)

Moyens pratiques

1. Intercaler le complément d'objet direct (ou le nom qu'il représente) entre le participe et l'infinitif, puis tourner l'infinitif par le participe présent ou par une proposition relative à l'imparfait, ou encore par l'expression *en train de* : si la phrase garde son sens, faire l'accord :

   > *Je les ai vus sortir : j'ai vu eux sortant,... qui sortaient,... en train de sortir.*

2. Quand l'être ou l'objet désigné par le complément d'objet direct fait l'action exprimée par l'infinitif, le participe s'accorde :

3. Si l'infinitif est suivi ou peut être suivi d'un complément d'agent introduit par la préposition *par,* le participe est invariable :

   > *Ces arbres que j'avais **vus** grandir, je les ai **vu** abattre* (par le bûcheron).

Remarques

1. Le participe *fait* suivi d'un infinitif est invariable [1] :

   > *Ces personnes, je les ai **fait** venir.*

2. *Eu* et *donné* suivis d'un infinitif introduit par *à* peuvent, dans la plupart des cas, s'accorder ou rester invariables, parce qu'il est indifférent de faire rapporter le complément d'objet direct au participe ou à l'infinitif :

   > *Les affronts qu'il a **eu(s)** à subir* (il a eu *des affronts à subir,* ou : il a eu *à subir des affronts*).
   > *Les problèmes qu'on m'a **donné(s)** à résoudre.*

389 ## Participe passé précédé de *en*

Le participe passé précédé du pronom *en* complément d'objet direct est généralement invariable, parce que *en* est neutre et partitif :

> *Voyez ces fleurs, en avez-vous **cueilli** ?* (= avez-vous cueilli de cela ?... une partie de ces fleurs ?). (Littré)
> *Des difficultés, certes, j'en ai **éprouvé** !*

Remarques

1. Cette règle reste d'application lorsque le pronom *en* est accompagné d'un adverbe de quantité :

   > *Tu m'as dit que les romans te choquent ;*
   > *j'en ai beaucoup **lu**.* (Musset)
   > *J'en ai tant **vu**, des rois.* (Hugo)

2. Dans des phrases comme la suivante, le pronom *en* (qui n'est pas complément d'objet direct et qui n'est d'ailleurs ni neutre ni partitif) n'a rien à voir avec l'accord du participe :

   > *Ce sont de vrais amis ; je n'oublierai pas les services que j'en ai reçus.*

---

1. Les rectifications orthographiques proposées en 1990 suggèrent d'étendre cette règle à *laissé* (Annexe A, § 511).

Participe passé des verbes pronominaux

N.B.

1. Dans la question que l'on fait pour trouver le complément d'objet direct d'un verbe pronominal, on remplace l'auxiliaire *être* par l'auxiliaire *avoir* : Ils se sont imposé des sacrifices : Ils ont imposé quoi ? des sacrifices.
2. Bien se rappeler la classification des verbes pronominaux : § 287.

a) Le participe passé des verbes pronominaux **réfléchis** ou **réciproques** s'accorde avec le pronom réfléchi quand celui-ci est complément d'objet direct :

> *Elle s'est **coupée** au doigt* (= elle a coupé soi...).
> *Pierre et Raphaël se sont **battus**.*
> *Elle s'est **coupé** le doigt* (= elle a coupé le doigt à soi).
> *Pierre et Raphaël se sont **dit** des injures*
> *(= ils ont dit des injures à soi).*

Remarques

1. À côté du pronom réfléchi complément d'objet indirect, on peut avoir un pronom complément d'objet direct qui commande l'accord :

> *Les sacrifices qu'elle s'est **imposés*** (que = complément d'objet direct).

2. Le participe des verbes suivants est toujours invariable, parce que ces verbes ne peuvent jamais avoir de complément d'objet direct :

se convenir	s'en vouloir	se complaire	se succéder
se nuire	se parler	se ressembler	se suffire
s'entre-nuire	se plaire	se rire	se survivre
se mentir	se déplaire	se sourire	

> *Ils se sont **nui**.*
> *Les rois qui se sont **succédé**.*
> *Ils se sont **plu** l'un à l'autre.*

b) Le participe passé des verbes pronominaux dont le **pronom** est **sans fonction logique** (qui n'est pas complément d'objet, ni direct ni indirect) s'accorde avec le sujet :

> *Ils se sont **tus**.*
> *Elles se sont **évanouies**.*
> *Nous nous sommes **joués** de la difficulté.*

Exceptions : *se rire, se plaire* (se trouver bien, trouver du plaisir), *se déplaire* (ne pas se trouver bien), *se complaire* (trouver sa satisfaction) :

> *Ils se sont **ri** de nos menaces.*
> *Ils se sont **plu** à me tourmenter.*
> *Elles se sont **plu (déplu)** dans ce lieu.*
> *Ils se sont **complu** dans leur erreur.*

c) Le participe passé des verbes pronominaux **passifs** s'accorde avec le sujet :

> *La bataille s'est **livrée** ici.*

Règle simplifiée

Du moment que le pronom de forme réfléchie n'est pas manifestement complément d'objet indirect, le participe passé du verbe pronominal est variable.

Quatre exceptions :

> *se rire,*
> *se plaire* (se trouver bien, trouver du plaisir),
> *se déplaire* (ne pas se trouver bien),
> *se complaire* (trouver sa satisfaction).

c) *La construction du participe et du gérondif*

391 La clarté demande que le participe (présent ou passé) placé au commencement d'une phrase ou d'un membre de phrase se rapporte au *sujet* du verbe base de la phrase :

> **Connaissant** *votre générosité,* **j'**espère que vous ne repousserez pas ma demande.
> **Ayant** bien **récité** ma leçon, **j'**ai obtenu la meilleure note.
> **En attendant** votre réponse, **je** vous prie de croire à mes sentiments les meilleurs.

On considère comme incorrects les tournures suivantes :

> *Connaissant votre générosité, ma demande ne saurait être mal reçue.*
> *Ayant bien récité ma leçon, le professeur m'a attribué la meilleure note.*
> *En attendant votre réponse, veuillez croire à mes sentiments les meilleurs.*

Remarque

Dans quelques phrases toutes faites, on trouve le gérondif se rapportant à un élément autre que le sujet du verbe principal, selon un usage fréquent autrefois :

> *La fortune vient* **en dormant.**
> *L'appétit vient* **en mangeant.**

392 Le participe (présent ou passé) peut s'employer en construction absolue avec un sujet qui lui est propre et qui n'a aucune fonction dans la proposition principale ; il sert alors à former une **proposition participe**, complément circonstanciel du verbe base de la phrase :

> **Le père mort**, *les fils vous retournent le champ.* (La Fontaine)
> **Le soir tombant**, *ils rentrèrent.*

F. L'ACCORD DU VERBE AVEC LE SUJET

a) *Règles générales*

393 Le verbe s'accorde en nombre et en personne avec son sujet exprimé ou sous-entendu :

> *Les meilleures actions **s'altèrent** et **s'affaiblissent** par la manière dont on les **fait**.* (La Bruyère)
> *Cieux, **écoutez** ma voix ; terre, **prête** l'oreille.* (Racine)

394 Le verbe qui a plusieurs sujets se met au pluriel :

> *Le langage n'était pas mon bien. Et le raisonnement abstrait, la construction illusoire et délectable de l'imaginaire me **trahissaient** continuellement, sans que je m'en doute.* (J. M. G. Le Clézio)

Si les sujets ne sont pas de la même personne, le verbe s'accorde avec la personne qui a la priorité : la 1re personne l'emporte sur les deux autres, et la 2e sur la 3e :

> *Mes parents et moi **attendons** votre retour.*
> *J'ai gagé que cette dame et vous **étiez** du même âge.*
> (Montesquieu)

Remarque

Le plus souvent, quand les sujets sont de différentes personnes, on les résume par le pronom pluriel de la personne qui a la priorité :

> *Mes deux frères et moi, **nous** étions tout enfants.* (Hugo)

b) *Règles particulières*

Le cas d'un seul sujet

395 **Nom collectif ou adverbe de quantité sujet**

Le verbe qui a pour sujet un **collectif** suivi de son complément s'accorde avec celui des deux mots qui frappe le plus l'esprit :

avec le collectif si l'on considère *en bloc* (dans leur *totalité*) les êtres ou les objets dont il s'agit :

> *Une foule de malades **accourait**.* (Maupassant)
> *La foule des vivants **rit** et **suit** sa folie.* (Hugo)

avec le complément si l'on considère *en détail* (dans leur *pluralité*) les êtres ou les objets dont il s'agit :

> *Une foule de gens **diront** qu'il n'en est rien.* (Académie)
> *Un troupeau de cerfs nous **croisent**.* (A. Camus)

Remarques

1. Après *la plupart*, le verbe s'accorde toujours avec le complément ; si ce complément est sous-entendu, il est censé être au pluriel :

> *La plupart des gens ne **font** réflexion sur rien.* (Académie)
> *La plupart **sont** persuadés que le bonheur est dans la richesse ; ils se trompent.* (Idem)

2. Après *le peu* suivi de son complément, le verbe s'accorde avec *le peu* quand ce mot domine dans la pensée (il marque *souvent* alors l'insuffisance) :

> *Le peu de qualités dont il a fait preuve l'**a** fait éconduire.*
>
> (Académie)

Si *le peu* n'attire pas particulièrement l'attention, c'est le complément de *peu* qui commande l'accord (on peut alors supprimer *peu* sans ruiner le sens ; *le peu* marque simplement la petite quantité) :

> *Le peu de services qu'il a rendus **ont** paru mériter une récompense.* (Académie)

Le verbe qui a pour sujet un adverbe de quantité s'accorde avec le complément de cet adverbe ; si ce complément n'est pas exprimé, il est censé être au pluriel :

> *Combien de gens **s'imaginent** qu'ils ont de l'expérience par cela seul qu'ils ont vieilli.* (Littré)
> *Beaucoup **surveillent** les miroirs pour retrouver les grimaces qu'ils faisaient il y a vingt ans.* (L. Scutenaire)

Remarques

1. Après *plus d'un*, le verbe se met presque toujours au singulier, à moins qu'on n'exprime la réciprocité ou que *plus d'un* ne soit répété :

> *Plus d'une Pénélope **honora** son pays.* (Boileau)
> *Plus d'un ami **se réconcilient** après s'être querellés.*
> *Plus d'un savant, plus d'un artiste **sont morts** dans la misère.*

2. Après *moins de deux*, le verbe se met au pluriel :

> *Moins de deux ans **sont** passés.*

396 *Il* sujet des verbes impersonnels

Le verbe impersonnel (ou employé impersonnellement) ayant pour sujet apparent le pronom *il* et accompagné d'un sujet réel s'accorde toujours avec le sujet apparent *il* :

> *Il **pleut** des obus en cet endroit.* (Académie)
> *Il **court** des bruits alarmants.*

397 Pronom *ce* sujet

Le verbe *être* ayant pour sujet le pronom *ce* se met ordinairement au pluriel quand l'attribut est un nom pluriel ou un pronom de la 3ᵉ personne du pluriel :

> *Ce **sont** de braves enfants.* (Académie)
> *Ceux qui vivent, ce **sont** ceux qui luttent.* (Hugo)

Le singulier s'emploie aussi, mais il est plus courant dans la langue familière que dans la langue littéraire :

> *Ce n'**était** pas des confidences qu'elle murmurait.* (M. Barrès)
> *C'**est** elles qui m'ont porté secours.* (Colette)
> *C'**est** eux qui l'auront voulu.* (J. Lemaître)

Remarques

1. Lors même que l'attribut est un nom pluriel ou un pronom de la 3e personne du pluriel, le verbe *être* ayant pour sujet le pronom *ce* se met au singulier :

   a) Dans *si ce n'est* signifiant « excepté » :

   > *Si ce n'est eux, quels hommes eussent osé l'entreprendre ?* (Littré)

   b) Dans certaines tournures interrogatives où le pluriel serait désagréable à l'oreille : *sera-ce ? fut-ce,* etc. :

   > ***Fut-ce** mes sœurs qui le firent ?* (Littré)

   c) Dans l'indication des heures, d'une somme d'argent, etc., quand l'attribut de forme plurielle évoque l'idée d'un singulier, d'un tout, d'une quantité globale :

   > *C'est quatre heures qui sonnent* (on indique *l'*heure, non *les* heures).
   > *C'est deux cents francs que vous devez* (idée d'*une* somme).

2. Si le mot pluriel qui suit le verbe *être* ayant pour sujet *ce* n'est pas attribut, le verbe reste au singulier :

   > *C'**est** des aveugles que je veux parler.*

3. Lorsque l'attribut est formé de plusieurs noms dont le premier au moins est au singulier, le verbe *être* ayant pour sujet *ce* se met au singulier, ou, moins souvent, au pluriel :

   > *C'**est** la gloire et les plaisirs qu'il a en vue.* (Littré)
   > *Ce ne **sont** pas l'enfer et le ciel qui les sauveront.* (Chateaubriand)

   Mais on met obligatoirement le pluriel quand l'attribut multiple développe un pluriel ou un collectif qui précède :

   > *Il y a cinq parties du monde ; ce **sont** : l'Europe, l'Asie, etc.*

4. Dans les expressions *ce doit être, ce peut être,* suivies d'un nom pluriel ou d'un pronom de la 3e personne du pluriel, *devoir* et *pouvoir* se mettent au singulier ou au pluriel :

   > *Ce **doit** être mes tantes et mon oncle.* (Littré)
   > *Ce **pourrait** être deux amis.* (Sainte-Beuve)
   > *Ce **devaient** être deux orientaux.* (M. Proust)
   > *Ce **devaient** être des vers.* (É. Henriot)

398 ## Pronom relatif *qui* sujet

Le verbe ayant pour sujet le pronom relatif *qui* se met au même nombre et à la même personne que l'antécédent de ce pronom :

> *C'est moi qui **irai**.*
> *Toi qui m'**écoutes**, suis mes conseils.*

Remarques

1. Puisque c'est l'antécédent qui commande l'accord, toutes les règles et remarques relatives à l'accord du verbe doivent s'appliquer comme si l'antécédent était le véritable sujet :

   > *Le loup, le renard et la belette qui **sont chantés** par ce poète québécois.*
   > *Toi et moi qui **savons**.*
   > *Une meute de loups qui **suivait** les voyageurs.*
   > *Le peu de meubles qui se **trouvent** dans les habitations espagnoles sont d'un goût affreux.* (Th. Gautier)

2. Lorsque le relatif est précédé d'un attribut se rapportant à un pronom personnel, cet attribut commande l'accord :

a) S'il est précédé de l'article défini :

> Vous êtes l'élève qui **écrit** le mieux.

b) S'il porte l'idée démonstrative :

> Vous êtes cet élève qui **écrit** le mieux.
> Vous êtes celui qui **écrit** le mieux.

c) Si la proposition principale est négative ou interrogative :

> Vous n'êtes pas un élève qui **ment**.
> Êtes-vous un élève qui **ment** ?

3. Lorsque l'attribut est un nom de nombre ou un mot indéfini indiquant une pluralité, c'est toujours le pronom personnel qui règle l'accord :

> Vous êtes deux qui **briguez** cet emploi (ou **beaucoup**, ou **plusieurs**, ou **quelques-uns**).

Il y a incertitude sur l'accord lorsque, dans une phrase affirmative :

a) L'attribut est précédé de l'article indéfini :

> Je suis un étranger qui **viens** chercher un asile dans
> l'Égypte. (Voltaire)
> Je suis un homme qui ne **sait** que planter des choux. (A. France)

b) L'attribut est le seul, le premier, le dernier, l'unique :

> Vous êtes le seul qui **connaisse** ou qui **connaissiez** ce sujet.
>
> (Littré)

4. Après **un(e) des, un(e) de,** le relatif qui se rapporte tantôt au nom pluriel, tantôt à un(e), selon que l'action ou l'état concerne, quant au sujet, plusieurs êtres ou objets ou bien un seul :

> Observons une des étoiles qui **brillent** au firmament [ce sont les
> étoiles qui brillent].
> À un des examinateurs qui l'**interrogeait** sur une question annexe,
> ce candidat a donné une réponse étonnante [un seul examinateur
> l'interrogeait].

Après **un de ceux qui, une de celles qui,** le verbe se met au pluriel :

> Un de ceux qui **liaient** Jésus-Christ au poteau. (Hugo)

Quand un(e) des... qui contient un attribut, c'est presque toujours le nom pluriel qui commande l'accord :

> La poésie française au XVIe siècle est un des champs qui **ont** été
> le plus fouillés. (Sainte-Beuve)

Le cas de plusieurs sujets

399 ### Accord avec le sujet le plus rapproché

Le verbe qui a plusieurs sujets s'accorde avec le plus rapproché :

1° Lorsque ces sujets sont à peu près **synonymes** :

> La douceur, la bonté de cette femme **plaît** à tous ceux qui la connaissent.

2° Lorsque ces sujets forment une **gradation** :

> *Une parole, un geste, un regard en **dit** plus parfois qu'un long discours.*
> *Un aboiement, un souffle, une ombre **fait** trembler le lièvre.*

3° Lorsque ces sujets sont **résumés par un mot** comme *tout, rien, chacun, nul,* etc. :

> *Ses paroles, sa voix, son sourire, tout **vint** à lui déplaire.* (Flaubert)

Remarque

Parfois les mots *tout, rien,* etc., au lieu de résumer les sujets, les annoncent :

> *Mais rien, ni le rasoir douteux, le blaireau jaune, l'odeur, les propos du barbier, ne **put** me faire reculer.* (A. Gide)

400 Infinitifs sujets

Le verbe qui a pour sujets plusieurs infinitifs se met au pluriel :

> *Promettre et tenir **sont** deux.* (Académie)

Cependant, si les infinitifs expriment une idée unique, le verbe se met au singulier :

> *Recommencer et se corriger **est** la base de tout progrès, nous a dit l'entraîneur.*

401 Sujets joints par *ainsi que, comme, avec*, etc.

a) Lorsque deux sujets sont joints par une conjonction de comparaison : *ainsi que, comme, de même que, non moins que, non plus que*, etc., c'est le premier sujet qui règle l'accord si la conjonction garde toute sa valeur comparative :

> *Son visage, aussi bien que son cœur, **avait** rajeuni de dix ans.* (Musset)
> *Leur beauté autant que leur fortune **éblouit.*** (M. Leblanc)
> *L'alouette, comme l'hirondelle, au besoin, **nourrira** ses sœurs.*
> (Michelet)

b) Mais le verbe s'accorde avec les deux sujets si la conjonction prend la valeur de *et* :

> *Le français ainsi que l'italien **dérivent** du latin.* (Littré)
> *Une condition où le corps non plus que l'âme ne **trouvent** ce qu'ils désirent.* (H. de Montherlant)
> *La santé comme la fortune **retirent** leurs faveurs à ceux qui en abusent.* (Saint-Évremond)

c) Lorsque deux sujets sont joints par *moins que, plus que, non, et non, plutôt que,* etc., le verbe s'accorde avec le premier seulement, le second se rapportant à un verbe sous-entendu :

> *La misère, plutôt que l'amour, **apparaissent** dans toute son attitude.* (Musset)

402 Sujets joints par *ou* ou par *ni*

a) Lorsque plusieurs sujets de la 3ᵉ personne sont joints par **ou** ou bien par **ni**, le verbe se met au pluriel si l'on peut rapporter simultanément l'action ou l'état à chacun des sujets :

> *Le pire ou le plus sot de nos patients nous* **instruisent** *encore.* (M. Yourcenar)
> *Ni l'or, ni la grandeur ne nous* **rendent** *heureux.* (La Fontaine)
> *Ni l'un ni l'autre n'***ont** *su ce qu'ils faisaient.* (Vigny)

b) Mais si l'on ne peut pas rapporter l'action ou l'état simultanément à chacun des sujets, le verbe s'accorde avec le dernier sujet seulement :

> *La douceur ou la violence en* **viendra** *à bout.* (Académie)
> *Ni Grégoire ni Corentin ne* **sera** *délégué de la classe.*

Remarques

1. Même quand les sujets joints par *ni* ne s'excluent pas mutuellement, l'accord se fait parfois avec le dernier sujet seulement :

> *Ni l'un ni l'autre ne* **viendra**. (Académie)

2. Si les sujets joints par *ou* ou bien par *ni* ne sont pas de la même personne, le verbe se met au pluriel et à la personne qui a la priorité :

> *Marie ou moi* **ferons** *ce travail.*
> *Ni vous ni moi ne le* **pouvons**. (Académie)

3. **L'un ou l'autre,** pris pronominalement ou adjectivement, veut toujours le verbe au singulier :

> *L'un ou l'autre* **fit**-*il une tragique fin ?* (Boileau)
> *L'un ou l'autre projet* **sera sélectionné** *pour la finale du concours.*

403 L'un(e) et l'autre

Après la locution pronominale **l'un(e) et l'autre**, le verbe se met au pluriel ou, beaucoup moins souvent, au singulier :

> *L'un et l'autre* **sont** *venus.* (Académie)
> *L'une et l'autre* **est** *bonne.* (Idem)

Remarque

L'un(e) et l'autre, adjectif, quoique précédant un nom singulier admet le verbe au pluriel ou au singulier :

> *L'une et l'autre hypothèse* **sont** *également plausibles.* (A. Hermant)
> *L'un et l'autre cadeau* **faisait** *grand plaisir à Christophe.*
> (R. Rolland)

Chapitre VI

L'Adverbe

1. Définitions et espèces

404 L'**adverbe** est un mot invariable que l'on joint à un verbe, à un adjectif ou à un autre adverbe, pour en modifier le sens :

> *Elle parle **bien**. Un poème **très** étrange.*
> *Elle écrit **fort** vite.*

405 Une **locution adverbiale** est une réunion de mots équivalant à un adverbe :

> *D'ores et déjà, çà et là, en vain, ne pas, tout de suite*, etc.

Remarques

1. Il y a des **adverbes composés,** dont les éléments sont réunis par un trait d'union : *Au-delà, ci-dessus, avant-hier*, etc.
2. Certains adverbes peuvent avoir un complément (voir § 66, 1°).

406 On peut distinguer sept espèces d'averbes, marquant :

1° la manière ;   4° le lieu ;
2° la quantité   5° l'affirmation ;
   (et l'intensité) ;   6° la négation ;
3° le temps ;   7° le doute.

a) *Les adverbes de manière*

ainsi	debout	gratis	pis	vite
bien	ensemble	incognito	plutôt	volontiers
comme	exprès	mal	quasi	etc.
comment	franco	mieux	recta	

Il faut y ajouter un très grand nombre d'adverbes en *-ment,* quantité de locutions adverbiales : *à l'envi, à dessein, à tort, à loisir, à propos, cahin-caha,* etc., et certains adjectifs neutres pris adverbialement avec des verbes : *bon, bas, haut, cher, clair,* etc. (§ 187).

b) *Les adverbes de quantité et d'intensité*

assez	fort	presque
aussi	guère	que *vous êtes fort !*
autant	mais *(n'en pouvoir ~)*	quelque *dix ans*
beaucoup	moins	si
bien *aise*	moitié *mort*	tant
combien	par *trop*	tout *fier*
comme... !	(ne) pas autrement (= guère)	tout à fait
comment (= à quel point)	pas mal	tellement
davantage	peu	très
environ *un an*	plus	trop

Il faut y ajouter certains adverbes en *-ment* exprimant la quantité, l'intensité : *abondamment, énormément, grandement, extrêmement, immensément, complètement,* etc.

c) *Les adverbes de temps*

alors	déjà	incontinent	quelquefois
après	demain	jadis	sitôt
après-demain	depuis	jamais	soudain
aujourd'hui	derechef	longtemps	souvent
auparavant	désormais	lors	subito
aussitôt	dorénavant	maintenant	tantôt
autrefois	encore	naguère	tard
avant	enfin	parfois	tôt
avant-hier	ensuite	puis	toujours
bientôt	hier	quand ?	

On y joint un certain nombre de locutions adverbiales, telles que : *tout de suite, de suite, par la suite, dans la suite, tout à coup, à l'instant, à jamais, à présent, de temps en temps, jusque-là, tout à l'heure,* etc.

d) *Les adverbes de lieu*

ailleurs	çà	derrière	loin
alentour	céans (vieux)	dessous	où
arrière	ci	dessus	outre
attenant	contre	devant	partout
autour	dedans	ici	près
avant	dehors	là	proche

À cette liste il faut ajouter un certain nombre de locutions adverbiales, comme : *au-dedans, au-dehors, ci-après, ci-contre, en arrière, en avant, quelque part, là-bas, là-dedans,* etc.

e) *Les adverbes d'affirmation*

assurément	certes	que si	soit
aussi	en vérité	sans doute	volontiers
certainement	oui	si	vraiment,
bien	précisément	si fait (vieux)	etc.

f) *Les adverbes de négation*

Ce sont, à proprement dire : *non,* forme tonique, et *ne,* forme atone.

Certains mots, comme *aucun, aucunement, nullement, guère, jamais, rien, personne,* qui accompagnent ordinairement la négation, sont devenus aptes à exprimer eux-mêmes l'idée négative.

g) *Les adverbes de doute*

Ce sont : *apparemment, peut-être, probablement, sans doute, vraisemblablement.*

Remarque

On peut ranger dans une catégorie à part, celle des **adverbes d'interrogation**, certains adverbes servant à interroger sur le temps, la manière, la cause, le lieu, la quantité :

> *Quand ? Comment ? Pourquoi ? Que (ne) ? Où ? D'où ? Par où ? Combien ?*

À cette même catégorie appartiennent l'expression *est-ce que ?* et *si* introduisant l'interrogation indirecte (mais *si* est plutôt alors conjonction) :

> **Est-ce que** tu pars ?
> Je demande **si** tu pars.

2. La formation des adverbes en *-ment*

407 ### a) *Règle générale*

On forme les adverbes en *-ment* en ajoutant ce suffixe *-ment* au féminin de l'adjectif :

> *Grand, grande, grande**ment** ; doux, douce, douce**ment**.*

Beaucoup d'adjectifs ne peuvent donner naissance à des adverbes en *-ment : charmant, fâché, content,* etc.

b) *Règles particulières*

1° Dans les adverbes en *-ment* correspondant à des adjectifs terminés au masculin par une voyelle, l'*e* féminin de ces adverbes a disparu : *Vrai, vraiment, aisé, aisément, poli, poliment, éperdu, éperdument.*

Remarque

L'accent circonflexe marque la chute de l'*e* féminin dans : *assidûment, congrûment, continûment, crûment, goulûment, incongrûment, indûment, nûment* [1].

L'Académie écrit : *gaiement,* mais on écrit aussi : *gaîment.*

2° On a **-ément** au lieu de *-ement* dans certains adverbes tels que : *commodément, confusément, énormément, expressément, précisément, profondément,* etc.

3° *Gentil* donne *gentiment ; impuni, impunément.* À *traître* répond *traîtreusement,* formé sur *traîtreuse,* féminin de l'ancien adjectif *traîtreux.*

4° Aux adjectifs en *-ant* et *-ent* correspondent des adverbes en **-amment, -emment** :

Vaillant, vaillamment ; prudent, prudemment.

Exceptions : *Lent, lentement ; présent, présentement ; véhément, véhémentement.*

5° Quelques adverbes en *-ment* sont tirés de noms, d'adjectifs indéfinis ou d'adverbes : *Bêtement, diablement, sacrilègement, mêmement, tellement, comment, quasiment.*

3. Les degrés des adverbes

408 Certains adverbes admettent, comme les adjectifs qualificatifs, divers degrés. Ce sont :

1° *Loin, longtemps, près, souvent, tôt, tard.*
2° Les adjectifs pris adverbialement et modifiant un verbe : *bas, bon, cher,* etc. (§ 187).
3° Certaines locutions adverbiales : *à regret, à propos,* etc.
4° La plupart des adverbes en *-ment.*
5° *Beaucoup, bien, mal, peu.*

> *Moins doucement, aussi doucement, plus doucement, très doucement, le plus doucement.*

Remarque

Beaucoup, bien, mal, peu ont pour comparatifs de supériorité *plus* (ou *davantage*), *mieux, pis* (ou *plus mal*), *moins ;* et pour superlatifs relatifs : *le plus, le mieux, le pis* (ou *le plus mal*), *le moins.*

---

1. Sauf si l'on applique les rectifications orthographiques de 1990 (§ 511).

4. La place de l'adverbe

409 La place de l'adverbe est assez variable ; assez souvent elle est réglée par des raisons de style.

a) *Avec un verbe*

Temps simple

Si le verbe est à un temps simple, l'adverbe qui le modifie se place généralement après lui :

> *Nous travaillons **assidûment**.*
> *Vous préférerez **toujours** la vertu à la richesse.*

Temps composé

Si le verbe est à un temps composé, l'adverbe se place à peu près indifféremment après le participe ou entre l'auxiliaire et le participe :

> *J'ai travaillé **assidûment**, j'ai **assidûment** travaillé.*
> *Il a **beaucoup** travaillé, il a souffert **beaucoup**.*

Cependant les adverbes de lieu se placent après le participe :

> *J'ai cherché **ailleurs**.*
> *Je vous ai attendu **ici**.*
> *On l'a jetée **dehors**.*

Remarques

1. L'adverbe *ne* précède toujours le verbe ; il en est de même des adverbes (ou pronoms) *en* et *y,* sauf à l'impératif affirmatif :

> *Je **ne** travaille pas, je **n'**ai pas trouvé.*
> *J'**en** viens, j'**en** suis ; j'**y** cours, j'**y** ai habité.*
> *Mais : Vas-**y**, va-t'**en**.*

2. Souvent, pour la mise en relief, l'adverbe, et surtout l'adverbe de lieu ou de temps, se place en tête de la phrase :

> ***Ici** s'est livrée la bataille.*
> ***Demain**, dès l'aube, à l'heure où blanchit la campagne,*
> *Je partirai. (Hugo)*
> ***Ainsi** finit la comédie.*
> ***Lentement** le soleil se plongeait dans les flots.*

3. En général, les adverbes interrogatifs et exclamatifs se placent en tête de la proposition :

> ***Où** sont les neiges d'antan ?*
> ***Comme** il fait noir dans la vallée ! (Musset)*

4. L'adverbe modifiant un infinitif se place tantôt avant lui, tantôt après lui :
en général, c'est l'euphonie et le rythme qui décident :

> **Trop** parler est souvent nuisible ; il vaut mieux parler **peu** et parler
> **sagement**.
> Il fait bon vivre **ici**.
> Il cherche à vivre **ailleurs**.
> On ne peut pas **toujours** travailler.

b) *Avec un adjectif, un participe ou un adverbe*

L'adverbe se place, en général, avant l'adjectif, le participe ou l'adverbe qu'il modifie :

> Cet homme a une conduite **très** digne, **médiocrement**
> digne, **toujours** digne.
> Il agit **très** correctement, **assez** correctement.
> Cet article est **très** demandé.
> Voilà une personne **très** engageante, **toujours** souriante.

5. Emploi de certains adverbes

a) *Les adverbes de manière*

410 **Pis**, comparatif archaïque de *mal,* ne s'emploie plus guère que dans des locutions toutes faites. Il peut être :

1° Adverbe :

> Aller de mal en **pis**.

2° Adjectif attribut ou complément d'un pronom neutre :

> Il se portait mieux, mais aujourd'hui il est **pis** que jamais.
>
> (Académie)
>
> Il n'y a rien de **pis** que cela. (Idem)

3° Pronom :

> Il a fait **pis** que cela.

4° Nom :

> Voilà le **pis** de l'affaire.

Remarque

Pis se distingue de *pire* en ce qu'il ne se joint jamais à un nom et en ce qu'il peut être adverbe ou pronom.

411 **Plutôt**, en un mot, marque la préférence :

> **Plutôt** souffrir que mourir. (La Fontaine)

Plus tôt, en deux mots, marque le temps et s'oppose à « plus tard » :

> Un jour **plus tôt**, un jour **plus tard**,
> Ce n'est pas grande différence. (La Fontaine)

b) *Les adverbes de quantité*

412 • **Si, aussi** se joignent à des adjectifs, à des participes-adjectifs et à des adverbes :

> *Une femme **si** sage, **si** estimée, qui parle **si** bien.*
> *Une femme **aussi** sage, **aussi** estimée qu'elle, qui parle **aussi** bien que personne.*

Tant, autant se joignent à des noms et à des verbes :

> *Il a **tant** de courage, il travaille **tant** !*
> *Il a **autant** de courage que personne, il travaille **autant** que personne.*

• **Si, tant** marquent l'intensité :

> *Elle est **si** faible qu'elle peut à peine marcher.*
> *Elle a **tant** marché qu'elle est épuisée.*

Aussi, autant marquent la comparaison :

> *Il est **aussi** sportif que son frère.*
> *Il s'entraîne **autant** que son frère.*

Remarque

1. **Si, tant** peuvent remplacer *aussi, autant* dans les phrases négatives ou interrogatives :

> *Je ne connais rien de **si** précieux que l'honnêteté.*
> *Rien ne pèse **tant** qu'un secret.* (La Fontaine)

2. **Aussi** signifiant « pareillement » se met dans le sens affirmatif :

> *Vous le voulez, et moi **aussi** ;*

avec la négation, on doit dire *non plus* :

> *Vous ne le voulez pas, ni moi **non plus** ;*

avec *ne ... que,* on met indifféremment *non plus* ou *aussi* :

> *Il lit incessamment, je ne fais **non plus** que lire,*
> ou : *je ne fais **aussi** que lire.* (Littré)

3. **Tant** s'emploie pour exprimer une quantité indéterminée qu'on ne veut ou ne peut préciser :

> *Cette employée gagne **tant** par jour.*

N.B.

L'emploi de *autant,* dans ce sens, est barbare. Ne dites pas :

> *Ce mécanicien gagne autant par jour.*
> *Ceci vaut autant, cela autant.*

413 **Beaucoup**

a) Après un comparatif, ou après un verbe d'excellence, ou avec un superlatif, *beaucoup* doit être précédé de la préposition *de* :

> *Vous êtes plus savant **de beaucoup**.* (Académie)
> *L'emporter **de beaucoup** sur un autre.* (Idem)
> *Il est **de beaucoup** le plus savant.*

b) Avant un comparatif, il peut être précédé de la préposition *de* :

> *Il est **beaucoup** (ou : **de beaucoup**) plus savant que son frère.*

414 **Davantage** ne peut modifier un adjectif ni un adverbe.

Au lieu de : *Elle est davantage heureuse ; marchons davantage lentement,* il faut dire : *Elle est plus heureuse, marchons plus lentement.*

Remarque

Davantage pouvait, à l'époque classique, se construire avec *de* et un nom, et aussi avec *que* :

> *Rien n'obligeait à en faire **davantage de** bruit.* (Bossuet)
> *Il n'y a rien que je déteste **davantage que** de blesser la vérité.*
> (Pascal)

Ces constructions se rencontrent encore dans l'usage moderne :

> *Ils n'en récoltèrent pas **davantage de** gratitude.* (J. Cocteau)
> *Cet homme de taille moyenne (...) me plaisait **davantage que** son frère aîné.* (M. Yourcenar)

415 **Plus, moins** introduisent par *que* le complément du comparatif :

> *L'envie est plus irréconciliable **que** la haine.* (La Rochefoucauld)

Toutefois lorsque le complément du comparatif est ou renferme un nom de nombre, il s'introduit par *de* :

> *Cela coûtera moins **de** cent francs.* (Académie)

On dit le plus souvent : *plus **d**'à demi..., plus **d**'à moitié...,* etc., mais on peut dire aussi : *plus **qu**'à demi..., plus **qu**'à moitié,* etc.

c) *Les adverbes de temps*

416 **De suite** signifie « sans interruption » :

> *Il ne saurait dire deux mots **de suite**.* (Académie)

Tout de suite signifie « sur-le-champ » :

> *Je voudrais **tout de suite** le dossier Latour.* (M. Thiry)

Remarque

On vient d'indiquer la distinction traditionnelle. Cependant l'usage courant a admis *de suite* au sens de « sur-le-champ » :

> *Allez **de suite** vous restaurer.* (A. Gide)
> *On ne comprend pas **de suite** un mot semblable.* (P. Loti)

417 **Tout à coup** signifie « soudainement » :

> *Son humeur a changé **tout à coup**.* (Académie)

Tout d'un coup signifie « tout en une fois » :

> *Il fit sa fortune **tout d'un coup**.* (Académie)

Tout d'un coup s'emploie aussi quelquefois dans le sens de *tout à coup* (Académie).

d) *Les adverbes de négation*

418 La négation pure s'exprime par *non,* forme tonique, et par *ne,* forme atone.

419 a) **Non**, dans les réponses et ailleurs, a la valeur d'une proposition reprenant de façon négative une idée, une proposition ou un verbe antérieurs :

> *Viendrez-vous ?* **Non**.
> *Elle a trahi ; prétendez-vous que* **non** *?*
> *Venez-vous ou* **non** *?*
> *Mon père viendra, ma mère,* **non**.

b) **Non** peut nier un élément de phrase qu'il oppose à un autre élément de même fonction que le premier :

> *Mon avis,* **non** *le vôtre, doit prévaloir.*
> *Il est sévère,* **non** *injuste.*

Remarques

1. *Non* sert de préfixe négatif devant certains noms : *Non-intervention, non-lieu, non-sens,* etc. Il se trouve avec la même valeur devant un infinitif dans *fin de non-recevoir.*

Dans un emploi analogue, *non* se place devant des adjectifs qualificatifs, des participes, des adverbes, et devant certaines prépositions :

> **Non** *solvable, leçon* **non** *sue,* **non** *loin de là,* **non** *sans frémir.*

2. Surtout dans les réponses directes, *non* est souvent renforcé par *pas, point, vraiment, certes, assurément, jamais, mais, oh ! ah !,* etc. :

> *Viendras-tu ? Non certes, non vraiment, non jamais, oh ! non.*

420 **Ne** est généralement accompagné d'un des mots *pas, point, aucun, aucunement, guère, jamais, nul, nullement, personne, plus, que, rien,* ou d'une des expressions *âme qui vive, qui que ce soit, quoi que ce soit, de ma vie, de longtemps, nulle part,* etc. :

> *Elle* **ne** *vient* **pas** *; elle* **ne** *fume* **jamais** *; elle* **ne** *sait rien ; on* **ne** *voit* **âme qui vive**.

Ne ... que est une locution restrictive équivalant à *seulement* :

> *Qui* **n'**entend **qu'**une cloche **n'**entend **qu'**un son.

Remarque

Pour nier la locution restrictive *ne... que,* la langue moderne insère dans cette locution *pas* ou *point.* Cette construction *ne... pas* (ou *ne... point que*), quoique combattue par les puristes, est entrée dans l'usage :

> *Un discours* **ne** *se compose* **pas que** *d'idées générales.*
>
> (Fr. Mauriac)

NE employé seul

421 **Obligatoirement**

Ne s'emploie obligatoirement seul :

1° Dans certaines phrases proverbiales ou sentencieuses et dans certaines expressions toutes faites :

> Il *n'*est pire eau que l'eau qui dort.
> À Dieu *ne* plaise !
> *Ne* vous déplaise.
> Si ce *n'*est (= excepté).
> Il *ne* dit mot.
> Elle *n'*a garde.
> Il *n'*en a cure.
> Qu'à cela *ne* tienne.
> Qui ce fut, il *n'*importe.

2° Avec *ni* répété :

> L'homme *n'*est ni ange ni bête. (Pascal)
> Ni l'or ni la grandeur *ne* nous rendent heureux. (La Fontaine)

3° Avec *que,* adverbe interrogatif ou exclamatif signifiant *pourquoi* :

> Que *ne* le disiez-vous plus tôt ?
> Que *ne* puis-je partir ?

4° Avec *savoir* ou *avoir,* suivis de *que* interrogatif et d'un infinitif :

> Je devais avoir l'avoir stupide avec, à la main, la chemise dont je *ne* savais que faire. (G. Simenon)

Facultativement

Ne s'emploie facultativement seul :

1° Dans les propositions relatives de conséquence dépendant d'une principale interrogative ou négative :

> Y a-t-il quelqu'un dont il *ne* médise ? (Académie)
> Il n'est pas d'homme qui *ne* désire être heureux. (Idem)

2° Avec *cesser, oser, pouvoir,* surtout aux temps simples et avec un infinitif complément :

> Il *ne* cesse de parler. (Académie)
> Je *n'*ose sortir. (G. Compère)
> Elle doit avoir peur : je *ne* peux expliquer autrement son immobilité.
> (Idem)

Remarque

Pris négativement, *savoir* se construit le plus souvent avec le simple *ne* quand on veut exprimer l'idée de « être incertain » :

> Je *ne* sais, dit-il, si je devrais parler. (S.-A. Steeman)

Mais quand il signifie « connaître, avoir la science de », il demande la négation complète :

> Je *ne* sais *pas* l'endroit. (La Fontaine)
> Cet enfant *ne* sait *pas* lire.

Au conditionnel, comme équivalent de « pouvoir », il veut le simple *ne* :

> Je *ne* saurais vous approuver.

3° Avec *si* conditionnel :

> *Tu ne pourras l'emporter si tu **ne** te prépares sérieusement.*

4° Devant *autre* suivi de *que* :

> *Je **n'**ai d'autre désir que celui de vous être utile.*

5° Après le pronom et l'adjectif interrogatif :

> *Qui **ne** court après la Fortune ?* (La Fontaine)
> *Quel plaisir **n'**a son amertume ?*

6° Après *depuis que, il y a* (tel temps) *que, voici* ou *voilà* (tel temps) *que,* quand le verbe dépendant est à un temps composé :

> *Elle a bien changé depuis que je **ne** l'ai vue.*
> *Il y a huit jours que je **ne** l'ai vu.*

NE explétif

N.B.

Certaines propositions subordonnées de sens positif ont cependant la négation *ne.* L'emploi de ce *ne explétif* n'a jamais été bien fixé : dans l'usage littéraire, il est le plus souvent facultatif ; dans la langue parlée, il se perd de plus en plus. C'est pourquoi il serait vain de vouloir donner pour cet emploi des règles absolues.

422 **Verbes de crainte**

a) 1. Après les verbes de crainte pris affirmativement, on met ordinairement *ne* quand la subordonnée exprime un effet que l'on craint de voir se produire :

> *Je crains que l'ennemi **ne** vienne.*
> *Je redoute, j'ai peur, j'appréhende qu'un malheur **ne** vous arrive.*

2. Après ces verbes pris négativement, on ne met pas *ne* :

> *Je ne crains pas qu'il fasse cette faute.* (Littré)
> *Je n'ai pas peur qu'on me reproche ce que j'ai fait.*

3. Après ces verbes pris interrogativement ou bien à la fois interrogativement et négativement, le plus souvent on omet *ne* :

> *Craignez-vous qu'il vienne ?* (Hatzfeld)
> *Ne craignez-vous pas qu'il vienne ?* (Littré)

b) Dans tous ces cas, on met la négation complète s'il s'agit d'un effet que l'on craint de voir ne pas se produire :

> *Je crains que ma mère **ne** vienne **pas**.*
> *Aucun de nous ne craint que nos amis **ne** viennent **pas**.*
> *Craignez-vous, ne craignez-vous pas que le succès **ne** couronne **pas** vos efforts ?*

423 **Verbes d'empêchement, de précaution, de défense**

Après *éviter que, empêcher que,* l'emploi de *ne* est facultatif :

> *J'empêche qu'il **ne** vienne.* (Littré)
> *Vous savez empêcher qu'il vous dévore.* (Voltaire)
> *Je n'empêche pas qu'il **ne** fasse ou qu'il fasse ce qu'il voudra.* (Académie)
> *Évitez qu'il **ne** vous parle.* (Idem)
> *J'évitais qu'il m'en parlât.* (Littré)

Remarques

1. Après *prendre garde que*, on met *ne* s'il s'agit d'un effet à éviter ; on ne met aucune négation s'il s'agit d'un résultat à obtenir :

> *Prenez garde qu'on **ne** vous trompe.* (Académie)
> *Prenez garde que vous entendiez tout ce que vous faites.*
> (Bossuet)

2. Après *défendre que*, on ne met pas *ne* :

> *Je défends que vous y participiez.*

424 Verbes de doute, de négation

a) Après *douter, mettre en doute, nier, disconvenir, désespérer, contester, méconnaître, dissimuler*, etc., employés affirmativement, l'infinitif complément ou la subordonnée ne prennent pas *ne* :

> *Je doute fort que tout cela soit.* (Académie)
> *Il nie qu'il se soit trouvé dans cette maison.* (Littré)

b) Mais dans l'emploi négatif ou interrogatif, ces verbes demandent ordinairement *ne* après eux :

> *Je ne doute pas qu'il **ne** vienne bientôt.* (Académie)
> *Doutez-vous que cela **ne** soit vrai ?* (Littré)

425 Propositions comparatives

a) La proposition second terme d'une comparaison d'inégalité prend souvent *ne* si la principale est affirmative :

> *Il est autre que je **ne** croyais.* (Académie)
> *Le temps est meilleur qu'il **n'**était hier.* (Idem)

b) Quand la principale est négative ou interrogative, ordinairement on ne met pas *ne* dans la subordonnée :

> *Il n'agit pas autrement qu'il parle.* (Académie)
> *Quel mortel ne fut jamais plus heureux que vous l'êtes ?* (Voltaire)

426 Locutions conjonctives

a) Après *avant que*, l'emploi de *ne* est facultatif :

> *Avant qu'il fassse froid* ou *Avant qu'il **ne** fasse froid.* (Académie)

b) Après *moins que*, on met ordinairement *ne* :

> *À moins qu'il **ne** connaisse son nom d'emprunt...* (M. Leblanc)

Après *que* mis pour *avant que, sans que, à moins que, de peur que*, on doit mettre *ne* :

> *Tu ne bougeras pas d'ici que tu **n'**aies demandé pardon.* (G. Sand)

c) Après *sans que* (qui implique déjà une négation), on ne met pas *ne* :

> *Il y a des choses dans la vie qui ne servent à rien, qu'on pourrait supprimer sans que j'en sois atteint.* (J. Cayrol)

427 Après *il s'en faut que* (affirmatif, négatif ou interrogatif), *ne* est facultatif :

> *Il s'en faut de dix francs que la somme entière **n'**y soit.* (Académie)
> *Il s'en faut de beaucoup que leur nombre soit complet.* (Idem)

Après *il tient à ... que, il dépend de ... que*, pris affirmativement, on ne met aucune négation ou on met la négation complète, selon le sens :

> *Il tient à moi que cela se fasse, que cela **ne** se fasse pas.* (Littré)

Dans l'emploi négatif ou interrogatif, ces expressions sont ordinairement suivies de *ne* :

> *Il ne tient pas à moi que cela **ne** se fasse.* (Académie)
> *À quoi tient-il donc que la vérité **ne** triomphe dans votre cœur ?*
> (Massillon)

Chapitre VII

La Préposition

1. Définition

428 La **préposition** est un mot invariable qui sert ordinairement à introduire un complément, qu'il unit, par un rapport déterminé, à un mot complété :

> *Elle habite **dans** un appartement* (rapport de lieu).
> *Elle régnait **depuis** deux ans* (rapport de temps).
> *Le jardin **de** mon voisin* (rapport d'appartenance).
> *Je pêche **à** la ligne* (rapport de moyen).

Remarque

La préposition est parfois une simple cheville syntaxique, notamment devant certaines épithètes, devant certains attributs, devant certaines appositions, devant certains infinitifs sujets ou compléments ; comme elle ne marque alors aucun rapport et qu'elle est vide de sens, on l'appelle **préposition vide** :

> *Rien **de** nouveau.   Elle est tenue **pour** coupable.*
> *Je le traite **en** frère.   La ville **de** Lyon.*
> ***De** le voir passer m'a suffi pour le juger.* (P. Bourget)
> *J'aime **à** lire.   Mon but est **de** vaincre.   Elle cesse **de** parler.*

429 Une **locution prépositive** est une réunion de mots équivalant à une proposition : *À cause de, auprès de, jusqu'à*, etc.

N.B.

Certaines prépositions et certaines locutions prépositives peuvent avoir un complément (voir § 66, 2°).

Liste des principales prépositions

À	De	Excepté	Passé	Sous
Après	Depuis	Hormis	Pendant	Suivant
Attendu	Derrière	Hors	Plein	Supposé
Avant	Dès	Jusque(s)	Pour	Sur
Avec	Devant	Malgré	Près	Touchant
Chez	Durant	Moyennant	Proche	Vers
Concernant	En	Outre	Sans	Vu
Contre	Entre	Par	Sauf	
Dans	Envers	Parmi	Selon	

431 *Voici* et *voilà* servent ordinairement à annoncer, à présenter : ce sont alors des **présentatifs** :

> **Voici** *ma chambre,* **voilà** *la vôtre.*

Ce sont proprement des prépositions quand ils introduisent une indication de temps : *Je l'ai connu* **voici** *(ou* **voilà***) deux ans.*

Voici, voilà, sont formés de *voi,* impératif de *voir,* sans *s,* selon l'ancien usage, et des adverbes *ci, là.* Ces présentatifs renferment donc originairement un élément verbal, qui reste sensible quand *voici* est suivi d'un infinitif ou quand *voici, voilà* sont précédés d'un pronom personnel complément :

> **Voici** *venir la foudre.* (Corneille)
> *Me* **voici***.*
> *Te* **voilà** *encore !*

N.B.
Dans l'analyse, on appelle *complément du présentatif* le mot ou groupe de mots exprimant ce qui est annoncé ou présenté par *voici* ou *voilà.*

432 **Liste des principales locutions prépositives**

À cause de	Au dehors de	De dessous	Hors de
À côté de	Au-delà de	De dessus	Jusqu'à, jusque
À défaut de	Au-dessous de	De devant	dans, etc.
Afin de	Au-dessus de	De façon à	Loin de
À fleur de	Au-devant de	De manière à	Par-dedans
À force de	Au lieu de	D'entre	Par-dehors
À l'abri de	Au milieu de	De par	Par-delà
À la faveur de	Au péril de	De peur de	Par-dessous
À la merci de	Auprès de	Du côté de	Par-dessus
À la mode de	Au prix de	En deçà de	Par-devant
À l'égard de	Autour de	En dedans de	Par-devers
À l'encontre de	Au travers de	En dehors de	Par rapport à
À l'envi de	Aux dépens de	En dépit de	Près de
À l'exception de	Aux environs de	En face de	Proche de
À l'exclusion de	Avant de	En faveur de	Quant à
À l'insu de	D'après	En sus de	Sauf à
À moins de	D'avec	Étant donné	Sus à
À raison de	De chez	Face à	Vis-à-vis de
Au-dedans de	De delà	Faute de	etc.
Au défaut de	De derrière	Grâce à	

Les rapports marqués par la préposition sont extrêmement nombreux ; d'autre part, une même préposition (surtout *à* et *de*) peut servir à exprimer différents rapports.

La préposition peut marquer notamment :

Le lieu, la tendance : *en, dans, à, chez, de, vers, jusqu'à, sous*, etc.
Le temps : *à, de, vers, pour, avant, après, depuis, pendant*, etc.
L'attribution : *à, pour.*
La cause, l'origine : *attendu, vu, pour, à cause de, grâce à*, etc.
Le but, le motif : *pour, à, envers, touchant*, etc.
La manière, le moyen : *à, de, par, en, avec, sans, selon*, etc.
L'ordre, le rang : *après, devant, derrière, au-dessus de*, etc.
L'union, la conformité : *avec, selon, d'après, suivant*, etc.
L'appartenance : *de, à*, etc.
L'agent : *de, par.*
L'opposition : *contre, malgré, nonobstant*, etc.
La séparation, l'exception : *sans, sauf, excepté*, etc.

434 En principe, rien ne s'intercale entre la préposition et le mot qu'elle introduit. Pourtant des intercalations se font parfois :

> *Soirées passées l'oreille au guet **pour**, dès la première sirène, **descendre** à la cave les enfants.* (Fr. Mauriac)

435 **2. Répétition des prépositions**

a) Les prépositions **à, de, en** se répètent ordinairement devant chaque complément :

> *Elle écrit **à** Pierre et **à** Nicolas.*
> *Elle a voyagé **en** Grèce et **en** Italie.*
> *La parole nous apparaît comme l'instrument majeur **de** la pensée, **de** l'émotion et **de** l'action.* (L. S. Senghor)

b) **À, de, en** ne se répètent pas :

1° Quand les membres du complément forment une locution :

> *École **des** arts et métiers.*
> *Il aime **à** aller et venir.* (Littré)
> *Il a perdu son temps **en** allées et venues.* (Académie)

2° Quand ces membres représentent le même ou les mêmes êtres ou objets :

> *J'en parlerai **à** M. Beauchemin, votre associé.*
> *J'ai reçu une lettre **de** ma collègue et amie.*

3° Quand ces membres désignent un groupe ou une idée unique :

> *Les adresses **des** amis et connaissances.*
> *Il importe **de** bien mâcher et broyer les aliments.* (Littré)

c) D'une manière générale, les prépositions autres que *à, de, en* ne se répètent pas, surtout lorsque les différents membres du complément sont intimement unis par le sens ou lorsqu'ils sont à peu près synonymes :

> **Dans** *les peines et les douleurs, gardez l'espoir.*

Remarque

En répétant la préposition, on donne à chaque membre du complément un relief particulier :

> **Sur** *mes cahiers d'écolier*
> **Sur** *mon pupitre et les arbres*
> **Sur** *le sable* **sur** *la neige*
> *J'écris ton nom.* (P. Éluard)

3. Emploi de quelques prépositions

436 **À travers** ne se construit jamais avec *de* ; **au travers** veut toujours *de* :

> *Il sourit* **à travers** *ses larmes.* (A. Hermant)
> *Il avait longtemps marché* **au travers de** *la ville.* (A. Gide)

437 **Causer avec**

On dit : *causer avec quelqu'un* :

> *Je cause volontiers* **avec** *lui.* (Académie)

N.B.

Causer à quelqu'un est de la langue populaire, mais il tend à pénétrer dans la langue littéraire ; on évitera pourtant ce tour :

> *Il ne faut pas qu'on me cause de choses positives.* (H. Taine)
> *Il m'a causé très familièrement.* (R. Rolland)

438 **Durant. Pendant**

L'usage ne fait guère de distinction entre ces deux prépositions ; on peut observer toutefois que *durant* exprime une période continue, et que *pendant* indique un moment, une portion limitée de la durée :

> **Durant** *la campagne, les ennemis se sont tenus enfermés dans leurs places.* (Littré)
> *C'est* **pendant** *cette campagne que s'est livrée la bataille dont vous parlez.* (Idem)

439 **Jusque** se construit avec une préposition : *à* (c'est le cas le plus fréquent), *vers, sur, chez,* etc. :

> *Le condamné court donc* **jusqu'à** *perdre le souffle, puis la vie.* (J. Sternberg)
> **Jusqu'en** *Afrique,* **jusque sur** *les toits.*

Il se construit aussi avec les adverbes *ici*, *là*, *où*, *alors*, et avec certains adverbes d'intensité modifiant un adverbe de temps ou de lieu :

> *Vertueux **jusqu'ici**, vous pouvez toujours l'être.* (Racine)
> *Voyez **jusqu'où** va leur licence.* (Académie)
> *Ces vieilles bandes qu'on n'avait pu rompre **jusqu'alors**.* (Bossuet)
> *Je m'étais arrangé pour faire durer **jusqu'assez tard** ma soirée.* (J. Romains)

Remarques

1. Une faute fréquente est l'omission de *à* dans des expressions telles que : *jusqu'**à** Bruxelles, jusqu'**à** demain, jusqu'**à** hier, jusqu'**à** dix heures, jusqu'**à** maintenant*, etc.

2. On dit *jusqu'à aujourd'hui* ou *jusqu'aujourd'hui* :

> *J'ai différé **jusqu'**aujourd'hui ou **jusqu'à** aujourd'hui à vous donner de mes nouvelles.* (Académie)

440 **Près de. Prêt à**

Près de, suivi d'un infinitif, signifie « sur le point de » :

> *La lune est **près de** se lever.*

Prêt à signifie « préparé à, disposé à » :

> *La Mort ne surprend point le sage :*
> *Il est toujours **prêt à** partir.* (La Fontaine)

Chapitre VIII

La Conjonction

1. Définition

441 La **conjonction** est un mot invariable qui sert à joindre et à mettre en rapport, soit deux propositions (de même nature ou de nature différente), soit deux mots de même fonction dans une proposition :

> *On a perdu bien peu **quand** on garde l'honneur.* (Voltaire)
> *La tempête s'éloigne **et** les vents sont calmés.* (Musset)
> *L'amour-propre **ou** l'intérêt engendrent nos querelles.*

442 Une **locution conjonctive** est une réunion de mots équivalant à une conjonction :

> *Afin que, à moins que, pour que, c'est-à-dire*, etc.

Liste des principales conjonctions

N.B.

La présente liste comprend des mots qui peuvent appartenir aussi à d'autres parties du discours, notamment à la catégorie des adverbes.

Ainsi *vous consentez*	Ensuite	Puisque
Aussi *j'y tiens*	Et	Quand
Avec *(le père* avec *le fils)*	Lorsque	Que
Bien *(je le fais* bien, *moi)*	Mais	Quoique
Car	Néanmoins	Savoir *ceci et cela*
Cependant	Ni	Si
Combien (interr. ind.)	Or	Sinon
Comme	Ou	Soit... soit
Comment (interr. ind.)	Partant	Soit *dix dollars*
Donc	Pourquoi (interr. ind.)	Tantôt... tantôt
Encore *s'il travaillait*	Pourtant	Toutefois
Enfin *c'est un vaurien*	Puis	

Liste des principales locutions conjonctives

N.B.

Plusieurs locutions conjonctives, parmi celles qui ne sont pas formées à l'aide de *que,* peuvent aussi être considérées comme locutions adverbiales.

À cause que (vieilli)	En cas que	Tandis que
À condition que	Encore que	Tant que
Afin que	En sorte que	Vu que
Ainsi que	Étant donné que	À la vérité
Alors que	Excepté que	Après tout
À mesure que	Jusqu'à ce que	À savoir
À moins que	Loin que	Au cas où
Après que	Lors même que (littér.)	Au contraire
À proportion que	Maintenant que	Au moins
Attendu que	Malgré que	Au reste
Au cas que	Moins que	Aussi bien
Au fur et à mesure que	Non moins que	Au surplus
Au lieu que	Non plus que	Bien plus
Aussi bien que	Outre que	C'est-à-dire
Aussitôt que	Parce que	C'est pourquoi
Autant que	Par contre	Comme si
Avant que	Pendant que	D'ailleurs
Bien que	Plutôt que	Dans ces conditions
Cependant que	Posé que	De plus
D'autant que	Pour que	Du moins
D'autant plus que	Pourvu que	Du reste
De ce que	Sans que	En effet
De crainte que	Sauf que	En revanche
De façon que	Selon que	Et puis
De manière que	Si ce n'est que	Or donc
De même que	Si peu que	Ou bien
De peur que	Si tant est que	Par conséquent
Depuis que	Soit que	Quand même
De sorte que	Sitôt que	Sans quoi
Dès que	Suivant que	etc.
En attendant que	Supposé que	

445 On distingue deux espèces de conjonctions :

— les conjonctions de *coordination ;*
— les conjonctions de *subordination.*

2. Les conjonctions de coordination

446 Les conjonctions de **coordination** sont celles qui servent à joindre soit deux propositions de même nature, soit deux éléments de même fonction dans une proposition :

> *Je pense,* ***donc*** *je suis.* (Descartes)
> *Je me souviens que j'avais commencé une collection de boîtes d'allumettes* ***et*** *de paquets de cigarettes.* (G. Perec)

Les principales sont : *et, ou, ni, mais, car, or, donc, cependant, toutefois, néanmoins.*

447 **Principaux rapports** indiqués par les conjonctions (et locutions conjonctives) de coordination :

1° Addition, liaison : *et, ni, puis, ensuite, alors, aussi, bien plus, jusqu'à, comme, ainsi que, aussi bien que, de même que, non moins que, avec.*

2° Alternative, disjonction : *ou, soit... soit, soit... ou, tantôt... tantôt, ou bien.*

3° Cause : *car, en effet, effectivement.*

4° Conséquence : *donc, aussi, partant, alors, ainsi, par conséquent, en conséquence, conséquemment, par suite, c'est pourquoi.*

5° Explication : *savoir, c'est-à-dire, soit.*

6° Opposition, restriction : *mais, au contraire, cependant, toutefois, néanmoins, pourtant, d'ailleurs, aussi bien, au moins, du moins, au reste, du reste, en revanche, par contre, sinon.*

7° Transition : *or.*

3. Les conjonctions de subordination

448 Les conjonctions de **subordination** sont celles qui servent à joindre une proposition subordonnée à la proposition dont elle dépend :

> *On a perdu bien peu* | ***quand*** *on garde l'honneur.* (Voltaire)

N.B.
Certaines conjonctions de subordination peuvent avoir un complément (voir § 66, 3°).

449 **Principaux rapports** indiqués par les conjonctions (et locutions conjonctives) de subordination :

1° But : *afin que, pour que, de peur que,* etc.

2° Cause : *comme, parce que, puisque, attendu que, vu que, étant donné que,* etc.

3° Comparaison : *comme, de même que, ainsi que, autant que, plus que, moins que, non moins que, selon que, suivant que, comme si,* etc.

4° Concession, opposition : *bien que, quoique, alors que, tandis que,* etc.

5° Condition, supposition : *si, au cas où, à condition que, pourvu que, à moins que,* etc.

6° Conséquence : *que, de sorte que, en sorte que, de façon que, de manière que,* etc.

7° Temps : *quand, lorsque, comme, avant que, alors que, dès lors que, tandis que, depuis que,* etc.

Chapitre IX

L'Interjection

450 L'**interjection** est un mot invariable qui marque l'irruption dans le discours d'une sensation ou d'un sentiment personnel exprimés avec vivacité :

> **Ah** ! *vous arrivez* ! **Allons**, *vous dis-je.* **Gare** !

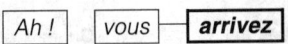

L'interjection ne joue dans la phrase aucun rôle grammatical.
Ordinairement elle est, dans l'écriture, suivie du point d'exclamation.

451 Une **locution interjective** est une réunion de mots équivalant à une interjection :

> *Hé quoi* ! *Hé bien* ! *Par exemple* ! *Fouette cocher* !

452 On emploie comme interjections :

1° De simples cris ou des onomatopées :

> *Ah* ! *Eh* ! *Ho* ! *Hue* ! *Ouf* ! *Fi* ! *Chut* !
> *Holà* ! *Crac* ! *Paf* ! *Patatras* !

2° Des noms employés seuls ou associés à d'autres mots :

> *Attention* ! *Courage* ! *Ciel* ! *Bonté divine* !
> *Ma parole* ! *Par exemple* !

3° Des adjectifs employés seuls ou accompagnés d'un adverbe :

> *Bon* ! *Ferme* ! *Tout doux* ! *Tout beau* ! *Bravo* !

4° Des adverbes ou des locutions adverbiales :

> *Bien* ! *Comment* ! *Eh bien* ! *Or çà* !

5° Des formes verbales et spécialement des impératifs :

> *Allons* ! *Gare* ! *Tiens* ! *Suffit* ! *Dis donc* !

6° Des phrases entières :

> *Fouette cocher* ! *Va comme je te pousse* !
> *Vogue la galère* !

Remarque

Certaines interjections peuvent avoir un complément :

> *Adieu **pour tout jamais*** ! *Gare **à toi*** !
> *Gare **que la glace ne cède*** !

**Liste des principales interjections et
locutions interjectives**

Adieu !	Euh !	Hourra !	Patatras !
Ah !	Fi !	Hue !	Pif !
Ahi !	Fichtre !	Hum !	Pouah !
Aïe !	Foin ! (vieilli)	Là !	Pst !
Allo ! (ou allô !)	Gare !	Las ! (vieux)	Quoi !
Bah !	Ha !	Mince !	Sacristi !
Baste !	Haïe !	Motus !	Saperlipopette !
Bernique ! (famil.)	Hardi !	Ô !	Saperlotte !
Bravo !	Hé !	Oh !	Sapristi !
Çà !	Hein !	Ohé !	St !
Chiche !	Hélas !	Ouais ! (vieux)	Sus !
Chut !	Hem !	Ouf !	Vivat !
Crac !	Ho !	Ouiche ! (famil.)	Zest !
Dame !	Holà !	Ouste ! (id.)	Zut ! (famil.)
Dia !	Hon !	Paf !	
Eh !	Hosanna !	Pan !	

Ah ! çà	Grand Dieu !	Là ! là !	Oui-da !
À la bonne heure !	Hé bien !	Ma foi !	Par exemple !
Bonté divine !	Hé quoi !	Mille bombes !	Quoi donc !
Eh bien !	Ho ! Ho !	Mon Dieu !	Ta ta ta !
Eh quoi !	Jour de Dieu !	Or çà !	Tout beau !
Fi donc !	Juste Ciel !	Or sus !	Tout doux !

Les propositions subordonnées

A. CLASSIFICATION

454 On peut fonder la classification des propositions subordonnées sur les fonctions qu'elles remplissent dans la phrase.

De même que, dans la **phrase simple**, les fonctions de sujet, d'attribut, d'apposition, de complément d'objet direct ou indirect, de complément circonstanciel, etc., peuvent être remplies par un *mot* (nom, pronom, adjectif), de même, dans la **phrase composée**, ces différentes fonctions peuvent être remplies par une *proposition* :

SUJET :

Il faut **de la patience**.

Il faut **que l'on patiente**.

ATTRIBUT :

La solution serait **une semaine de repos**.

La solution serait **que vous vous reposiez une semaine**.

APPOSITION :

Ne renversons pas le principe **de la primauté du droit sur la force**.

Ne renversons pas le principe **que le droit prime la force**.

OBJET DIRECT :

J'attends **son retour**.

J'attends **qu'il revienne**.

OBJECT INDIRECT :

Je consens **à son départ**.

Je consens **qu'elle parte**.

COMPLÉMENT CIRCONSTANCIEL :

Opposez-vous aux attaquants **dès le début du match**.

Opposez-vous aux attaquants **dès que le match aura commencé**.

COMPLÉMENT D'AGENT :

Il est aimé **de tous**.

Il est aimé **de quiconque le connaît**.

COMPLÉMENT DÉTERMINATIF :

Le regard **de mon fère** me cloua sur place.

Le regard **que mon frère me jeta** me cloua sur place.

COMPLÉMENT EXPLICATIF :

Le champagne, **boisson de fête**, fut choisi pour le repas de noces.

Le champagne, **qui est une boisson de fête**, fut choisi pour le repas de noces.

COMPLÉMENT D'ADJECTIF :

Certain **de la victoire**, le lièvre se repose.

Certain **qu'il vaincra**, le lièvre se repose.

COMPLÉMENT DU COMPARATIF :

Marie est plus curieuse **que Louis**.

Marie est plus curieuse **qu'on ne pense**.

COMPLÉMENT DU PRÉSENTATIF :

Voici **la nuit**.

Voici **que la nuit vient**.

D'après cela, on peut distinguer :

1° Les subordonnées **sujets** ;
2° Les subordonnées **attributs** ;
3° Les subordonnées **en apposition** ;
4° Les subordonnées **compléments d'objet** (directs ou indirects) ;
5° Les subordonnées **compléments circonstanciels** ;
6° Les subordonnées **compléments d'agent** ;
7° Les subordonnées **compléments de nom ou de pronom** : compléments déterminatifs, compléments explicatifs ;
8° Les subordonnées **compléments d'adjectif** (parmi lesquelles il y a les subordonnées **compléments du comparatif**).

Remarques

1. On appelle : **subordonnée relative** toute proposition subordonnée introduite par un *pronom relatif* (y compris le pronom relatif indéfini, sans antécédent : § 257, N.B. et Rem. 1) ; subordonnée **conjonctionnelle**, celle qui est introduite par une conjonction de subordination ; subordonnée **infinitive**, celle qui a pour base un infinitif, ayant son sujet propre (§ 461, 4°) ; subordonnée **participe**, celle qui a pour base un participe, ayant son sujet propre (§ 392).
2. Parmi les subordonnées compléments d'objet directs, on peut ranger la **subordonnée complément du présentatif** *voici* ou *voilà* (§ 462 *in fine*, Rem. 5).

B. LES SUBORDONNÉES SUJETS

a) *Formes et mots subordonnants*

455 La subordonnée **sujet** peut être :

1° Une proposition introduite par la conjonction **que**, après un verbe de forme impersonnelle ; cette proposition est le sujet *réel* du verbe de forme impersonnelle (qui a pour sujet *apparent* le pronom *il*) ;

> *Il faut **que l'on travaille**.*
> *Il convient **que vous veniez**.*
> *Il est nécessaire **que chacun reste calme**.*

2° Une proposition introduite par la conjonction **que** et placée en tête de la phrase :

> ***Que tu aies gagné ce concours**, me remplit de joie.*
> ***Que des vérités si simples soient dites et répétées**, n'est certainement pas inutile. (G. Duhamel)*

Remarques

1. Le plus souvent la subordonnée sujet introduite par *que* et placée en tête de la phrase est reprise par un des pronoms démonstratifs neutres *ce, cela*, ou par un nom de sens général comme *la chose, le fait,* etc. [1] :

> ***Que tu aies gagné ce concours, cela** me remplit de joie.*
> ***Que toutes vos dettes soient remboursées**, le fait reste à prouver.*

2. Il y a des subordonnées sujets commençant par **que, si, comme, quand, lorsque...** placées après la principale, mais annoncées en tête

---

1. On pourrait admettre aussi que cette proposition est *en apposition à ce, cela, la chose, le fait,* etc.

de la phrase par un des pronoms démonstratifs neutres *ce, ceci, cela* (familièrement : *ça*) [1] :

> ***C'**est un bien **que nous ignorions l'avenir**.*
> ***Ce** fut miracle **s'il ne se rompit pas le cou**.*
> ***C'**est étonnant **comme elle a grandi**.*
> ***C'**est fort rare **quand il se grise**.* (P. Loti)
> ***Cela** m'étonne **qu'elle ne m'ait pas averti**.*

3° Une proposition introduite par la conjonction **que**, après certaines expressions comme *d'où vient... ? de là vient..., qu'importe... ? à cela s'ajoute...* :

> *D'où vient **que nul n'est content de son sort** ?*
> *À cela s'ajoute **qu'il a manqué de prudence**.*

4° Une proposition introduite par un des pronoms relatifs indéfinis **qui** ou **quiconque** :

> ***Qui veut la fin** veut les moyens*
> ***Quiconque veut m'accompagner** est le bienvenu.*

N.B.

La proposition infinitive (§ 461, 4°) employée comme sujet n'est introduite par aucun mot subordonnant ; elle est reprise par *ce, cela,* ou par un nom de sens général comme *la chose, le fait,* etc. :

> ***Cette rivière déborder de son lit**, le cas n'est jamais arrivé.*

b) L'emploi du mode

456 Le verbe de la subordonnée sujet se met :

— À l'**indicatif** après les verbes de forme impersonnelle marquant la certitude ou la vraisemblance et exprimant un sens positif :

> *Il est certain (sûr, évident) que vous vous **trompez**.*
> *Il est probable que nous **partirons** demain.*

---

1. Il est loisible aussi de considérer ces propositions comme des subordonnées *en apposition* à *ce, ceci, cela, ça.*

Après **il me (te, lui...) semble que**, on met généralement l'indicatif :

> Il me semblait bien que ce temps **était venu**. (G. Sand)

Après **il semble que**, on met l'indicatif ou le subjonctif selon qu'on exprime le fait avec plus ou moins de certitude :

> Il semblait bien que c'**était** surtout la haine qui faisait parler Françoise. (M. Proust)
> Il semblait que les forces révolutionnaires **dussent** triompher.
> (J.-P. Sartre)

— Au **subjonctif :**

1° Après les verbes de forme impersonnelle marquant la nécessité, la possibilité, le doute, l'obligation ou exprimant un sentiment personnel (*il faut, il importe, il est nécessaire, ... possible, ... urgent, ... heureux, ... regrettable, il convient, il est temps, c'est dommage*, etc) :

> Il faut qu'on **soit** sincère.
> Il importe que chacun **fasse** sa part de travail.
> Il est nécessaire que l'on **surveille** mieux les abords de l'école.
> Il est heureux que tu **reviennes** à la santé.
> Il est temps que vous **partiez**.
> C'est dommage qu'elle ne **comprenne** pas mieux les avantages de ce contrat.

2° Après les verbes de forme impersonnelle marquant la certitude ou la vraisemblance et exprimant un sens négatif, interrogatif ou conditionnel :

> Il n'est pas certain que nous **parvenions** au but fixé.
> Est-il sûr que Cédric **ait** commis une pareille erreur ?
> S'il est vrai que tu **sois** sensible à mes arguments, signe ce contrat.

Remarque

Dans ces sortes de phrases, le subjonctif n'est pas toujours requis ; c'est l'**indicatif** qu'on emploie si l'on veut marquer la réalité du fait :

> Il n'est pas sûr que nous **partirons**.
> Est-il certain que vous **viendrez** ?
> N'est-il pas certain que l'ordre **vaut** mieux que le désordre et que la paix **est** préférable à la guerre ?

3° Quand la subordonnée, introduite par *que*, est placée en tête de la phrase :

> Que le bombardement **eût** cessé avait fait naître de l'espoir. (J. de Lacretelle)
> Qu'elle **sourît** aux employés de la clinique, au contrôleur des billets, (...), ce n'était jamais qu'un os accordé à la vie pour qu'elle n'aboyât pas trop. (M. Lambert)

Remarque

Après *d'où vient que... ?* on met l'**indicatif** ou le **subjonctif** selon la nuance de la pensée :

> D'où vient que vous **partez** (ou **partiez**) si vite ?

— Au **conditionnel** après les verbes de forme impersonnelle marquant la certitude ou la vraisemblance, lorsqu'on exprime un fait éventuel ou dépendant d'une condition énoncée ou non ; il en est de même dans la proposition sujet introduite soit par *que* après *d'où vient... ? de là vient..., qu'importe... ? à cela s'ajoute...*, soit par un des relatifs indéfinis *qui* ou *quiconque* :

> *Il est évident, il n'est pas sûr, que vous **feriez** bien ce travail.*
> *Est-il certain que vous **feriez** bien ce travail ?*
> *Il est certain (sûr, probable), que vous **réussiriez**, si vous étiez plus méthodique.*
> *D'où vient que tant d'admirateurs **voudraient** rencontrer cette vedette de cinéma ?*
> *Qui **trahirait** ma confiance serait aussitôt renvoyé de l'équipe.*
> *Quiconque n'**observerait** pas cette loi serait puni.*

N.B.

Le verbe de la subordonnée sujet est parfois un **infinitif** accompagné de son sujet propre :

> *Un citoyen **trahir** son pays, cela mérite un châtiment.*

C. LES SUBORDONNÉES ATTRIBUTS

a) *Formes et mots subordonnants*

457 La subordonnée **attribut** est une proposition introduite par la conjonction **que** et venant après certaines locutions formées d'un nom sujet et du verbe *être*, telles que : *mon avis est, le malheur est, le mieux est, la preuve en est*, etc. :

> *Mon avis est **que vous avez raison**.*

Remarques

1. On a parfois une subordonnée attribut introduite par le relatif indéfini *qui* (au sens de *celui que*) ou par le relatif indéfini *quoi* précédé d'une préposition :

> *Comment je devins **qui je suis*** (A. Gide)
> *Le coupable n'est pas **qui vous croyez**.*
> *C'est précisément **à quoi je pensais**.*

2. On peut considérer comme des subordonnées attributs certaines propositions relatives qui, après les verbes *être, se trouver, rester...* suivis d'une indication de lieu ou de situation — ou après un verbe de perception —, expriment une manière d'être du sujet ou du complément d'objet direct de la principale ; ces propositions, introduites par *qui*, équivalent à un participe présent ou à un adjectif :

> *Votre amie est là **qui attend*** [=attendant].
> *Il est au jardin **qui rêve*** [=rêvant ou : rêveur].
> *Je la vois **qui arrive*** [=arrivant].

b) *L'emploi du mode*

458 Le verbe de la subordonnée attribut se met :

— À l'**indicatif** quand cette subordonnée exprime un fait considéré dans sa réalité :

> *Mon opinion est que tu **as rempli** tes obligations.*
> *L'essentiel est que nous **avons** la victoire.*

— Au **subjonctif** quand on exprime un fait envisagé simplement dans la pensée, avec un sentiment personnel (souhait, désir, volonté, etc.) :

> *Mon désir est que tu **remplisses** tes obligations.*
> *L'essentiel est que nous **ayons** la victoire.*

— Au **conditionnel** quand on exprime un fait éventuel ou dépendant d'une condition énoncée ou non :

> *Mon opinion est que tu **remplirais** ainsi tes obligations.*
> *La vérité est que, si nous agissions sans retard, nous **aurions** la victoire.*

D. LES SUBORDONNÉES EN APPOSITION

a) *Formes et mots subordonnants*

459 La subordonnée **en apposition** est une proposition introduite par la conjonction **que** (au sens de *à savoir que*) et jointe à un nom ou à un pronom pour le définir ou l'expliquer comme le ferait un nom en apposition (§ 63, 5°) :

> *Nous condamnerons cette maxime* **que la fin justifie les moyens**.
> *La bêtise a ceci de terrible* **qu'elle peut ressembler à la plus profonde sagesse**. (V. Larbaud)
> *Je ne désire qu'une chose :* **que vous soyez heureux**.

Remarques

1. Dans *qui mieux est*, *qui pis est*, *qui plus est*, on a des subordonnées en apposition introduites par le pronom relatif **qui** (au sens neutre de *ce qui*) :

   > *Elle m'a bien accueilli et,* **qui plus est**, *elle m'a félicité.*

2. Nous avons rangé parmi les subordonnées *sujets* les propositions introduites par *que* et reprises par *ce*, *cela*, *la chose*, *le fait*, etc., comme dans la phrase : **Que vous ayez trouvé la bonne solution, cela** *vous honore ;* de même les propositions introduites par *que*, *si*, *comme*, *quand*, *lorsque*, et annoncées par *ce*, *ceci*, *cela*, *ça*, comme dans la phrase : **C'est un bien** *que nous ignorions l'avenir*.

   On pourrait admettre aussi que ces deux catégories de propositions sont *en apposition* à *ce*, *cela*, *la chose*, *le fait*, ou à *ce*, *ceci*, *cela*, *ça*. (Voir § 455, Rem. 1 et 2.)

b) *L'emploi du mode*

460 Le verbe de la subordonnée en apposition se met :

— À l'**indicatif** quand cette subordonnée exprime un fait considéré dans sa réalité :

> *Le fait qu'il* **reprend** *courage présage sa guérison.*

— Au **subjonctif** quand elle exprime un fait envisagé simplement dans la pensée avec un sentiment personnel (souhait, désir, volonté, etc.) :

> *Cette chose est tout à fait inadmissible que Biche **doive** mourir.*
> (A. Lichtenberger)
> *Je m'élève contre votre hypothèse que tous mes plans **soient** faux.*

— Au **conditionnel** quand elle exprime un fait éventuel ou soumis à une condition énoncée ou non :

> *Je reviens à ce principe que les hommes **seraient** meilleurs s'ils se connaissaient mieux eux-mêmes.*
> *Je partage votre sentiment que nous **ferions** bien ce travail.*

E. LES SUBORDONNÉES COMPLÉMENTS D'OBJET

a) *Formes et mots subordonnants*

461 La subordonnée **complément d'objet** (direct ou indirect) peut se présenter sous quatre formes :

1° Elle peut être introduite par la conjonction **que** :

> Vous savez **que votre heure viendra**.
> Je ne doute pas **que la lecture n'enrichisse l'esprit**.

Remarques

1. La subordonnée complément d'objet indirect est parfois introduite par une des locutions conjonctives **à ce que, de ce que** :

> Il s'attend **à ce que je revienne**. (Académie)
> Je m'étonne **de ce qu'il ne soit pas venu**.

2. *Voici, voilà* (qui contiennent le verbe *voir*, à l'impératif, sans *s*, selon un usage ancien) peuvent se faire suivre d'une subordonnée introduite par *que* ; cette subordonnée *complément du présentatif* est assimilable à une subordonnée complément d'objet direct :

> Voici **que la nuit vient**.
> Voilà **qu'un orage éclata**.

2° Elle peut être introduite par un des pronoms relatifs indéfinis **qui** ou **quiconque** :

> Aimez **qui vous aime**.   Choisis **qui tu veux**.
> On pardonne volontiers **à qui avoue ses erreurs**.
> Elle aide **quiconque la sollicite**.

3° Elle peut être introduite par un **mot interrogatif** (*si, qui, quel, quand,* etc.), dans l'interrogation indirecte (§ 73, Rem. 1) :

> Dis-moi **qui tu es, quel est ton nom**.
> Je demande **pourquoi il vient, quand il part**.
> Je m'informe **si cette jeune fille est inscrite**.

4° Elle peut n'être introduite par aucun mot subordonnant et être constituée par un infinitif avec son *sujet propre* : une telle proposition s'appelle **proposition infinitive** : elle s'emploie comme complément après des verbes marquant une perception des sens : *apercevoir, écouter, entendre, ouïr, regarder, sentir, voir,* ou encore après *faire* ou *laisser* :

> *J'entends **les oiseaux chanter**.*
> *Je vois **mes honneurs croître** et **tomber mon crédit**.* (Racine)
> *Laissez **venir à moi les petits enfants**.*

Remarques

1. Il importe de bien observer qu'on n'a une proposition infinitive que si l'infinitif a son *sujet propre,* exprimé ou non ; on se gardera donc de prendre pour une proposition infinitive le simple infinitif complément d'objet, qui a le même sujet que le verbe principal :

> *Le flâneur regarde **couler la rivière*** [prop. infinitive].
> *J'entends **parler autour de moi*** [prop. infinitive].
> *J'espère réussir* [*réussir* = infinitif complément d'objet direct].
> *Elle se plaint de ne rien obtenir* [*obtenir* = infinitif compl. d'objet. ind.].

2. On peut avoir une proposition infinitive après le présentatif *voici* (qui signifie *vois ici*), surtout avec l'infinitif *venir* :

> *Voici **venir les temps** où vibrant sur sa tige*
> *Chaque fleur s'évapore ainsi qu'un encensoir.* (Baudelaire)

3. On trouve parfois une proposition infinitive dépendant d'un des verbes *dire, croire, savoir...,* mais à peu près uniquement avec le pronom relatif *que* sujet [1] :

> *Je ramenai la conversation sur des sujets **que je savais l'intéresser**.* (B. Constant)

b) *L'emploi du mode*

Les subordonnées introduites par *que*

462 Le verbe de la subordonnée complément d'objet (direct ou indirect) introduite par *que* se met :

— À l'**indicatif** après un verbe exprimant une opinion, une déclaration, une perception (*affirmer, croire, espérer, déclarer, dire, penser, entendre, voir, sentir...*), quand le fait est considéré dans sa réalité :

> *Je crois (j'affirme, je dis, je vois), que la richesse ne **fait** pas le bonheur.*
> *Je m'aperçois que j'**ai** fait une erreur.*

---

1. Voici un exemple où le sujet est un nom : *Charles n'hésita pas, tant il jugeait **cette récréation** lui **devoir être** profitable.* (Flaubert)

— Au **subjonctif** :

1° Après un verbe principal exprimant une opinion, une déclaration, une perception, quand le fait est envisagé simplement dans la pensée et avec un sentiment personnel, ce qui se présente souvent lorsque ces verbes sont dans une principale négative, interrogative ou conditionnelle :

> *Je ne crois pas (je ne dis pas, je ne vois pas) que la richesse **fasse** le bonheur.*
> *Croyez-vous (pensez-vous, voyez-vous) que la richesse **fasse** le bonheur ?*
> *Si vous croyez que la richesse **fasse** le bonheur, vous vous trompez.*

Remarque

Même quand la principale est négative ou interrogative, ces verbes d'opinion, de déclaration, de perception, demandent dans la subordonnée l'**indicatif** si l'on veut marquer la réalité du fait :

> *Elle ne croit pas (elle ne dit pas, elle ne voit pas) que la santé **vaut** plus que tout.*
> *Il ne s'aperçoit pas qu'il **va** à sa ruine.*
> *Croyez-vous que la véritable amitié **est** rare ?*

2° Après un verbe principal exprimant la *volonté* (ordre, prière, désir, souhait, défense, empêchement), le *doute,* ou quelque *sentiment* (joie, tristesse, crainte, regret, admiration, étonnement...) :

> *Je veux (j'ordonne, je commande, je demande, je désire, je souhaite) qu'on **dise** la vérité.*
> *Le règlement interdit que vous **franchissiez** cette limite.*
> *Empêchez qu'il ne **sorte**.*
> *Je regrette que votre amie ne **puisse** venir.*
> *Je me réjouis qu'il **revienne** à la santé.*
> *Je m'étonne que vous **fassiez** si peu d'efforts.*

3° Quand cette subordonnée complément d'objet introduite par *que* est mise en tête de la phrase, avant la principale dont elle dépend (et dans laquelle elle est reprise par un pronom neutre) :

> *Que mon ordre **doive** être exécuté, vous le savez.*
> *Que la richesse ne **fasse** pas le bonheur, elle s'en aperçoit.*

— Au **conditionnel** quand cette subordonnée complément d'objet exprime un fait éventuel ou dépendant d'une condition énoncée ou non :

> *Je dis (je sais, je crois, je conviens) que vous **feriez** bien ce travail.*
> *Je ne crois même pas que l'on **pourrait** lui reprocher une distraction.* (G. Duhamel).
> *Convenez-vous que vous **auriez dû** suivre une autre méthode ?*

Remarques

1. Certains verbes comme *admettre, entendre, dire, prétendre...* expriment tantôt l'opinion ou la perception, tantôt la volonté ; construits avec *que* et

employés affirmativement, ils demandent après eux l'**indicatif** dans le premier cas, le **subjonctif** dans le second :

J'entends [= je perçois par l'ouïe] *qu'on* **vient**.

Je dis [= je déclare] *qu'elle* **part**.

J'entends [= je veux] *qu'on* **vienne**

Je lui dis [= je commande] *qu'elle* **parte**.

2. Après **arrêter que, décider que, décréter que, établir que, exiger que, mander que, ordonner que, prescrire que, régler que, résoudre que,** on exprime parfois à l'**indicatif** le contenu de l'ordre ou de la décision dont il s'agit (c'est-à-dire au mode où on le mettrait s'il n'était pas subordonné, comme si *que* était remplacé par deux points) :

> *Le gouvernement décrète que la peine de mort* **est abolie**.
> *Le tribunal a décidé que la donation* **était** *nulle*. (Académie)
> *Le conseil ordonne que la façade de la maison commune* **sera** *illuminée sur-le-champ*. (A. France)

3. **Nier, douter, contester, démentir, disconvenir, dissimuler,** suivis de *que* et employés affirmativement, veulent le **subjonctif**, mais admettent aussi l'**indicatif** quand on veut insister sur la réalité du fait :

> *Il nie que cela* **soit** (Académie)
> *Je doute fort que cela* **soit**. (Id.)
> *Je ne nie pas qu'il* **ait** *fait cela*. (Id.)
> *Je ne doute pas que ce ne* **fût** *une cigogne*. (Flaubert)
> *Je ne doute pas qu'il* **fera** *tout ce qu'il pourra*. (Littré)

4. Certains verbes de sentiment comme *se plaindre, se lamenter, s'étonner, s'irriter, se réjouir...* admettent, pour la construction de la subordonnée complément d'objet, non seulement *que* avec le **subjonctif**, mais parfois aussi *de ce que*, ordinairement avec l'**indicatif** :

> *Elle se plaint qu'on l'***ait** *ridiculisée.*
> *Elle se plaint de ce qu'on l'***a** *ridiculisée.*

5. La subordonnée complément du présentatif *voici*, ou *voilà* a son verbe à l'**indicatif** ou au **conditionnel,** selon le cas :

> *Voici que la nuit* **vient**.
> *Et voilà que tu* **voudrais** *t'en aller !*

N.B.

La subordonnée complément du présentatif *voici* peut être une proposition infinitive (voir § 461, 4°, Rem. 2).

Les subordonnées introduites par *qui* ou *quiconque*

463 Le verbe de la subordonnée complément d'objet (direct ou indirect) introduite par une des pronoms relatifs indéfinis *qui* ou *quiconque* se met :

— À l'**indicatif** si le fait est considéré dans sa réalité :

> *Choisis qui tu* **veux**.
> *Je me souvenais du jour où il s'était retrouvé en possession d'un paquet de bonbons et de sa façon particulière de les offrir à* **quiconque lui plaisait**. (F. Dannemark)

— Au **subjonctif** si le fait est envisagé simplement dans la pensée et avec un sentiment personnel :

> *Cherchez qui vous **comprenne**.*
> *Tant d'autres... avaient trouvé qui les **aimât**.* (R. Rolland)

— Au **conditionnel** si le fait est éventuel ou soumis à une condition énoncée ou non :

> *Il flatte quiconque **pourrait** lui nuire.*
> *On a donné cet emploi à qui ne l'**aurait** jamais obtenu en d'autres temps.*

Les subordonnées dans l'interrogation indirecte

464 Le verbe de la subordonnée complément d'objet (direct ou indirect) dans l'interrogation indirecte se met :

— À l'**indicatif** si l'on exprime un fait considéré dans sa réalité :

> *Dis-moi si tu **pars**.*
> *Je demande où tu **vas**, quel chemin tu **prends**.*
> *Informez-vous si on **partira** bientôt.*
> *On n'imagine pas combien il **faut** d'esprit pour n'être pas ridicule.*
> (Chamfort)

— Au **conditionnel** si l'on exprime un fait éventuel ou dépendant d'une condition énoncée ou non :

> *Dis-moi si tu **accepterais** cet emploi ; informe-toi s'il te **conviendrait**.*
> *Je me demande comment tu **vivrais** si tu le refusais.*

Remarque

Dans la subordonnée de l'interrogation indirecte, on a parfois l'**infinitif** lorsque le sujet (non exprimé) de cet infinitif est le même que celui du verbe principal :

> *Il ne savait que **dire** à cette enfant désolée.* (Maupassant)

F. LES SUBORDONNÉES COMPLÉMENTS CIRCONSTANCIELS

465 Les subordonnées **compléments circonstanciels** se rangent en divers groupes suivant l'espèce de circonstance qu'elles expriment. Elles peuvent marquer :

1° le **temps** ;
2° la **cause** ;
3° le **but** ;
4° la **conséquence** ;
5° la **concession** (ou l'**opposition**) ;
6° la **condition** ;
7° la **comparaison**.

Remarque

Cette classification n'a rien d'absolu : outre les catégories indiquées, on distingue parfois des subordonnées compléments circonstanciels marquant le **lieu**, l'**addition**, la **manière**.

1. Les subordonnées de temps

a) *Les mots subordonnants*

466 Les principales conjonctions ou locutions conjonctives introduisant les subordonnées compléments circonstanciels de temps sont :

Alors que	Chaque fois que	Lorsque
À peine... que	Comme	Maintenant que
Après que	Depuis que	Pendant que
Au moment où	Dès que	Quand
Aussi longtemps que	En attendant que	Sitôt que
Aussitôt que	En même temps que	Tandis que
Avant que	Jusqu'à ce que	Toutes les fois que

Remarque

Au lieu de *répéter* ces conjonctions ou locutions conjonctives (sauf *au moment où*) dans une suite de subordonnées compléments circonstanciels de temps, on peut les remplacer par *que* :

> *Quand le soleil se lève et **que** la forêt s'éveille, les oiseaux commencent leurs concerts.*

b) *L'emploi du mode*

467 Le verbe de la subordonnée complément circonstanciel de temps se met :

— À l'**indicatif** quand cette subordonnée marque la simultanéité ou l'antériorité et exprime un fait considéré dans sa réalité :

> Comme ils **parlaient**, la nue éclatante et profonde s'entrouvrit. (Hugo)
> Quand nous **aurons fini**, nous partirons.

— Au **subjonctif** après *avant que, en attendant que, jusqu'à ce que* :

> J'irai le voir avant qu'il **parte**. (Académie)
> En attendant que vous **trouviez** un autre logement, vous pouvez vous installer ici.
> Je resterai ici jusqu'à ce que vous **reveniez**. (Académie)

Remarque

Jusqu'à ce que se construit parfois avec l'**indicatif** quand on veut marquer la réalité d'un fait :

> Je restais devant lui (...) jusqu'à ce que (...)
> Je **saisis** de mes bras ses genoux frêles. (A. Gide)

— Au **conditionnel** quand la subordonnée marque la simultanéité ou l'antériorité et exprime un fait simplement possible :

> Pendant que votre sœur **travaillerait**, vous resteriez inoccupé ?
> J'allais m'y prendre par la bande. Lui dire que j'avais peur de devenir aveugle, et puis, lorsqu'elle m'**aurait consolé** d'un simple clignotement des paupières, lui dire la vérité. (M. Lambert)

— Au **participe** dans les propositions participes (§ 392) :

> Le père **mort**, les fils vous retournent le champ. (La Fontaine)

2. Les subordonnées de cause

a) *Les mots subordonnants*

468 Les principales conjonctions ou locutions conjonctives introduisant les subordonnées compléments circonstanciels de cause sont : *attendu que, comme, étant donné que, parce que, puisque, vu que, sous prétexte que.*

1. Au lieu de *répéter* ces conjonctions ou locutions conjonctives dans une suite de subordonnées compléments circonstanciels de cause, on peut les remplacer par le simple *que* :

> *Puisqu'elle avoue son erreur et **qu**'elle la regrette, je lui pardonne.*

2. *Que* (employé seul) introduit parfois une subordonnée complément circonstanciel de cause (non pas du fait principal, mais de la demande ou de l'exclamation que le fait subordonné a suscitée) :

> *Comme elle dort, **qu**'il faut l'appeler si longtemps !* (Hugo)

b) *L'emploi du mode*

469 Le verbe de la subordonnée complément circonstanciel de cause se met :

— À **l'indicatif** quand cette subordonnée exprime un fait considéré dans sa réalité :

> *Je me suis agacée parfois (...) d'entendre des hommes me dire : « Vous pensez telle chose parce que vous **êtes** une femme » ; mais je savais que ma seule défense, c'était de répondre : « Je la pense parce qu'elle **est** vraie ».* (S. de Beauvoir)

— Au **conditionnel** quand elle exprime un fait simplement possible ou soumis à une condition énoncée ou non :

> *Évitez de prendre cette route, parce qu'elle **pourrait** être coupée par la rivière en crue.*

— Au **participe** dans les propositions participes (§ 392) :

> *Le soir **approchant**, nous hâtâmes notre marche.*
> *Un orage **ayant éclaté**, nous retardâmes notre départ.*

Remarque

Les expressions *non que, non pas que, ce n'est pas que*, au moyen desquelles on écarte une fausse cause, se construisent avec le **subjonctif** :

> *Je le contredis : non que je **veuille** le vexer, mais la vérité a ses droits.*

3. Les subordonnées de but

a) *Les mots subordonnants*

470 Les locutions conjonctives servant à introduire une subordonnée complément circonstanciel de but sont : *afin que, pour que, de crainte que, crainte que, de peur que.*

Remarques

1. Au lieu de *répéter* les locutions conjonctives dans une suite de subordonnées compléments circonstanciels de but, on peut les remplacer par *que* :

> *J'ai installé une barrière, de crainte que les enfants ne piétinent mes semis et **qu'**ils n'arrachent mes fleurs.*

2. *Que* (employé seul), après un impératif ou un équivalent de l'impératif, introduit parfois une subordonnée complément circonstanciel de but :

> *Ôte-toi de là, **que** je m'y mette.*

b) *L'emploi du mode*

471 Le verbe de la subordonnée complément circonstanciel de but se met toujours au **subjonctif** :

> *Il est des lieux où meurt l'esprit pour que **naisse** une vérité qui est sa négation même.* (A. Camus)

4. Les subordonnées de conséquence

a) *Les mots subordonnants*

472 Les subordonnées compléments circonstanciels de conséquence s'introduisent :

— par *que*, corrélatif d'un mot d'intensité qui précède : *si, tant, tel, tellement* ;

— par les locutions conjonctives *au point que, de façon que, de manière que, en sorte que, de sorte que, si bien que* ;

— par la locution conjonctive *pour que*, corrélative d'un des termes *assez, trop, trop peu, suffisamment,* placé avant elle [1].

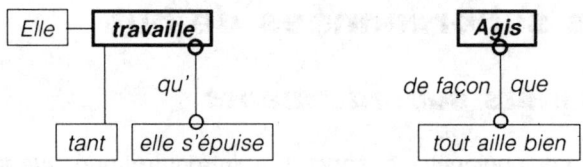

---

1. On se gardera d'intercaler un *que* dans *assez pour, trop pour, trop peu pour, suffisamment pour.* Il serait incorrect de dire : *Cette affaire est trop complexe que pour que vous l'entrepreniez. Il a trop peu d'expérience que pour que le ministre le charge d'une telle mission.* Il faut dire, sans *que* devant *pour* : *Cette affaire est trop complexe pour que vous l'entrepreniez. Il a trop peu d'expérience pour que le ministre le charge d'une telle mission.*

Remarques

1. Au lieu de *répéter* la locution conjonctive dans une suite de subordonnées compléments circonstanciels de conséquence, on peut la remplacer par *que* :

   > *Parlez de façon qu'on vous entende et **qu**'on vous comprenne.*

2. La proposition complément circonstanciel de conséquence est parfois introduite par *que* employé seul :

   > *Les commandes pleuvaient à l'abbaye **que** c'était une bénédiction*
   > (A. Daudet)

b) *L'emploi du mode*

473 Le verbe de la subordonnée complément circonstanciel de conséquence se met :

— À l'**indicatif** quand cette subordonnée exprime un fait réel, un résultat atteint :

> *Il serre la pierre si fort qu'il **gémit** de douleur.* (J. M. G. Le Clézio)

— Au **conditionnel** quand elle exprime un fait simplement possible ou soumis à une condition énoncée ou non :

> *Il s'est tellement entraîné qu'il **pourrait gagner l'épreuve**.*

— Au **subjonctif** :

1° Après une principale négative ou interrogative :

> *Elle n'est pas si rapide qu'elle **soit** sans rivale.*
> *Est-elle tellement rapide qu'elle **soit** sans rivale ?*

2° Après *assez pour que, trop pour que, trop peu pour que, suffisamment pour que* :

> *Le choix de notre avenir est trop grave pour que nous le **prenions** à la légère.*

3° Quand la subordonnée exprime un fait qui est à la fois une conséquence et un but à atteindre :

> *Il faut faire une enceinte de tours*
> *Si terrible que rien ne **puisse** approcher d'elle.* (Hugo)
> *Faites les choses de manière que chacun **soit** content.*

Remarque

Après *de façon que, en sorte que, de sorte que, si... que,* etc., on met l'**indicatif** quand la subordonnée exprime un fait considéré dans sa réalité :

> *Elle a fait les choses de manière que chacun **est** content.*

5. Les subordonnées d'opposition

a) *Les mots subordonnants*

474 Les principales conjonctions ou locutions conjonctives servant à introduire les subordonnées compléments circonstanciels d'opposition sont : *au lieu que, bien que, encore que, loin que, malgré que,*

*pour... que, quoique ; où que, quel que, quelque... que, quelque ...
qui, qui que, quoi que, si... que, tout... que*[1].

Remarques

1. Certaines expressions marquant le temps ou la supposition peuvent marquer aussi l'opposition : *alors que, alors même que, lors même que, si, même si, quand, quand même, quand bien même, tandis que* :

   > *Celui-ci avance **alors que** celui-là recule.*
   > ***Si** la parole est d'argent, le silence est d'or.*
   > ***Quand** vous le jureriez, on ne vous croirait pas.*
   > *Tout le monde la croit heureuse, **tandis qu'**elle est rongée de soucis.*

2. *Malgré que*, selon Littré et selon l'Académie, ne s'emploie qu'avec *en avoir* :

   > ***Malgré qu'il en ait*** (= en dépit de lui), *nous savons son secret.* (Académie)

   Cependant *malgré que* au sens de *bien que* pénètre de plus en plus dans l'usage courant et même littéraire :

   > *De mes quatre chevaux, il en était un qu'on nommait encore « le poulain », **malgré qu'**il eût trois ans passés.* (A. Gide)

3. On trouve assez souvent, dans l'usage moderne, *aussi... que* employé au lieu de *si... que* pour introduire la subordonnée d'opposition :

   > ***Aussi** étouffant **qu'il** fasse dans le parc, nous y respirerons mieux.* (Fr. Mauriac)

4. *Que* employé seul marque parfois l'opposition :

   > ***Qu'**il ait commis cet accident involontairement, il n'en sera pas moins condamné.*

b) *L'emploi du mode*

475 En général, le verbe de la subordonnée complément circonstanciel d'opposition se met au **subjonctif** :

> *Quel que **soit** son raffinement, le style a toujours quelque chose de brut.* (R. Barthes)
> *Quelques précautions que vous **preniez**, restez vigilants.*
> *Bien qu'il **soit** malade, il nous a rejoints.*

---

1. Comme elles unissent une subordonnée à une principale, les locutions *où que, quel que, quelque ... que, quelque ... qui, qui que, quoi que, si ... que, tout ... que*, ont, si on les considère globalement, la valeur de locutions conjonctives. Dans l'analyse des mots de la subordonnée, chacune de ces locutions (ou, strictement parlant, le premier élément de chacune d'elles) a sa fonction particulière.

Remarques

1. *Quand, quand même, quand bien même, alors même que, lors même que,* marquant l'opposition gouvernent le **conditionnel** :

> *Quand tu **serais** sac, je n'approcherais pas.* (La Fontaine)

2. *Tandis que, alors que,* marquant l'opposition sont suivis de l'**indicatif** ou du **conditionnel**, selon le sens :

> *Sa santé décline alors qu'on le **croyait** guéri.* (Académie)
> *Vous reculez, alors qu'il **faudrait** avancer.*

3. *Tout ... que,* selon la règle traditionnelle, demande l'**indicatif** :

> *Tout Picard que j'**étais**, j'étais un bon apôtre.* (Racine)
> *Tout ivre qu'il **était**, il a paru très intéressé.* (G. Simenon)

Mais, dans l'usage moderne, il se construit souvent avec le **subjonctif** :

> *Il avait en lui, tout vieux qu'il **fût**, des coins d'âme d'enfant qui n'avait pas vieilli.* (R. Bazin).
> *Tout simple qu'il **soit**, il a déjà deviné.* (Fr. Mauriac)

6. Les subordonnées de condition

a) *Les mots subordonnants*

476 Les principales conjonctions ou locutions conjonctives servant à introduire les subordonnées compléments circonstanciels de condition (ou de supposition) sont : *si, à (la) condition que, sous (la) condition que, à moins que, au cas où, dans les cas où, dans l'hypothèse où, en admettant que, pour peu que, pourvu que, soit que... soit que, soit que... ou que, supposé que, à supposer que.*

Remarques

1. Au lieu de *répéter* ces conjonctions ou locutions conjonctives (sauf *au cas où, dans le cas où, dans l'hypothèse où*), dans une suite de subordonnées compléments circonstanciels de condition, on peut les remplacer par *que* :

> *Vous parviendrez au succès, pourvu que vous travailliez et **que** vous persévériez.*
> *Si tu as de loisirs et **que** tu veuilles être utile, rejoins-nous.*

2. *Que* employé seul peut marquer la supposition :

> ***Qu**'on lui ferme la porte au nez.*
> *Il reviendra par les fenêtres.* (La Fontaine)

b) *L'emploi du mode*

Avec *si*

477 Le verbe de la subordonnée complément circonstanciel de condition (ou de supposition) introduite par *si* se met en général à l'**indicatif** :

> Si encore j'**étais** certain de préférer en moi le meilleur, je lui donnerais le pas sur le reste. (A. Gide)

Pour l'ensemble de la phrase, il y a lieu de considérer trois cas :

— Supposition pure et simple

Lorsque la subordonnée exprime une supposition pure et simple (c'est-à-dire quand, sans se prononcer sur la réalité du fait de la subordonnée, on indique simplement que de la réalisation de ce fait résulte, a résulté ou résultera le fait principal), le verbe de chacune des deux propositions se met à l'**indicatif** :

> Si tu **admets** cette opinion, tu **as** tort.
> Si tu **as admis** cette opinion, tu **as eu** tort.
> Si [plus tard] tu **admets** cette opinion, tu **auras** tort.

Remarque

Si le fait subordonné se rapporte à l'avenir, il s'exprime par le *présent* de l'indicatif (correspondant au futur simple) ou par le *passé composé* (correspondant au futur antérieur) [Voir aussi la remarque 4, ci-dessous] :

> S'il **pleut** demain, je ne sortirai pas.
> Si demain le mal **a empiré**, vous me rappellerez.

— Potentiel

Lorsque la subordonnée conditionnelle exprime un fait considéré comme une possibilité, son verbe se met, selon le cas, à l'**indicatif** (présent, passé composé, imparfait) ou à l'**impératif**, et le verbe principal, à l'**indicatif** (présent, futur) ou au **conditionnel** :

> Si votre père **est** là, s'il a **terminé** sa besogne, appelez-le,
> il m'**attend**, il me **recevra**.
> Si je **gagne** à la loterie, je **partagerai** avec vous.
> Si je **gagnais** à la loterie, je **partagerais** avec vous.
> Et s'il **revenait** un jour
> Que **faut**-il lui dire ? (M. Maeterlinck)

N.B.

Souvent la *supposition pure et simple* et le *potentiel* se confondent ; l'une ou l'autre domine suivant la pensée de celui qui parle ou qui écrit.

— Irréel

Lorsque la subordonnée, outre la relation de supposition, exprime un fait irréel :

Si la supposition se rapporte au *présent,* le verbe de cette subordonnée se met à l'**imparfait de l'indicatif**, et le verbe principal au **conditionnel présent** :

> Si ces pierres **parlaient**, elles **pourraient** nous instruire.

Si la supposition se rapporte au *passé,* le verbe de la subordonnée se met au **plus-que-parfait de l'indicatif,** et le verbe principal au **conditionnel passé** :

> *Si Napoléon **avait gagné** la bataille de Waterloo, l'Europe **aurait formé** sans doute une nouvelle coalition contre lui.*

Remarques

1. Après *si* introduisant l'expression d'un fait irréel dans le passé, la langue littéraire peut mettre le verbe subordonné et le verbe principal, ou l'un des deux seulement, au conditionnel passé 2e forme :

   > *Si elle **eût réfléchi**, elle **eût hésité**. Si elle avait réfléchi, elle **eût hésité**.*
   > *Si elle **eût réfléchi**, elle aurait hésité.*

2. Parfois le sens est tel qu'on a dans l'une des deux propositions l'irréel du présent et dans l'autre l'irréel du passé :

   > *Si [l'an dernier] j'avais suivi vos conseils, je serais aujourd'hui directeur de l'entreprise.*
   > *Si [en ce moment] j'abandonnais mes études, j'aurais étudié trois ans pour rien.*

3. *Que* remplaçant *si* dans une suite de subordonnées compléments circonstanciels de condition demande après lui le **subjonctif**, mais cette règle n'est pas toujours respectée :

   > *Si elle travaille bien et qu'elle ne **perde** aucun instant, elle peut encore réussir.*
   > *S'il revenait et qu'il **fît** une réclamation, vous seriez fort embarrassé. (Académie)*

4. Pour exprimer l'idée du futur dans la subordonnée de condition, on emploie parfois l'auxiliaire **devoir** :

   > *Si cela **doit (devait)** se reproduire, je prendrai (prendrais) des mesures.*

Avec ...*que*

478 Le verbe de la subordonnée complément circonstanciel de condition (ou de supposition) introduite par une locution conjonctive composée à l'aide de *que* se met au **subjonctif** :

> *On t'écrira, pourvu que tu nous **fasses** connaître ta nouvelle adresse.*
> *Il le fera, pour peu que vous lui en **parliez**. (Académie)*

Remarques

1. Après *au cas où, dans le cas où, dans l'hypothèse où*, on met le **conditionnel** :

   > *Au cas où une complication se **produirait**, faites-moi venir.*
   > (Académie)

2. Après *à (la) condition que, sous (la) condition que*, on met l'**indicatif** (futur ou futur du passé) ou bien le **subjonctif** :

   > *Je vous donne cet argent à condition que vous **partirez** demain ou que vous **partiez** demain. (Littré)*

7. Les subordonnées de comparaison

a) *Les mots subordonnants*

479 Les subordonnées compléments circonstanciels de comparaison s'introduisent :

— par *comme, ainsi que, à mesure que, aussi bien que, de même que, selon que, suivant que* ;
— par *que* corrélatif d'adjectifs ou d'adverbes de comparaison tels que : *aussi, autant, si, tant, autre, meilleur, mieux, moindre, moins, plus, tel,* etc.

Remarques

1. *Si* peut exprimer la comparaison et l'opposition à la fois :

   > *Si* la pauvreté est la mère des crimes, le défaut d'esprit en est le père. (La Bruyère)

2. *Comme si* marque à la fois la comparaison et la supposition :

   > Il me traite *comme si* j'étais son valet. (Académie)

3. Dans les phrases où la comparaison marque l'égalité, on peut avoir les expressions doubles *autant... autant, tel... tel, comme... ainsi* :

   > *Autant* il a de vivacité, *autant* vous avez de nonchalance.
   > (Académie)

   Quand la comparaison marque la différence, on peut avoir : *autre... autre, autre chose... autre chose* :

   > *Autre* est promettre, *autre* est tenir.

   Quand la comparaison marque l'augmentation ou la diminution proportionnelles, on emploie *plus... (et) plus, moins... (et) moins, plus... (et) moins, moins... (et) plus, d'autant plus que, d'autant moins que* :

   > *Plus* elle a, *plus* elle donne.
   > *Moins* il sort, *plus* il est fatigué.
   > Mais je le poursuivrai *d'autant plus qu'*il m'évite. (Racine)

4. Quand la subordonnée de comparaison se rattache à un comparatif d'adjectif, on peut la considérer comme une subordonnée complément d'adjectif. (Voir § 487, Rem.)

b) *L'emploi du mode*

480 Le verbe de la subordonnée complément circonstanciel de comparaison se met :

— À l'**indicatif**, en général :

> *Comme il* **sonna** *la charge, il sonne la victoire.* (La Fontaine)
> *J'ai autant de poèmes dans la tête que j'***ai** *de cheveux sur la tête.* (É. J. Maunick)

— Au **conditionnel** quand la subordonnée complément circonstanciel de comparaison marque un fait simplement possible ou soumis à une condition exprimée ou non :

> *Elle vous traite comme elle* **traiterait** *son propre fils.*

8. Les autres subordonnées

a) *De lieu*

481 Les subordonnées compléments circonstanciels de lieu s'introduisent par l'adverbe de lieu *où (d'où, par où, jusqu'où)* employé comme conjonction.

Ces subordonnées peuvent se rattacher aux relatives (§ 484).

Les subordonnées compléments circonstanciels de lieu ont leur verbe à l'**indicatif** ou au **conditionnel**, selon le sens :

> *Où la guêpe* **a passé**, *le moucheron demeure.* (La Fontaine)
> *Où il y* **aurait** *de la gêne il n'y aurait pas de plaisir.*

b) *D'addition*

Les subordonnées compléments circonstanciels marquant l'addition s'introduisent par *outre que* et se construisent avec l'**indicatif** ou le **conditionnel**, selon le sens :

> *Outre qu'il* **est** *trop jeune, il n'a pas le diplôme requis.*
> *Outre qu'il ne* **serait** *pas sélectionné, il risquerait de perturber le bon climat de l'équipe.*

c) *De restriction*

Les subordonnées compléments circonstanciels marquant la restriction s'introduisent par *excepté que, sauf que, hormis que, hors que* (= excepté que), *si ce n'est que, sinon que,* et se construisent avec l'**indicatif** ou le **conditionnel**, selon le sens :

> *Ils se ressemblent parfaitement, excepté que l'un* **est** *un peu plus grand que l'autre.* (Académie)
> *Ces deux emplois sont également intéressants, sauf que l'un* **conviendrait** *mieux à une femme de votre âge.*

d) *De manière*

Les subordonnées compléments circonstanciels marquant la manière s'introduisent par *comme, sans que, que... ne.*

De ces subordonnées celles qui sont introduites par *comme* peuvent se rattacher aux subordonnées compléments circonstanciels de comparaison ; celles qui sont introduites par *sans que, que ... ne,* peuvent se rattacher aux subordonnées compléments circonstanciels de conséquence.

Après *comme,* la subordonnée complément circonstanciel de manière a son verbe à l'**indicatif** ou au **conditionnel**, selon le sens :

> *Il répondit comme les autres **avaient fait**.* (Académie)
> *J'ai répondu comme vous **auriez fait** vous-même.*

Après *sans que, que... ne,* on met le **subjonctif** :

> *Les dents lui poussèrent sans qu'il **pleurât** une
> seule fois.* (Flaubert)
> *Vous ne sauriez lui dire deux mots qu'il ne vous **contredise**.*

G. LES SUBORDONNÉES COMPLÉMENTS D'AGENT

a) *Formes et mots subordonnants*

482 La proposition subordonnée complément d'agent du verbe passif est introduite par un des pronoms relatifs indéfinis *qui* ou *quiconque*, l'un et l'autre précédés d'une des prépositions *par* ou *de ;* cette subordonnée désigne l'être par qui est faite l'action que subit le sujet du verbe principal :

> *Cette maison sera habitée* **par qui la construira.**
> *Il est craint* **de quiconque l'approche.**

b) *L'emploi du mode*

483 Le verbe de la subordonnée complément d'agent se met :

— À l'**indicatif** si le fait est considéré dans sa réalité :

> *Cette forteresse sera occupée par qui la* **conquerra.**
> *Elle est aimée de quiconque la* **connaît.**

— Au **subjonctif** si le fait est envisagé simplement dans la pensée avec un certain sentiment personnel :

> *Puissiez-vous être encouragés par qui vous* **comprenne** *!*
> *Ils souhaitaient être loués par quiconque leur* **parlât.**

— Au **conditionnel** si le fait est éventuel ou soumis à une condition énoncée ou non :

> *Le vol n'a pas été commis par qui on* **croirait.**
> *Il ne sera pas nécessairement méprisé de quiconque le* **jugerait.**

H. LES SUBORDONNÉES COMPLÉMENTS DE NOM OU DE PRONOM

a) *Formes et mots subordonnants*

484 La subordonnée complément de nom ou de pronom se joint au nom ou au pronom pour en préciser le sens comme pourrait le faire un nom ou un adjectif.

Elle est introduite par un **pronom relatif** : c'est donc une subordonnée **relative**.

485 Au point de vue du sens, la subordonnée relative complément de nom ou de pronom est :

1° **Complément déterminatif** quand elle restreint la signification de l'antécédent ; on ne peut pas la retrancher sans nuire essentiellement au sens de la phrase ; elle sert à distinguer l'être ou la chose dont il s'agit des autres êtres ou choses de la même catégorie :

> *Les plantes **qui ne sont pas arrosées régulièrement** dépérissent très vite.*

2° **Complément explicatif** quand elle ajoute à l'antécédent une explication accessoire, exprimant un aspect particulier de l'être ou de la chose dont il s'agit ; on peut la retrancher sans nuire essentiellement au sens de la phrase et d'ordinaire elle est séparée par une virgule :

> *Notre projet de barrage, **qui a connu une forte concurrence**, vient d'être sélectionné.*
> *Mes yeux cherchent en vain un brave au cœur puissant*
> *Et vont, tout effrayés de nos immenses tâches,*
> *De ceux-là **qui sont morts** à ceux-ci **qui sont lâches**.* (Hugo)

Remarques

1. La subordonnée introduite par la conjonction *que* et précisant un nom comme *bruit, certitude, conviction, crainte, espoir, fait, nouvelle, opinion, preuve, sentiment...*, est une subordonnée *complément déterminatif* du nom [1] :

> L'espoir **qu'elle guérira** me soutient.
> On a donné la preuve **que l'accusé est innocent**.
> La nouvelle **que l'ennemi approchait** jeta partout la consternation.
> J'ai le sentiment **que cette femme dit la vérité**.

2. On a déjà signalé (§ 457, Rem. 2) que certaines propositions relatives comme dans les phrases *Votre ami est là **qui attend** ; je le vois **qui arrive***, peuvent être considérées comme des subordonnées *attributs*.

3. Souvent la subordonnée relative, tout en précisant un nom ou un pronom, joue censément le rôle d'un complément circonstanciel et exprime une idée de but, de cause, de condition, de conséquence, etc. :

> *Je cherche un médecin **qui puisse me guérir*** [but].
> *L'espoir est nécessaire aux sans-emploi, **qui doivent garder un but dans l'existence*** [cause].

b) *L'emploi du mode*

486 Le verbe de la subordonnée complément de nom ou de pronom se met :

— **À l'indicatif** quand cette subordonnée exprime un fait considéré dans sa réalité :

> *Elle écoute le bruit étrange que **fait** le vent dans les structures métalliques.* (J. M. G. Le Clézio)
> *J'ai choisi un conseiller que la raison **conduit**.*

— Au **subjonctif** quand on exprime un fait envisagé simplement dans la pensée et avec un sentiment personnel ; en particulier :

1° Lorsque la subordonnée marque un but à atteindre, une conséquence :

> *Je voudrais inventer une machine qui me **fasse** voyager dans le temps.*
> *Je cherche un médecin qui **puisse** me guérir.*

---

1. Certains grammairiens tiennent cette subordonnée pour une subordonnée *en apposition* ; d'autres en font une subordonnée complément d'objet direct du verbe impliqué dans le nom.

2° Lorsque l'antécédent est accompagné d'un superlatif relatif ou de *le seul, l'unique, le premier, le dernier* :

> *Le meilleur auxiliaire que **puisse** trouver la discipline, c'est le danger.* (Vigny)
> *Je vais continuer d'écrire sur ma mère. Elle est la seule femme qui **ait** vraiment **compté** pour moi.* (A. Ernaux)

Remarques

1. Cette dernière règle n'est pas absolue ; on met l'**indicatif** quand la subordonnée relative exprime un fait dont on veut marquer la réalité :

> *Les mauvais succès sont les seuls maîtres qui **peuvent** nous reprendre utilement.* (Bossuet)

2. Après une principale *négative, interrogative* ou *conditionnelle*, si la subordonnée relative exprime un fait envisagé simplement dans la pensée et avec un certain sentiment, elle a son verbe au **subjonctif** :

> *Il n'y a pas d'homme qui **soit** immortel.*
> *Est-il une vie qui ne **vaille** pas la peine d'être vécue ?*
> *S'il existe une seule chance qu'il **survive**, il faut l'opérer.*

Mais on met l'**indicatif** si la relative exprime un fait dont on veut marquer la réalité :

> *Je ne crains pas ce chien qui nous **poursuit**.*
> *Oublierons-nous les lieux qui nous **ont** vus naître ?*
> *Si vous repoussez celui qui vous **comprend**, vous finirez seul.*

— Au **conditionnel** quand la subordonnée exprime un fait éventuel ou soumis à une condition énoncée ou non :

> *L'homme qui **connaîtrait** l'avenir serait-il plus heureux ?*
> *Voilà un homme qui **serait** plus heureux s'il avait du travail.*
> *Les seuls traités qui **compteraient** sont ceux qui **concluraient** entre les arrière-pensées.* (P. Valéry)

— À l'**infinitif** sans sujet exprimé, dans certains cas où la subordonnée relative implique l'idée de *devoir, pouvoir, falloir* :

> *Il cherchait une main à quoi **s'accrocher**.* (Cl. Farrère)
> *Il indique l'endroit où **pratiquer** la plaie.* (J. de Pesquidoux)
> *Il n'a pas une pierre où **reposer** sa tête.*

I. LES SUBORDONNÉES COMPLÉMENTS D'ADJECTIF

a) *Formes et mots subordonnants*

487 La subordonnée **complément d'adjectif** se joint à certains adjectifs exprimant, en général, une opinion ou un sentiment, tels que : *sûr, certain, heureux, content, digne...*, pour en préciser le sens ; elle est introduite par la conjonction **que** (parfois **de ce que** ou **à ce que**) ou par un des pronoms relatifs indéfinis **qui** ou **quiconque**, précédé d'une préposition :

> *Cet homme d'affaires, soucieux **qu'on le protège**, avait engagé des gardes du corps.*
> *Sûr **qu'il gagnerait la course**, le lièvre s'amusa longtemps.*
> *Heureux **de ce que ses amis se souviennent de son anniversaire**, il les invita tous au restaurant.*
> *Les hommes ingrats **envers qui les a aidés** méritent d'être blâmés.*
> *Ce mode d'emploi est utile seulement **pour qui n'y connaît rien**.*
> *Certaines gens sont, quand il s'agit d'exprimer un avis, semblables **à quiconque les approche**.*

Remarque

Parmi les subordonnées compléments d'adjectif, il y a les subordonnées **compléments du comparatif** :

> *Les hommes plus heureux **qu'ils ne le croient** et moins malheureux **qu'ils ne le disent** sont fort nombreux.*
> *Mon amie, aussi calme **que je suis vif**, me conseille la prudence.*

b) *L'emploi du mode*

488 Le verbe de la subordonnée complément d'adjectif se met :

— À l'**indicatif** quand cette subordonnée exprime un fait considéré dans sa réalité :

> *Trop certain qu'il **peut** compter sur mon aide, il tarde à terminer son projet.*

— Au **subjonctif** quand elle exprime un fait envisagé simplement dans la pensée et avec un sentiment personnel :

> *Heureux qu'on lui **fasse** tant d'honneur, il se confond en remerciements.*

— Au **conditionnel** quand on exprime un fait éventuel ou soumis à une condition énoncée ou non :

> *Mes parents, sûrs que je **réussirais** à mon examen si ma santé était meilleure, me ménagent du repos.*
> *Mon amie, certaine que toute autre situation lui **conviendrait** mieux, se plaint de son emploi.*

Remarques

1. Quand l'adjectif est construit avec le verbe **être**, le mode de la subordonnée complément de cet adjectif dépend de la forme de la principale ou de la nuance à exprimer ; ainsi après une principale négative ou interrogative, on a d'ordinaire le **subjonctif** (mais l'**indicatif** est possible aussi) :

> *Je ne suis pas certaine qu'il **vienne*** (ou : *qu'il **viendra***).
> *Êtes-vous sûr qu'elle **ait** raison ?* (ou : *qu'elle **a** raison ?*).

2. Certains adjectifs exprimant un sentiment admettent, pour la construction de la subordonnée qui les complète, non seulement *que*, avec le **subjonctif**, mais parfois aussi *de ce que*, ordinairement avec l'**indicatif** :

> *Heureux qu'on lui **fasse** tant d'honneur, il se confond en remerciements.*
> *Heureux de ce qu'on lui **fait** tant d'honneur...*

J. LA CONCORDANCE DES TEMPS

489 La **concordance des temps** est le rapport qui s'établit entre le temps de la subordonnée et le temps de la principale dont elle dépend.

Deux cas sont à considérer :

1° Le verbe de la subordonnée est à l'*indicatif.*
2° Le verbe de la subordonnée est au *subjonctif.*

1. La subordonnée à l'indicatif

490 a) Lorsque le verbe principal est au **présent** ou au **futur**, le verbe subordonné se met au temps demandé par le sens, comme s'il s'agissait d'une proposition indépendante :

> *J'affirme / J'affirmerai ...*
> *... qu'il **travaille** en ce moment.*
> *... qu'elle **a travaillé** hier.*
> *... qu'il **travaillait** au moment de l'accident.*
> *... qu'elle **avait travaillé** avant votre arrivée.*
> *... qu'il **travailla** la semaine dernière.*
> *... qu'elle **travaillera** demain.*
> *... qu'il **aura travaillé** avant deux jours.*
> *Nous partirons quand vous **voudrez**.*
> *Elle mourra comme elle **a vécu**.*

b) Lorsque le verbe principal est au **passé,** le verbe subordonné se met, selon le sens :

à l'*imparfait* ou au *passé simple*, si le fait est simultané ;
au *futur du passé* ou au *futur antérieur du passé*, si le fait est postérieur ;
au *plus-que-parfait* ou au *passé antérieur*, si le fait est antérieur :

Simultanéité :

> *J'ai affirmé qu'elle **travaillait** quand je suis entré.*
> *Il se fit qu'à ce moment même il **entra**.*
> *Il courut à moi au moment même où il me **vit**.*

Postériorité :

> *J'ai affirmé qu'elle **travaillerait** demain.*
> *J'ai affirmé qu'elle **aurait travaillé** avant deux jours.*

Antériorité :

> *J'ai affirmé qu'il **avait travaillé** avant mon arrivée.*
> *Dès qu'il **eut parlé**, une clameur s'éleva.*

Remarques

1. Après un **passé** dans la principale, on peut avoir le **présent** de l'indicatif dans la subordonnée lorsque celle-ci exprime un fait vrai dans tous les temps :

> *La Fontaine a dit que l'absence **est** le plus grand*
> *des maux. (A. Hermant)*

2. Après un **passé** dans la principale, on peut avoir dans la subordonnée un temps dont il faut expliquer l'emploi en observant que le fait subordonné est envisagé par rapport au moment de la parole :

> *Je vous ai promis que je **ferai** désormais tout mon possible.*
> *Nous disions que vous **êtes** l'orateur le plus éminent*
> *du diocèse. (A. France)*
> *On m'a assuré que cette affaire **aura pris** fin avant deux jours.*
> *Elle chercha tant qu'elle **trouva**.*
> *Vous avez tant travaillé que vous **réussirez**.*

2. La subordonnée au subjonctif

491 **a)** Lorsque le verbe principal est au **présent** ou au **futur**, le verbe subordonné se met :

1° Au **présent** du subjonctif pour marquer la *simultanéité* ou la *postériorité* :

> *Je demande qu'il **vienne** immédiatement.*
> *Je demande qu'il **vienne** demain.*
> *Je demanderai qu'il **vienne** immédiatement.*
> *Je demande qu'il **vienne** demain.*

2° Au **passé** du subjonctif pour marquer l'*antériorité* :

> *Je doute qu'elle **ait écrit** hier.*
> *Je doute qu'elle **ait écrit** avant mon départ.*

b) Lorsque le verbe principal est à un temps du **passé**, le verbe subordonné se met :

1° À l'**imparfait** du subjonctif pour marquer la *simultanéité* ou la *postériorité* :

> *Je voulais (j'ai voulu, j'avais voulu) qu'elle **écrivît** sur-le-champ.*
> *Je voulais (j'ai voulu, j'avais voulu) qu'elle **écrivît** le lendemain.*

2° Au **plus-que-parfait** du subjonctif pour marquer l'*antériorité* :

> *Je voulais (j'ai voulu, j'avais voulu) qu'elle **eût écrit** la veille.*
> *Je voulais (j'ai voulu, j'avais voulu) qu'elle **eût écrit** avant mon départ.*

Remarques

1. Après un **présent** dans la principale, quand le verbe de la subordonnée est au subjonctif, il se met à l'**imparfait** ou au **plus-que-parfait**, selon les cas, si la subordonnée exprime un fait simplement possible ou soumis à une condition énoncée ou non :

   > *En est-il un seul parmi vous qui **consentît** ?* (Académie)
   > *On craint que la guerre, si elle éclatait, n'**entraînât** des maux incalculables.* (Littré)

2. Après un **passé** dans la principale, quand le verbe de la subordonnée est au subjonctif, il se met au **présent** si la subordonnée exprime un fait présent ou futur par rapport au moment où l'on est, ou encore si elle exprime un fait vrai dans tous les temps :

   > *Il m'a rendu trop de services pour que je le **renvoie** en ce moment.*
   > *Il m'a rendu trop de services pour que je le **renvoie** demain.*
   > *Qui a jamais douté que deux et deux ne **fassent** quatre ?*

3. Après un **conditionnel présent** dans la principale, quand le verbe de la subordonnée doit être au subjonctif, il se met au **présent** ou à l'**imparfait** :

   > *Je voudrais qu'il **vienne** ou qu'il **vînt**.* (Littré)

c) Dans la langue parlée et dans la langue écrite ordinaire.

L'*imparfait* du subjonctif ne s'emploie plus dans la langue parlée, ni dans la langue écrite ordinaire, sauf peut-être les deux formes *eût* et *fût*. La langue écrite en conserve parfois l'emploi dans les verbes *avoir* et *être* et à la 3ᵉ personne du singulier des autres verbes ; mais, d'une manière générale, elle le remplace fréquemment par le *présent* du subjonctif. Parallèlement, le *plus-que-parfait* du subjonctif est souvent remplacé par le *passé* du subjonctif :

> *Je voulais qu'elle **écrive** le lendemain.*
> *J'avais voulu qu'elle **ait écrit** avant mon départ.*
> *Elle a exigé que je me **débarrasse**.* (H. Bordeaux)
> *Peu s'en est fallu qu'il ne **soit** tué.* (Académie)

Concordance des temps : résumé

Verbe principal		Verbe subordonné	
		à l'indicatif	*au subjonctif*
Présent ou **Futur**	Simultanéité	**Présent**	**Présent**
	Postériorité	**Futur simple**	**Présent**
	Antériorité	**Imparfait** **Passé simple** **Passé composé** **Plus-que-parfait**	**Passé**
Passé	Simultanéité	**Imparfait** **Passé simple**	**Imparfait**
	Postériorité	**Futur du passé** **Fut. ant. du passé**	**Imparfait**
	Antériorité	**Plus-que-parfait** **Passé antérieur**	**Plus-que-parfait**

K. LE DISCOURS INDIRECT

1. Définitions

492 Le **discours** (ou style) **direct** consiste à rapporter, en les citant textuellement, les paroles ou les pensées de quelqu'un :

> *Il répondit avec plus de douceur :* « **C'est ce que je n'ai pas, je le sais. (...)** » *(A. Camus)*
> *Ma mère me dit :* « **Viens.** »

Le **discours** (ou style) **indirect** consiste à rapporter les paroles ou les pensées de quelqu'un, non plus en les citant textuellement, mais en les subordonnant à un verbe principal du type *dire* :

> *Il répondit avec plus de douceur* **que c'était ce qu'il n'avait pas, qu'il le savait**.
> *Ma mère me dit* **de venir**.

Remarque

Parfois les propositions du discours indirect, au lieu d'être subordonnées à un verbe déclaratif, se présentent sans principale introductive et sans *que* subordonnant, le verbe *dire* étant implicitement contenu dans ce qui précède : c'est le **style indirect libre** :

> *Le lion se confessa le premier : il* **avait dévoré** *force moutons et même il lui* **était arrivé** *quelquefois de manger le berger.*

493 # 2. Mode, temps et personne

Dans la transposition du discours direct en discours indirect, certains changements de *mode,* de *temps* et de *personne* ont lieu :

a) Le mode

L'*impératif* est remplacé par le *subjonctif,* ou plus souvent par l'*infinitif ;* les autres modes ne subissent pas de changement :

DISCOURS DIRECT	DISCOURS INDIRECT
Pars : *le temps* **presse** ; *on ne* **gagnerait** *rien à* **attendre** ; *que l'on* **fasse** *vite.*	[Il a dit] *de* **partir** *(...que l'on* **parte**, *... que l'on* **partît**) : *que le temps* **pressait** ; *qu'on ne* **gagnerait** *rien à* **attendre** ; *que l'on* **fît** *vite.*

b) Le temps

Si la principale introductive est au *présent* ou au *futur,* aucun changement n'a lieu, quant à l'emploi des temps :

DISCOURS DIRECT	DISCOURS INDIRECT
On **travaille**, *on* **travaillait**, *on travaillera*, *on a travaillé.*	[Elle dit, elle dira] *qu'on* **travaille**, *qu'on* **travaillait**, *qu'on* **travaillera**, *qu'on* **a travaillé**.

Si la principale introductive est au *passé,* le discours indirect emploie, conformément à la concordance des temps :

1° l'*imparfait* pour marquer la simultanéité ;

2° le *futur du passé* ou le *futur antérieur du passé* pour marquer la postériorité ;

3° le *plus-que-parfait* pour marquer l'antériorité :

> *[Il a dit] qu'on* **travaillait***, qu'on* **travaillerait***, qu'on* **aurait travaillé***, qu'on* **avait travaillé***.*

c) La personne

La 1re et la 2e personne sont, en général, remplacées par la 3e personne :

DISCOURS DIRECT

Je te comprends.

DISCOURS INDIRECT

[Elle a dit] *qu'elle* **le** *comprenait.*

On a cependant la 1re personne quand le narrateur rapporte des paroles qui le concernent lui-même ou qui concernent le groupe dont il fait partie :

> [Il a dit] *qu'il* **me** *comprenait, qu'il* **nous** *comprenait.*

On a la 2e personne quand le narrateur rapporte des paroles qui concernent celui ou ceux à qui il les rapporte :

> [Elle a dit] *qu'elle* **te** *comprenait, qu'elle* **vous** *comprenait.*

Appendices

A. L'ALPHABET PHONÉTIQUE INTERNATIONAL

VOYELLES		CONSONNES	
[a]	*date*	[b]	*bon*
[ɑ]	*pâte*	[d]	*déjà*
[e]	*pré*	[f]	*fier*
[ɛ]	*mère*	[g]	*gare*
[ə]	*gredin*	[k]	*car*
[i]	*cri*	[l]	*loup*
[o]	*rose*	[m]	*main*
[ɔ]	*note*	[n]	*non*
[ø]	*lieu*	[p]	*par*
[œ]	*peur*	[R]	*rose*
[u]	*trou*	[s]	*sol*
[y]	*pur*	[t]	*tas*
		[v]	*ver*
[ɑ̃]	*manger*	[z]	*zéro*
[ɛ̃]	*matin*	[ʃ]	*chat*
[ɔ̃]	*saison*	[ʒ]	*jardin*
[œ̃]	*lundi*	[ɲ]	*agneau*
		[ŋ]	*smoking*

SEMI-VOYELLES ou SEMI-CONSONNES

[j]	*yeux*
[w]	*oui*
[ɥ]	*cuir*

Le double point après une voyelle montre qu'elle est longue :
alors [alɔ:R].

B. LA PONCTUATION

495 La **ponctuation** est l'art d'indiquer, dans le discours écrit, par le moyen de signes conventionnels, soit les pauses à faire dans la lecture, soit certaines modifications mélodiques du débit, soit certains changements de registre dans la voix.

496 Les **signes de ponctuation** sont : le point (.), le point d'interrogation (?), le point d'exclamation (!), la virgule (,), le point-virgule (;), les deux points (:), les points de suspension (...), les parenthèses [( )], les crochets ([ ]), les guillemets (« »), le tiret (—), l'astérisque (*) et l'alinéa.

497 Le **point** indique la fin d'une phrase. Il se place aussi après tout mot écrit en abrégé :

> *Élisabeth Alione pleure en silence. Ce n'est pas une scène. L'homme a frappé sur la table légèrement.* (M. Duras)
> Infin. pr. (Infinitif présent)
> *P.S.* (Post scriptum), *l'U.E.O.* (Union de l'Europe occidentale)

498 Le **point d'interrogation** s'emploie après toute phrase exprimant une interrogation directe :

> *Qu'est-elle devenue ? Où est-elle ? Où se cache-t-elle ?*

499 Le **point d'exclamation** se met après une exclamation :

> *Malédiction ! On me persécute ! Assez ! Égorgez les chiens, le bouffon ! Je suis la proie des chiens ! Debout !* (M. de Ghelderode)

500 La **virgule** marque une pause de peu de durée.

a) **Dans une proposition**, on met la virgule :

1° En général, pour séparer les éléments semblables (sujets, compléments, épithètes, attributs) non unis par *et, ou, ni* :

> *Il fut la cause de cent douze suicides, de neuf crimes sensationnels, d'innombrables faillites, ruines et débâcles financières.* (J. Ray)

Remarque

Quand les conjonctions *et, ou, ni* sont employées plus de deux fois dans une énumération, on sépare par une virgule les éléments coordonnés :

> *Et la terre, et le fleuve, et leur flotte, et le port,*
> *Sont des champs de carnage où triomphe la mort.* (Corneille)
> *Les idées qui se présentent aux gens qui sont bien élevés, et qui ont un grand esprit, sont ou naïves, ou nobles, ou sublimes.* (Montesquieu)
> *Non, le monde ni l'expérience, ni la philosophie, ni la mort ne se laissent enfermer au théâtre, dans le tribunal ni dans une leçon.* (M. Serres)

2° Pour séparer tout élément ayant une valeur purement explicative :

> *Chez les Guyaki, Indiens nomades du Paraguay, la division sexuelle des tâches est fortement marquée.* (M.-Fr. Fauvet)

3° Après le complément circonstanciel placé en tête de la phrase ; toutefois, on omet ordinairement la virgule quand le verbe suit immédiatement ce complément circonstanciel placé en inversion :

> *Ce soir-là, leurs regards s'étaient rencontrés.*
> (Villiers de L'Isle-Adam)
> *Au sortir de ce bois coule la rivière de Parts.* (Voltaire)

4° Pour isoler les mots qui forment pléonasme ou répétition :

> *Rien n'arrête leur course, ils vont, ils vont, ils vont !* (Hugo)
> *Et pourtant, moi, je connais bien Bérénice.* (R. Dubillard)

5° Pour isoler les mots en apostrophe :

> *Sois sage, ô ma Douleur, et tiens-toi plus tranquille.* (Baudelaire)

b) **Dans un groupe de propositions**, on met la virgule :

1° En général, pour séparer plusieurs propositions de même nature juxtaposées :

> *La terre a disparu, la maison baigne, les arbres submergés ruissellent, le fleuve lui-même qui termine mon horizon comme une mer paraît noyé.* (P. Claudel)
> *L'habile homme est celui qui cache ses passions, qui entend ses intérêts, qui y sacrifie beaucoup de choses, qui a su acquérir du bien ou en conserver.* (La Bruyère)

2° Avant les propositions introduites par les conjonctions de coordination autres que *et, ou, ni* :

> *Mon affolement est à son comble, car je ne découvre pas le premier de ces engins indispensables.* (M. Leiris)
> *Ses yeux tournés vers le jardin se fermaient à moitié, mais maintenant il luttait pour ne pas dormir.* (J. Green)
> *Je pense, donc je suis.* (Descartes)

3° Avant les propositions compléments circonstanciels ayant une valeur simplement explicative :

> *Vous ne serez pas poursuivis, puisque vous avez payé vos dettes.*

Mais, dans des phrases telles que les suivantes, on ne met pas la virgule, parce que la proposition complément circonstanciel est intimement liée par le sens à la principale et qu'aucune pause n'est demandée :

> *Nous commencerons quand vous voudrez.*
> *Vous serez roi dès que vous voudrez l'être.* (Voltaire)
> *Elle sort sans qu'on la voie.*

4° Après les propositions compléments circonstanciels placées en tête de la phrase :

> *Quand vous commanderez, vous serez obéi.* (Racine)

5° Pour isoler une proposition relative explicative :

> *Quelques médecins de la cour, qui revenaient de dîner, passèrent auprès de la chaise.* (Voltaire)

6° Pour séparer la proposition participe ou la proposition incidente :

Un orage ayant éclaté, nous cherchâmes en hâte un abri.
— Vaurien, dit le duc, vas-tu, non content de ta désobéissance, me demander encore de l'argent ? (Ch. De Coster)

7° Ordinairement, pour marquer l'ellipse d'un verbe ou d'un autre mot exprimé dans une proposition précédente :

Le devoir des juges est de rendre la justice ; leur métier, de la différer. (La Bruyère)

501 Le **point-virgule** marque une pause de moyenne durée. Il s'emploie pour séparer, dans une phrase, les parties dont une au moins est déjà subdivisée par la virgule, ou encore pour séparer des propositions de même nature qui ont une certaine étendue :

L'objet de la guerre, c'est la victoire ; celui de la victoire, la conquête ; celui de la conquête, la conservation. (Montesquieu)
(...) je sens tressaillir en moi quelque chose qui se déplace, voudrait s'élever, quelque chose qu'on aurait désancré, à une grande profondeur ; je ne sais ce que c'est, mais cela monte lentement ; j'éprouve la résistance et j'entends la rumeur des distances traversées. (M. Proust)

502 Les **deux points** s'emploient :

1° Pour annoncer une citation, un discours direct :

Quand Verlaine dit : « L'espoir luit comme un brin de paille dans l'étable », c'est une superbe imagination lyrique. (M. Kundera)
Des voix s'élevèrent quelque part : « Nous sommes de la vie. Que nous importe l'ordre de la mort ! » (H. de Montherlant)

2° Pour annoncer l'analyse, l'explication, la conséquence, la synthèse de ce qui précède :

Il n'y a pour l'homme que trois événements : naître, vivre et mourir. (La Bruyère)
Et cela veut dire : donc, affaire classée. (M. Thiry)
Les chemins sont ouverts : qui peut nous arrêter ? (Boileau)
Du repos, des riens, de l'étude,
Peu de livres, point d'ennuyeux,
Un ami dans la solitude :
Voilà mon sort, il est heureux. (Voltaire)

503 Les **points de suspension** indiquent que l'expression de la pensée reste incomplète par réticence, par convenance ou pour une autre raison :

Je me verrai trahir, mettre en pièces, voler,
Sans que je sois... Morbleu ! je ne veux point parler. (Molière)

504 Les **parenthèses** s'emploient pour intercaler dans une phrase quelque indication accessoire :

On conte qu'un serpent voisin d'un horloger
(C'était pour l'horloger un mauvais voisinage)
Entra dans sa boutique. (La Fontaine)
J'ai résolu d'écrire au hasard. Entreprise difficile : la plume (c'est un stylo) reste en retard sur la pensée. (A. Gide)

505 Les **crochets** servent au même usage que les parenthèses, mais ils sont moins usités. On les emploie surtout pour isoler une indication qui contient déjà des parenthèses :

> Sartre a développé les théories de l'existentialisme dans ses essais [cf. L'être et le néant (1943)], mais aussi dans ses pièces de théâtre [cf. Huis clos (1944)].

506 Les **guillemets** s'emploient pour encadrer une citation ou un discours direct :

> L'homme définit la femme non en soi mais relativement à lui ; elle n'est pas considérée comme un être autonome. « La femme, l'être relatif... » écrit Michelet. (S. de Beauvoir)

507 Le **tiret** s'emploie dans un dialogue pour indiquer le changement d'interlocuteur ou pour séparer du contexte des mots, des propositions :

> Debout ! dit l'Avarice, il est temps de marcher.
> — Hé ! laissez-moi ! — Debout ! — Un moment.
> — Tu répliques ? (Boileau)
> Il ne s'agissait pas de revenants — ces histoires ne l'intéressaient guère — mais de bien autre chose qu'il n'aurait su décrire, ni même désigner d'un nom. (J. Green)

508 L'**astérisque** est un petit signe en forme d'étoile qui indique un renvoi ou qui, simple ou triple, tient lieu d'un nom propre qu'on ne veut pas faire connaître, sinon parfois par la simple initiale :

> Ceci se passait au château de R*.
> C'était chez madame de B***.

509 L'**alinéa** marque un repos plus long que le point ; c'est une séparation qu'on établit entre une phrase et les phrases précédentes, en la faisant commencer un peu en retrait à la ligne suivante, après un petit intervalle laissé en blanc.

L'alinéa s'emploie quand on passe d'un groupe d'idées à un autre groupe d'idées.

> Quelques-uns ont repris du canard à l'orange. La conversation, de plus en plus facile, augmente à chaque minute un peu davantage encore l'éloignement de la nuit.
> Dans l'éclatante lumière des lustres, Anne Desbaresdes se tait et sourit toujours.
> L'homme s'est décidé à repartir vers la fin de la ville, loin de ce parc. À mesure qu'il s'en éloigne, l'odeur des magnolias diminue, faisant place à celle de la mer.
> Anne Desbaresdes prendra un peu de glace au moka afin qu'on la laisse en paix. (M. Duras)

510 C. LES RÈGLES DE COUPURE DES MOTS

Il est parfois nécessaire de couper certains mots, par exemple en fin de ligne. Cette division doit se faire en respectant le découpage des mots en syllabes, et en tenant compte de certaines règles particulières. Les règles principales sont les suivantes :

1. On ne sépare pas deux voyelles, ni une voyelle et une semi-voyelle :

    *Th**éâ**-tre, inf**éo**-der, av**ia**-teur, atten-**tion**, com-b**ien**.*

2. Quand il y a une seule consonne entre deux voyelles, la coupure se place avant la consonne :

    Bâ-ti-ment, dé-mé-na-geur, ca-pi-tu-ler.

    Si cette consonne est un *x*, il n'y a pas de coupure possible, sauf si ce *x* est prononcé comme un son unique :

    Taxa-tion [ta**ks**asjɔ̃], *auxi-liaire* [o**ks**iliɛʀ], mais *deu-xième* [døziɛm].

3. Quand il y a deux consonnes différentes, ou une consonne redoublée entre des voyelles, la coupure se place entre les deux consonnes :

    *Par-**d**on, e**s-t**imation, fra**c-t**ure, po**s-s**ibilité, **al-l**aitement.*

    Cependant, les deux consonnes ne se séparent pas quand :

    a) elles représentent un seul son :

    *Élé-**ph**ant, hypo-**th**èse, déta-**ch**er, gro-**gn**er.*

    b) la deuxième consonne est *r* ou *l* et la première autre que *r* ou *l* :

    *Pota-**bl**e, nu-**cl**éaire, dé-**fl**a-**gr**ation, pro-**pr**iétaire.*

4. Quand il y a trois consonnes, la coupure se fait après la deuxième consonne :

    *Co**ns-t**itution, o**bs-t**étrique.*

    Cependant, on ne sépare pas les consonnes lorsqu'elles représentent un son unique :

    *Ma**r-ch**er, a**m-ph**ithéâtre, O**r-ph**ée.*

    Si la dernière consonne est *r* ou *l*, la coupure s'effectue après la première consonne :

    *A**p-pl**iquer, re**s-tr**ein-**dr**e, de**s-cr**iption.*

5. Quand il y a quatre consonnes, la coupure se fait après la deuxième consonne, pour autant que ne soient pas séparées des consonnes représentant un son unique :

    *O**bs-t**ruction, i**ns-tr**ument, co**ns-tr**uctif, mais a**r-thr**opodes.*

Remarques

1. Un *y* placé entre deux voyelles ne peut être coupé :

   Rayon, appuyer.

2. Certaines coupures ne respectent pas les règles énoncées ci-dessus, lorsque des préfixes ou des suffixes peuvent être isolés. La coupure se place toujours après les préfixes *dé-* et *pré-* :

   Bis-*annuel,* **re**-*structurer, endo-***scopie**, **dé**-*structurer,* **pré**-*scolaire.*

3. La coupure, en fin de ligne, se marque par un trait d'union. Ce dernier n'est pas repris à la ligne suivante. Cette coupure ne peut s'effectuer après une apostrophe :

   Pres-qu'île, aujour-d'hui.

4. On évitera de rejeter à la ligne suivante une syllabe seulement composée d'une consonne et d'un *e* muet, et d'isoler en fin de ligne une syllabe formée par une voyelle seule.

Annexes

A. LES RECTIFICATIONS DE L'ORTHOGRAPHE

Le 6 décembre 1990, le *Journal officiel de la République française* publiait, sous le titre « Les rectifications de l'orthographe », les propositions du Conseil supérieur de la langue française, mis en place par le Premier ministe, relatives à une certaine harmonisation de quelques règles de l'orthographe française. Nous reprenons ci-dessous l'introduction de ce rapport ainsi que les chapitres II et III relatifs aux règles d'application générale et aux modifications de graphies particulières. Ces règles sont accompagnées, dans le texte complet, par une analyse commentant et justifiant les rectifications, ainsi que par des recommandations pour les auteurs de dictionnaires.

Ces recommandations peuvent être appliquées par tous les usagers de la langue, ainsi que les y ont d'ailleurs encouragés diverses instances et associations, sans que leur usage puisse être imposé. La liberté de l'utilisateur est donc de mise, et l'usage tranchera. Ceux qui souhaitent davantage d'informations à ce propos peuvent consulter les deux ouvrages suivants :
— André GOSSE, *La « nouvelle » orthographe. Exposé et commentaires,* Louvain-la-Neuve, Duculot, 1991.
— Michel MASSON, *L'orthographe : guide pratique de la réforme,* Paris, Éditions du Seuil, coll. « Points Actuels », n° 110, 1991.

Les rectifications de l'orthographe
Conseil supérieur de la langue française

Introduction

Dans son discours du 24 octobre 1989, le Premier ministre a proposé à la réflexion du Conseil supérieur cinq points précis concernant l'orthographe :
— le trait d'union ;
— le pluriel des mots composés ;
— l'accent circonflexe ;
— le participe passé des verbes pronominaux ;
— diverses anomalies.

C'est sur ces cinq points que portent les présentes propositions. Elles ne visent pas seulement l'orthographe du vocabulaire existant, mais aussi et surtout celle du vocabulaire à naître, en particulier dans les sciences et les techniques.

Présentées par le Conseil supérieur de la langue française, ces rectifications ont reçu un avis favorable de l'Académie française à l'unanimité, ainsi que l'acord du Conseil de la langue française du Québec et celui du Conseil de la langue de la Communauté française de Belgique.

Ces rectifications sont modérées dans leur teneur et dans leur étendue.

En résumé :

— le trait d'union : un certain nombre de mots remplaceront le trait d'union par la soudure (exemple : *portemonnaie* comme *portefeuille*) ;
— le pluriel des mots composés : les mots composés du type **pèse-lettre** suivront au pluriel la règle des mots simples (des *pèse-lettres*) ;
— l'accent circonflexe : il ne sera plus obligatoire sur les lettres **i** et **u**, sauf dans les terminaisons verbales et dans quelques mots (exemples : *qu'il fût, mûr*) ;
— le participe passé : il sera invariable dans le cas de **laisser** suivi d'un infinitif (exemple : *elle s'est laissé mourir*) ;
— les anomalies :
   — mots empruntés : pour l'accentuation et le pluriel, les mots empruntés suivront les règles des mots français (exemple : *un* **imprésario**, *des* **imprésarios**) ;
   — séries désaccordées : des graphies seront rendues conformes aux règles de l'écriture du français (exemple : *douçâtre*), ou à la cohérence d'une série précise (exemples : *boursouffler* comme *souffler, charriot* comme *charrette*).

Ces propositions sont présentées sous forme, d'une part, de règles d'application générale et de modifications de graphies particulières, destinées aux usagers et à l'enseignement, et, d'autre part, sous forme de recommandations à l'usage des lexicographes et des créateurs de néologismes.

Chapitre II : Règles

1. Trait d'union

On lie par des traits d'union les numéraux formant un nombre complexe, inférieur ou supérieur à cent.

> *Elle a* **vingt-quatre** *ans, cet ouvrage date de l'année* **quatre-vingt-neuf***, elle a* **cent-deux** *ans, cette maison a* **deux-cents** *ans, il lit les pages* **cent-trente-deux** *et* **deux-cent-soixante-et-onze***, il possède* **sept-cent-mille-trois-cent-vingt-et-un** *francs.*

2. Singulier et pluriel des noms composés comportant un trait d'union

Les noms composés d'un verbe et d'un nom suivent la règle des mots simples, et prennent la marque du pluriel seulement quand ils sont au pluriel, cette marque est portée sur le second élément.

> *Un* **pèse-lettre***, des* **pèse-lettres***, un* **cure-dent***, des* **cure-dents***, un* **perce-neige***, des* **perce-neiges***, un* **garde-meuble***, des* **garde-meubles** *(sans distinguer s'il s'agit d'un homme ou de lieu), un* **abat-jour***, des* **abat-jours***.*

Il en va de même des noms composés d'une préposition et d'un nom.

*Un **après-midi**, des **après-midis**, un **après-ski**, des **après-skis**, un **sans-abri**, des **sans-abris**.*

Cependant, quand l'élement nominal prend une majuscule ou quand il est précédé d'un article singulier, il ne prend pas de marque de pluriel.

*Des **prie-Dieu**, des **trompe-l'œil**, des **trompe-la-mort**.*

3. Accent grave

a) On accentue sur le modèle de **semer** les futurs et conditionnels des verbes du type **céder** : *je **cèderai**, je **cèderais**, j'**allègerai**, j'**altèrerai**, je **considèrerai**,* etc.

b) Dans les inversions interrogatives, la première personne du singulier en *e* suivie du pronom sujet **je** porte un accent grave : ***aimè-je**, **puissè-je***, etc.

4. Accent circonflexe

Si l'accent circonflexe placé sur les lettres *a, o,* et *e,* peut indiquer utilement des distinctions de timbre (***mâtin** et **matin*** ; ***côte** et **cote*** ; ***vôtre** et **votre*** ; etc.), placé sur *i* et *u* il est d'une utilité nettement plus restreinte (***voûte** et **doute*** par exemple ne se distinguent dans la prononciation que par la première consonne). Dans quelques terminaisons verbales (passé simple, etc.), il indique des distinctions morphologiques nécessaires. Sur les autres mots, il ne donne généralement aucune indication, excepté pour de rares distinctions de formes homographes.

En conséquence, on conserve l'accent circonflexe sur *a, e,* et *o,* mais sur *i* et sur *u* il n'est plus obligatoire, excepté dans les cas suivants :

a) Dans la conjugaison, où il marque une terminaison :

Au passé simple (première et deuxième personnes du pluriel) :

*Nous **suivîmes**, nous **voulûmes**, comme nous **aimâmes** ; vous **suivîtes**, vous **voulûtes**, comme vous **aimâtes**.*

À l'imparfait du subjonctif (troisième personne du singulier) :

*Qu'il **suivît**, qu'il **voulût**, comme qu'il **aimât**.*

Au plus-que-parfait du subjonctif, aussi nommé parfois improprement conditionnel passé deuxième forme (troisième personne du singulier) :

*Qu'il **eût** suivi, il **eût** voulu, comme qu'il **eût** aimé. Nous **voulûmes** qu'il **prît** la parole. Il **eût** préféré qu'on le **prévînt**.*

b) Dans les mots où il apporte une distinction de sens utile : **dû**, **jeûne**, les adjectifs **mûr** et **sûr**, et le verbe **croître** (étant donné que sa conjugaison est en partie homographe de celle du verbe **croire**). L'exception ne concerne pas les dérivés et les composés de ces mots (exemple : *sûr,* mais *sureté ; croître,* mais *accroitre*). Comme c'était déjà le cas pour **dû,** les adjectifs **mûr** et **sûr** ne prennent un accent circonflexe qu'au masculin singulier.

Les personnes qui ont déjà la maîtrise de l'orthographe ancienne pourront, naturellement, ne pas suivre cette nouvelle norme.

Remarques

— Cette mesure entraîne la rectification de certaines anomalies étymologiques, en établissant des régularités. On écrit désormais **mu** (comme déjà **su, tu, vu, lu**), **plait** (comme déjà **tait, fait**), **piqure, surpiqure** (comme déjà **morsure**), **traine, traitre,** et leurs dérivés (comme déjà **gaine, haine, faine**), et **ambigument, assidument, congrument, continument, crument, dument, goulument, incongrument, indument, nument** (comme déjà **absolument, éperdument, ingénument, résolument**).

— Sur ce point comme sur les autres, aucune modification n'est apportée aux noms propres. On garde le circonflexe aussi dans les adjectifs issus de ces noms (exemples : *Nîmes, nîmois.*)

5. Verbes en *-eler* et *-eter*

L'emploi du *e* accent grave pour noter le son «*e* ouvert» dans les verbes en **eler** et en **eter** est étendu à tous les verbes de ce type.

On conjugue donc, sur le modèle de **peler** et d'**acheter** : *elle ruissèle, elle ruissèlera, j'époussète, j'étiquète, il époussètera, il étiquètera.*

On ne fait exception que pour **appeler** (et **rappeler**) et **jeter** (et les verbes de sa famille), dont les formes sont les mieux stabilisées dans l'usage.

Les noms en **-ement** dérivés de ces verbes suivront la même orthographe : *amoncèlement, bossèlement, chancèlement, cisèlement, cliquètement, craquèlement, craquètement, cuvèlement, dénivèlement, ensocèlement, étincèlement, grommèlement, martèlement, morcèlement, musèlement, nivèlement, ruissèlement, volètement.*

6. Participe passé

Le participe passé de **laisser** *suivi d'un infinitif* est rendu invariable : il joue en effet devant l'infinitif un rôle d'auxiliaire analogue à celui de **faire,** qui est toujours invariable dans ce cas (avec l'auxiliaire **avoir** comme emploi pronominal).

Le participe passé de **laisser** suivi d'un infinitif est donc invariable dans tous les cas, même quand il est employé avec l'auxiliaire avoir et même quand l'objet est placé avant le verbe.

> *Elle **s'est laissé mourir*** (comme déjà *elle **s'est fait maigrir**).*
> *Elle **s'est laissé séduire*** (comme déjà *elle **s'est fait féliciter**).*
> *Je **les ai laissé partir*** (comme déjà *je **les ai fait partir**).*
> *La maison qu'elle **a laissé saccager*** (comme déjà *la maison qu'elle **a fait repeindre**).*

7. Singulier et pluriel des mots empruntés

Les noms ou adjectifs d'origine étrangère ont un singulier et un pluriel réguliers : *un **zakouski**, des **zakouskis** ; un **ravioli**, des **raviolis** ; un **graffiti**, des **graffitis** ; un **lazzi**, des **lazzis** ; un **confetti**, des **confettis** ; un **scénario**, des **scénarios** ; un **jazzman**, des **jazzmans**,* etc. On choisit comme forme du singulier la forme la plus fréquente, même s'il s'agit d'un pluriel dans l'autre langue.

Ces mots forment régulièrement leur pluriel avec un *s* non prononcé (*des **matchs**, des **lands**, des **lieds**, des **solos**, des **apparatchiks***). Il en est de même pour les noms d'origine latine (*des **maximums**, des **médias***). Cette proposition ne s'applique pas aux mots ayant conservé valeur de citation (*des **mea culpa***).

Cependant, comme il est normal en français, les mots terminés par *s*, *x* et *z* restent invariables (*un **boss**, des **boss** ; un **kibboutz**, des **kibboutz** ; un **box**, des **box***).

Remarque

Le pluriel de mots composés étrangers se trouve simplifié par la soudure (*des **covergirls**, des **bluejeans**, des **ossobucos**, des **weekends**, des **hotdogs***).

Tableau résumé des règles

NUMÉRO	ANCIENNE ORTHOGRAPHE	NOUVELLE ORTHOGRAPHE
1	*vingt-trois, cent trois.*	***vingt-trois, cent-trois.***
2	*un cure-dents.* *des cure-ongle.* *un cache-flamme(s).* *des cache-flamme(s).*	***un cure-dent.*** ***des cure-ongles.*** ***un cache-flamme.*** ***des cache-flammes.***
3 a	*je céderai, j'allégerais.*	***je cèderai, j'allègerais.***
3 b	*puissé-je, aimé-je.*	***puissè-je, aimè-je.***
4	*il plaît, il se tait.* *la route, la voûte.*	***Il plait, il se tait.*** ***la route, la voute.***
5	*il ruisselle, amoncèle.*	***il ruissèle, amoncèle.***
6	*elle s'est laissée aller.* *elle s'est laissé appeler.*	***elle s'est laissé aller.*** ***elle s'est laissé appeler.***
7	*des jazzmen, des lieder.*	***des jazzmans, des lieds.***

Chapitre III : Graphies particulières fixées ou modifiées

Ces listes, restreintes, sont limitatives.

Il s'agit en général de mots dont la graphie est irrégulière ou variable ; on la rectifie, ou bien l'on retient la variante qui permet de créer les plus larges régularités. Certains de ces mots sont déjà donnés par un ou plusieurs dictionnaires usuels avec la graphie indiquée ici : dans ce cas, c'est une harmonisation des dictionnaires qui est proposée.

1. Mots composés

On écrit soudés les noms de la liste suivante, composés sur la base d'un élément verbal généralement suivi d'une forme nominale ou de « tout ».

Les mots de cette liste, ainsi que ceux de la liste B ci-après (éléments nominaux et divers), sont en général des mots anciens dont les composants ne correspondent plus au lexique ou à la syntaxe actuels (*chaussetrappe*) ; y figurent aussi des radicaux onomatopéiques ou de formation expressive (*piquenique, passepasse*), des mots comportant des dérivés (*(tirebouchonner)*), certains mots dont le pluriel était difficile (un *brisetout*, dont le pluriel devient des *brisetouts*, comme un *faitout*, des *faitouts*, déjà usité), et quelques composés sur *porte-*, dont la série compte plusieurs soudures déjà en usage (*portefaix, portefeuille*, etc,). Il était exclu de modifier d'un coup plusieurs milliers de mots composés, l'usage pourra le faire progressivement.

Liste A

arrachepied (d')	croquemitaine	passepasse	risquetout
boutentrain	croquemonsieur	piquenique	tapecul
brisetout	croquemort	porteclé	tirebouchon
chaussetrappe	croquenote	portecrayon	tirebouchonner
clochepied (à)	faitout	portemine	tirefond
coupecoupe	fourretout	portemonnaie	tournedos
couvrepied	mangetout	portevoix	vanupied
crochepied	mêletout	poucepied	
croquemadame	passepartout	poussepousse	

2. Mots composés

On écrit soudés également les noms de la liste suivante, composés d'éléments nominaux et adjectivaux.

Liste B

arcboutant	bassetaille	lieudit	saufconduit
autostop	branlebas	millefeuille	téléfilm
autostoppeur, euse	chauvesouris	millepatte	terreplein
bassecontre	chèvrepied	millepertuis	vélopousse
bassecontriste	cinéroman	platebande	véloski
bassecour	hautecontre	potpourri	vélotaxi
bassecourier	hautelisse	prudhomme	
basselisse	hautparleur	quotepart	
basselissier	jeanfoutre	sagefemme	

3. Onomatopées

On écrit soudés les onomatopées et mots expressifs (de formations diverses) de la liste suivante.

Liste C

blabla	grigri	pingpong	traintrain
bouiboui	kifkif	prêchiprêcha	troutrou
coincoin	mélimélo	tamtam	tsétsé
froufrou	pêlemêle	tohubohu	

4. Tréma

Dans les mots suivants, on place le tréma sur la voyelle qui doit être prononcée : *aigüe* (et dérivés, comme *suraigüe*, etc.), *ambigüe, exigüe, contigüe, ambigüité, exigüité, contigüité, cigüe*. Ces mots appliquent ainsi la règle générale : le tréma indique qu'une lettre *(u)* doit être prononcée (comme voyelle ou comme semi-voyelle) séparément de la lettre précédente *(g)*.

5. Tréma

Le même usage du tréma s'applique aux mots suivants où une suite -gu- ou -geu- conduit à des prononciations défectueuses (*il argue* prononcé comme *il nargue*). On écrit donc : *il argüe* (et toute la conjugaison du verbe **argüer**) ; *gageüre, mangeüre, rongeüre, vergeüre*.

6. Accents

On munit d'un accent les mots de la liste suivante où il avait été omis, ou dont la prononciation a changé.

Liste D

asséner	gélinotte	recépée	sèneçon
bélitre	québécois	recéper	sénescence
bésicles	recéler	réclusionnaire	sénestre
démiurge	recépage	réfréner	

7. Accents

L'accent est modifié sur les mots de la liste suivante qui avaient échappé à la régularisation entreprise par l'Académie française aux XVIIIe et XIXe siècles, et qui se conforment ainsi à la règle générale d'accentuation.

Liste E

abrègement	complètement (nom)	empiètement	règlementation
affèterie	crèmerie	évènement	règlementer
allègement	crèteler	fèverole	sècheresse
allègrement	crènelage	hébètement	sècherie
assèchement	crèneler	règlementaire	sènevé
cèleri	crènelure	règlementairement	vènerie

8. Mots composés empruntés

On écrit soudés les mots de la liste suivante, composés d'origine latine ou étrangère, bien implantés dans l'usage et qui n'ont pas valeur de citation.

Liste F
Mots d'origine latine (employés comme noms - exemple : *un* **apriori**)

apriori	exlibris	exvoto	statuquo	vadémécum

Mots d'origine étrangère

baseball	covergirl	hotdog	sidecar
basketball	cowboy	lockout	striptease
blackout	fairplay	majong	volleyball
bluejean	globetrotteur	motocross	weekend
chichekébab	handball	ossobuco	
chowchow	harakiri	pipeline	

9. Accentuation des mots empruntés

On munit d'accents les mots de la liste suivante, empruntés à la langue latine ou à d'autres langues, lorsqu'ils n'ont pas valeur de citation.

Liste G
Mots d'origine latine

artéfact	exéquatur	placébo	tépidarium
critérium	facsimilé	proscénium	vadémécum
déléatur	jéjunum	référendum	vélarium
délirium trémens	linoléum	satisfécit	vélum
désidérata	média	sénior	véto
duodénum	mémento	sérapéum	
exéat	mémorandum	spéculum	

Mots empruntés à d'autres langues

allégretto	condottière	pédigrée	sombréro
allégro	décrescendo	pérestroïka	téocalli
braséro	diésel	péséta	trémolo
candéla	édelweiss	péso	zarzuéla
chébec	imprésario	piéta	
chéchia	kakémono	révolver	
cicérone	méhalla	séquoia	

10. Anomalies

Des rectifications proposées par l'Académie (en1975) sont reprises, et sont complétées par quelques rectifications de même type.

Liste H

absout, absoute (participe, au lieu de *absous, absoute*)
appâts (au lieu de *appas*)
assoir, rassoir, sursoir (au lieu de *asseoir,* etc.) [a]
bizut (au lieu de *bizuth*) [b]
bonhommie (au lieu de *bonhomie*)
boursoufflement (au lieu de *boursouflement*)
boursouffler (au lieu de *boursoufler*)
boursoufflure (au lieu de *boursouflure*)

cahutte (au lieu de *cahute*)
charriot (au lieu de *chariot*)
chaussetrappe (au lieu de *chausse-trape*)
combattif (au lieu de *combatif*)
combattivité (au lieu de *combativité*)
cuisseau (au lieu de *cuissot*)
déciller (au lieu de *dessiller*) [c]
dissout, dissoute (au lieu de *dissous, dissoute*)
douçâtre (au lieu de *douceâtre*) [d]
embattre (au lieu de *embatre*)
exéma (au lieu de *eczéma*) et ses dérivés [e]
guilde (au lieu de *ghilde*, graphie d'origine étrangère)
homéo- (au lieu de *homoeo-*)
imbécilité (au lieu de *imbécillité*)
innommé (au lieu de *innomé*)
levreau (au lieu de *levraut*)
nénufar (au lieu de *nénuphar*) [f]
ognon (au lieu de *oignon*)
pagaille (au lieu de *pagaïe, pagaye*) [g]
persifflage (au lieu de *persiflage*)
persiffler (au lieu de *persifler*)
persiffleur (au lieu de *persifleur*)
ponch (boisson, au lieu de *punch*) [h]
prudhommal (avec soudure) (au lieu de *prud'homal*)
prudhommie (avec soudure) (au lieu de *prud'homie*)
relai (au lieu de *relais*) [i]
saccarine (au lieu de *saccharine*) et ses nombreux dérivés.
sconse (au lieu de *skunks*) [j]
sorgo (au lieu de *sorgho*, graphie d'origine étrangère)
sottie (au lieu de *sotie*)
tocade (au lieu de *toquade*)
ventail (au lieu de *vantail*) [k]

NOTES

(a) Le *e* ne se prononce plus. L'Académie française écrit déjà *j'***assois** (à côté de *j'***assieds**), *j'***assoirai**, etc. (mais *je* **surseoirai**). **Assoir** s'écrit désormais comme **voir**
(ancien français **veoir**), **choir** (ancien français **cheoir**), etc.
(b) À cause de **bizuter, bizutage**.
(c) À rapprocher de **cil**. Rectification d'une ancienne erreur d'étymologie.
(d) **Cea** est une ancienne graphie rendue inutile par l'emploi de la cédille.
(e) La suite **ez** est exceptionnelle en français. **Exéma** comme **examen**.
(f) Mot d'origine arabo-persane. L'Académie a toujours écrit **nénufar**, sauf dans la huitième édition (1932-1935).
(g) Des trois graphies de ce mot, celle-ci est la plus conforme aux règles et la moins
ambiguë.
(h) Cette graphie évite l'homographie avec **punch** (coup de poing) et l'hésitation sur la
prononciation.
(i) Comparer **relai-relayer**, avec **balai-balayer, essai-essayer**, etc.
(j) Des sept graphies qu'on trouve actuellement, celle-ci est la plus conforme aux règles
et la moins ambiguë.
(k) À rapprocher de **vent** ; rectification d'une ancienne erreur d'étymologie.

11. Anomalies

On écrit en **-iller** les noms suivants anciennement en **-illier**, où le *i*
qui suit la consonne ne s'entend pas (comme **poulailler, volailler**)
joailler, marguiller, ouillère, quincailler, serpillère.

12. Anomalies

On écrit avec un seul *l* (comme *bestiole, camisole, profiterole*, etc.) les noms suivants : *barcarole, corole, fumerole, girole, grole, guibole, mariole*, et les mots moins fréquents : *bouterole, lignerole, muserole, rousserole, tavaïole, trole*. Cette terminaison se trouve ainsi régularisée, à l'exception de *folle, molle*, de *colle* et de ses composés.

13. Anomalies

Le *e* muet n'est pas suivi d'une consonne double dans les mots suivants qui rentrent ainsi dans les alternances régulières (*lunette, lunetier,* comme *noisette, noisetier ; prunelle, prunelier,* comme *chamelle, chamelier,* etc.) : *interpeler* (au lieu de *interpeller*) ; *dentelière* (au lieu de *dentellière*) ; *lunetier* (au lieu de *lunettier*) ; *prunelier* (au lieu de *prunellier*).

B. LA FÉMINISATION DES NOMS

Depuis quelques années, différents pays de la francophonie ont publié des règles destinées à féminiser les noms de métier, de fonction, de grade ou de titre. Ce fut le cas, dès 1979, au Québec, puis en France en 1986, et dans certains cantons suisses. La Communauté française de Belgique a également légiféré en ce sens, en 1993, adaptant ainsi la langue à l'évolution de notre société, en reconnaissant la place que les femmes occupent désormais dans la vie publique.

Ces règles, le plus souvent rédigées par des commissions de linguistes, respectent les principes généraux en usage dans la langue. Elles ont force de loi dans les textes officiels et les documents administratifs, mais elles ne peuvent bien sûr être contraignantes pour les particuliers. Nous reproduisons ci-dessous les deux annexes du décret de la Communauté française de Belgique du 21 juin 1993. Il est en effet le plus récent, et tient donc compte des réglementations en vigueur dans les autres pays francophones. Y sont en outre clairement explicitées les modalités à respecter pour féminiser tous ces noms, en y incluant les usages québécois et suisses.

Pour plus d'informations, on pourra consulter la « Circulaire du 11 mars 1985 relative à la féminisation des noms de métier, fonction, grade ou titre » parue au *Journal officiel de la République française* du 16 mars 1986. Ou les brochures *Au féminin. Guide de féminisation des titres de fonction et des textes* (Office de la langue française, Les Publications du Québec, 1991) et *Mettre au féminin. Guide de féminisation des noms de métier, fonction, grade ou titre* (Communauté française de Belgique, Service de la langue française, 1994). Ou encore le *Dictionnaire féminin-masculin des professions, des titres et des fonctions* (Genève, Éd. Metropolis, 1991).

Arrêté du Gouvernement de la Communauté française établissant les règles de féminisation des noms de métier, fonction, grade ou titre du 13 décembre 1993

Annexe I

Règles de féminisation visées à l'article 1er de l'arrêté du Gouvernement de la Communauté française établissant les règles de féminisation des noms de métier, fonction, grade ou titre

Les féminins des noms de métier, fonction, grade ou titre sont formés par l'application des règles suivantes :

1. Règles morphologiques

A. *Noms terminés au masculin par une voyelle dans l'écriture*

1. D'une manière générale, le féminin est formé par l'adjonction d'un -*e* final à la forme masculine :

> *Une chargée de cours, une députée, une préposée, une apprentie.*

2. Si la voyelle terminant le masculin est déjà -*e*, la forme féminine est identique à la forme masculine (formes dites épicènes) :

> *Une aide, une architecte, une comptable, une dactylographe, une diplomate, une ministre, une secrétaire.*

On ne crée plus de nouveaux mots en -*esse*, le procédé paraissant vieilli. Toutefois, les emplois consacrés par l'usage sont toujours admis :

> *Une poétesse.*

3. Si la voyelle est -*a* ou -*o*, la forme féminine est identique à la forme masculine :

> *Une para* (commando), *une dactylo, une imprésario.*

B. *Noms terminés au masculin par une consonne dans l'écriture*

1. D'une manière générale, le féminin se construit par l'adjonction d'un -*e* final à la forme masculine :

> *Une agente, une artisane, une avocate, une échevine, une experte, une lieutenante, une magistrate, une marchande, une présidente, une principale.*

Cette règle générale s'assortit dans certains cas de conséquences orthographiques :

— le redoublement de la consonne finale :

> -el/-elle : *une contractuelle.*
> -ien/-ienne : *une chirurgienne, une doyenne, une mécanicienne, une pharmacienne.*
> -on/-onne : *une maçonne.*

— l'apparition d'un accent grave :

-er/-ère : *une conseillère, une huissière, une officière, une ouvrière.*
-et/-ète : *une préfète.*

Cas particuliers : *une chef, une conseil* (juridique), *une écrivain* [1], *une mannequin, une marin, une médecin.*

2. Lorsque le nom masculin se termine par *-eur* :

a) la forme féminine se termine par *-euse* lorsqu'au nom correspond un verbe en rapport sémantique direct :

Une carreleuse, une chercheuse, une contrôleuse, une vendeuse.

b) la forme féminine est identique à la forme masculine lorsqu'au nom ne correspond pas de verbe [2] :

Une docteur, une ingénieur, une procureur, une professeur.

Cas particuliers : *une ambassadrice, une chroniqueuse.*

3. Lorsque le nom masculin se termine par *-teur* :

a) la forme féminine se termine par *-teuse* lorsqu'il existe un verbe correspondant qui comporte un *t* dans sa terminaison :

Une acheteuse, une rapporteuse, une toiletteuse.

Cas particuliers : *une éditrice, une exécutrice, une inspectrice.*

b) la forme féminine se termine par *-trice* lorsqu'il n'existe aucun verbe correspondant ou lorsque le verbe correspondant ne comporte pas de *t* dans sa terminaison :

Une administratrice, une apparitrice, une aviatrice, une directrice, une éducatrice, une rédactrice, une rectrice.

2. Règles syntaxiques

A. On recourt systématiquement aux déterminants féminins :

Une architecte, la comptable, cette présidente.

De même avec les appellations complexes :

Une agent de change.

B. Les adjectifs et les participes en relation avec les noms concernés s'accordent systématiquement au féminin, y compris dans les appellations professionnelles complexes :

Une conseillère principale, une contrôleuse adjointe, une ingénieur technicienne, une première assistante, la doyenne s'est montrée intéressée, la présidente directrice générale.

---

1. On acceptera aussi une écrivaine, l'usage devant trancher.
2. Les dispositions québécoises et suisses prévoient dans ces cas des formes en *-eure* (ex. : *professeure*). Les usagers auront la possibilité de choisir entre ces formes et celles adoptées ici, l'usage devant trancher dans les décennies qui viennent. Pour *docteur*, on laissera le choix entre *une docteur* et *une doctoresse.*

Annexe II

Recommandations générales du Conseil supérieur de la langue française en matière de féminisation des noms de métier, fonction ou titre d'origine étrangère et en matière d'emploi des formes féminines

1re recommandation

De manière générale, lorsque les noms de titre, fonction, métier sont d'origine étrangère, il est recommandé d'utiliser l'équivalent français et de le féminiser selon les règles définies à l'annexe I :

> *Une joueuse de tennis,* plutôt qu'*une tenniswoman.*

2e recommandation

Dans les offres ou les demandes d'emploi visées à l'art. 3 du décret relatif à la féminisation des noms de métier, fonction, grade ou titre, il est recommandé que la forme féminine figure de manière systématique et en entier à côté de la forme masculine (ex. : on recrute *un mécanicien* ou *une mécanicienne*). Les formulations du type *un(e) mécanicien(ne)* ou *un mécanicien (H/F)* sont déconseillées.

3e recommandation

Dans les autres textes visés à l'article 1er du décret relatif à la féminisation des noms de métier, fonction, grade ou titre, il est recommandé que l'on veille à éliminer les formulations sexistes et à assurer au mieux la visibilité des femmes. Pour assurer cette visibilité, il est recommandé de ne pas abuser de l'emploi générique des noms masculins. Toutefois, ceux-ci ne doivent pas être perçus comme désignant nécessairement des hommes (ex. : *les étudiants sont inscrits d'office aux examens*).

4e recommandation

L'emploi de formes féminines ne doit cependant pas nuire à l'intelligibilité des textes ni à leur lisibilité.

Dans cet ordre d'idée, il est recommandé que l'on n'abuse pas des formulations écrites qui n'ont pas de correspondant oral (ex. : *l'étudiant(e), l'étudiant-e, l'étudiant/l'étudiante, l'instituteur-trice*) et que l'on fasse un emploi prudent des termes abstraits (ex. : *le lectorat* pour les lecteurs ou les lectrices).

5e recommandation

Il est recommandé de généraliser l'appellation *Madame* en lieu et place de *Mademoiselle,* dans les textes visés par le décret.

Index

Les chiffres renvoient aux paragraphes.

Les chiffres renvoient aux paragraphes.

Les chiffres renvoient aux paragraphes.

Les chiffres renvoient aux paragraphes.

Les chiffres renvoient aux paragraphes.

– – compl. d'objet, 461.
– – complém. du présentatif, 462 *in fine*, Rem. 5.
– – – circ. d'addition, 481, *b*.
– – – – but, 470.
– – – – cause, 468.
– – – – compar., 479.
– – – – condit., 476.
– – – – conséq., 472.
– – – – lieu, 481, *a*.
– – – – man., 481, *d*.
– – – – oppos., 474.
– – – – restrict., 481, *c*.
– – – – temps, 467.
– – sujets, 455.
– elliptiques, 72.
– incidentes, 75, Rem. 2.
– infinitives, 454, Rem. ; 461, 4°.
– participes, 392 ; 454, Rem.
– relatives, 454, Rem. ; 484.
Pu (accord), 385.

Q

Qualificatifs, 154.
Que, pron. rel., 259 ; 461 *in fine*, Rem. 3 ; 487.
– pron. interrog., 269.
Que, conjonct., 455 ; 459 ; 461, 1°.
– particule conjonctionnelle, signe du subjonctif, 363, Rem. 1.
– employé seul pour marquer l'opposition, 474, Rem. 4.
Quel que, quelque, 220.
Quelqu'un, 279.
Qui, pron. relat., 258.
– – sujet, 398.
– interrogatif, 268.
Quiconque, 260.
Quoi, pron. relat., 262.
– interrogatif, 270.
Quoi que, quoique, 261.
Quoique (élision), 21, *b*, 3°.

R

Racine, 27.
Radical, 27.
– du verbe, 289, 1°.

Recevoir, 311.
Réciproques (verbes pronomin. ~), 287, 2°.
Rectification de l'orthographe, 511.
Redû, 336.
Réfléchis (verbes pronomin. ~), 287, 1°.
Régné, 383, *a*.
Rendre, 312.
Repentir, (se ~), 343.
Répétition de l'article, 149.
– de la préposit., 435.
Replet (fém.), 159.
Rien, 280.
Rosat, 167.

S

-s, à l'impér., 315, Rem.
Sache (je ne ~ pas), 363, Rem.
Sans que, 426, *c* ; 481, *d*.
Sauf que, 481, *c*.
Sauveur (fém.), 166, *a*.
Scandinaves (mots ~), 24, 3°, 5.
Sec (fém.), 163.
Second, 204.
Secret (fém.), 159.
Sémantique, 2, Rem.
Semble (il me ~ que), 456, Rem.
Semi, 188, *b*.
Semi-consonnes, semi-voyelles, 8, Rem. 6.
Sentir, 310.
Se repentir, 343.
Si, adv., 412.
Si (élision), 21, *c*.
Si ce n'est, 397, Rem. 1.
Si ce n'est que, 481, *c*.
Sien (adj.), 207.
Signes orthographiques, 11.
– de ponctuation, 496.
Snob (fém.), 167.
Soi, 230 ; 242.
Soi-disant, 242, Rem. 2.
Solécisme, 33, N.B. 3.
Son, sa, ses, avec *chacun*, 211.
Sons, 3.
Sterling, 167.
Style direct, indirect, 492.

Subjonctif, 294, *a*, 4° ; 362.
– Concordance des temps, 491.
Subordonnées, 71, 3° ; 454 (voir *Propositions*).
Suffixes, 27.
Sujet, 42.
– apparent, réel, 44.
– Place, 45.
– Subordonnée sujet, 455.
Superlatif dans les adj., 175.
– dans les adv., 408.
Supposé, 381.
Syllabe, 4.
Syllepse, 226, Rem. 4.
Synérèse, 8, Rem. 7.
Synonymes, 38.
Syntaxe, 2.
– des modes et des temps, 350.

T

t euphonique (dans *aime-t-il*), 345, Rem. 3.
Tant, 412.
Tautologie, 33.
Tel, 225.
Temps du verbe, 295.
– dans chaque mode, 296.
– simples, composés, 297.
– surcomposés, 298.
– Concordance des temps, 489.
– Finales des temps, 320.
– Syntaxe des temps, 350.
Terre-plein (plur.), 127.
Tien (adj.), 207.
Tiers (fém.), 160, Rem.
Timbre des voyelles, 7, Rem. 7.
Tiret, 507.
Ton 18, Rem. 4.
Toniques (syllabes ~), 17.
Tout, 223.
Tout de suite, 416.
Tout-puissant, 186, *d*, Rem.
Tout... que (emploi du mode), 475, Rem. 3.
Trait d'union, 16.
– dans les adj. numér., 200, Rem. 2.
– dans *grand-mère*, etc., 192.

Les chiffres renvoient aux paragraphes.

Les chiffres renvoient aux paragraphes.

Table des matières

QUATRIÈME PARTIE

Les propositions subordonnées

Appendices

Annexes